NORUEGUÊS
VOCABULÁRIO

PALAVRAS MAIS ÚTEIS

PORTUGUÊS
NORUEGUÊS

Para alargar o seu léxico e apurar
as suas competências linguísticas

7000 palavras

Vocabulário Português-Norueguês - 7000 palavras
Por Andrey Taranov

Os vocabulários da T&P Books destinam-se a ajudar a aprender, a memorizar, e a rever palavras estrangeiras. O dicionário é dividido em temas, cobrindo todas as principais esferas de atividades quotidianas, negócios, ciência, cultura, etc.

O processo de aprendizagem, utilizando os dicionários baseados em temáticas da T&P Books dá-lhe as seguintes vantagens:

- Informação de origem corretamente agrupada predetermina o sucesso em fases subsequentes da memorização de palavras
- Disponibilização de palavras derivadas da mesma raiz, o que permite a memorização de unidades de texto (em vez de palavras separadas)
- Pequenas unidades de palavras facilitam o processo de estabelecimento de vínculos associativos necessários para a consolidação do vocabulário
- O nível de conhecimento da língua pode ser estimado pelo número de palavras aprendidas

T&P Books Publishing
www.tpbooks.com

ISBN: 978-1-78492-032-6

Este livro também está disponível em formato E-book.
Por favor visite www.tpbooks.com ou as principais livrarias on-line.

VOCABULÁRIO NORUEGUÊS
palavras mais úteis

Os vocabulários da T&P Books destinam-se a ajudar a aprender, a memorizar, e a rever palavras estrangeiras. O vocabulário contém mais de 7000 palavras de uso comum organizadas tematicamente.

O vocabulário contém as palavras mais comummente usadas
Recomendado como adicional para qualquer curso de línguas
Satisfaz as necessidades dos iniciados e dos alunos avançados de línguas estrangeiras
Conveniente para o uso diário, sessões de revisão e atividades de auto-teste
Permite avaliar o seu vocabulário

Características especias do vocabulário

- As palavras estão organizadas de acordo com o seu significado, e não por ordem alfabética
- As palavras são apresentadas em três colunas para facilitar os processos de revisão e auto-teste
- As palavras compostas são divididas em pequenos blocos para facilitar o processo de aprendizagem
- O vocabulário oferece uma transcrição simples e adequada de cada palavra estrangeira

O vocabulário contém 198 tópicos incluindo:

Conceitos básicos, Números, Cores, Meses, Estações do ano, Unidades de medida, Roupas & Acessórios, Alimentos & Nutrição, Restaurante, Membros da Família, Parentes, Caráter, Sentimentos, Emoções, Doenças, Cidade, Passeios, Compras, Dinheiro, Casa, Lar, Escritório, Trabalho no Escritório, Importação & Exportação, Marketing, Pesquisa de Emprego, Desportos, Educação, Computador, Internet, Ferramentas, Natureza, Países, Nacionalidades e muito mais …

TABELA DE CONTEÚDOS

4

GUIA DE PRONUNCIAÇÃO

Letra	Exemplo Norueguês	Alfabeto fonético T&P	Exemplo Português
Aa	plass	[ɑ], [ɑ:]	amar
Bb	bøtte, albue	[b]	barril
Cc [1]	centimeter	[s]	sanita
Cc [2]	Canada	[k]	kiwi
Dd	radius	[d]	dentista
Ee	rett	[e:]	plateia
Ee [3]	begå	[ɛ]	mesquita
Ff	fattig	[f]	safári
Gg [4]	golf	[g]	gosto
Gg [5]	gyllen	[j]	géiser
Gg [6]	regnbue	[ŋ]	alcançar
Hh	hektar	[h]	[h] suave
Ii	kilometer	[ɪ], [i]	sinónimo
Kk	konge	[k]	kiwi
Kk [7]	kirke	[h]	[h] suave
Jj	fjerde	[j]	géiser
kj	bikkje	[h]	[h] suave
Ll	halvår	[l]	libra
Mm	middag	[m]	magnólia
Nn	november	[n]	natureza
ng	id_langt	[ŋ]	alcançar
Oo [8]	honning	[ɔ]	emboço
Oo [9]	fot, krone	[u]	bonita
Pp	plomme	[p]	presente
Qq	sequoia	[k]	kiwi
Rr	sverge	[r]	riscar
Ss	appelsin	[s]	sanita
sk [10]	skikk, skyte	[ʃ]	mês
Tt	stør, torsk	[t]	tulipa
Uu	brudd	[y]	questionar
Vv	kraftverk	[v]	fava
Ww	webside	[v]	fava
Xx	mexicaner	[ks]	perplexo
Yy	nytte	[ɪ], [i]	sinónimo
Zz [11]	New Zealand	[s]	spitz alemão
Ææ	vær, stær	[æ]	semana
Øø	ørn, gjø	[ø]	orgulhoso
Åå	gås, værhår	[o:]	albatroz

Comentários

[1] antes de **e**, **i**
[2] noutras situações
[3] não acentuado
[4] antes de **a**, **o**, **u**, **å**
[5] antes de **i** e **y**
[6] em combinação **gn**
[7] antes de **i** e **y**
[8] antes de duas consoantes
[9] antes de uma consoante
[10] antes de **i** e **y**
[11] apenas em estrangeirismos

ABREVIATURAS
usadas no vocabulário

Abreviaturas do Português

adj	-	adjetivo
adv	-	advérbio
anim.	-	animado
conj.	-	conjunção
desp.	-	desporto
etc.	-	etecetra
ex.	-	por exemplo
f	-	nome feminino
f pl	-	feminino plural
fem.	-	feminino
inanim.	-	inanimado
m	-	nome masculino
m pl	-	masculino plural
m, f	-	masculino, feminino
masc.	-	masculino
mat.	-	matemática
mil.	-	militar
pl	-	plural
prep.	-	preposição
pron.	-	pronome
sb.	-	sobre
sing.	-	singular
v aux	-	verbo auxiliar
vi	-	verbo intransitivo
vi, vt	-	verbo intransitivo, transitivo
vr	-	verbo reflexivo
vt	-	verbo transitivo

Abreviaturas do Norueguês

f	-	nome feminino
f pl	-	feminino plural
m	-	nome masculino
m pl	-	masculino plural
m/f	-	masculino, neutro
m/f pl	-	masculino/feminino plural
m/f/n	-	masculino/feminino/neutro
m/n	-	masculino, feminino

n	-	neutro
n pl	-	neutro plural
pl	-	plural

CONCEITOS BÁSICOS

Conceitos básicos. Parte 1

1. Pronomes

eu	jeg	['jæj]
tu	du	[dʉ]
ele	han	['hɑn]
ela	hun	['hʉn]
ele, ela (neutro)	det, den	['de], ['den]
nós	vi	['vi]
vocês	dere	['derə]
eles, elas	de	['de]

2. Cumprimentos. Saudações. Despedidas

Olá!	Hei!	['hæj]
Bom dia! (formal)	Hallo! God dag!	[hɑ'lʉ], [gʉ 'dɑ]
Bom dia! (de manhã)	God morn!	[gʉ 'mɔːŋ]
Boa tarde!	God dag!	[gʉ'dɑ]
Boa noite!	God kveld!	[gʉ 'kvɛl]
cumprimentar (vt)	å hilse	[ɔ 'hilsə]
Olá!	Hei!	['hæj]
saudação (f)	hilsen (m)	['hilsən]
saudar (vt)	å hilse	[ɔ 'hilsə]
Como vai?	Hvordan står det til?	['vʉːdɑn stoːr de til]
Como vais?	Hvordan går det?	['vʉːdɑn gor de]
O que há de novo?	Hva nytt?	[vɑ 'nʏt]
Adeus! (formal)	Ha det bra!	[hɑ de 'brɑ]
Até à vista! (informal)	Ha det!	[hɑ 'de]
Até breve!	Vi ses!	[vi sɛs]
Adeus!	Farvel!	[far'vɛl]
despedir-se (vr)	å si farvel	[ɔ 'si far'vɛl]
Até logo!	Ha det!	[hɑ 'de]
Obrigado! -a!	Takk!	['tɑk]
Muito obrigado! -a!	Tusen takk!	['tʉsen tɑk]
De nada	Bare hyggelig	['bɑrə 'hʏgeli]
Não tem de quê	Ikke noe å takke for!	['ikə 'nʉe ɔ 'tɑkə for]
De nada	Ingen årsak!	['iŋən 'oːʂɑk]
Desculpa!	Unnskyld, ...	['ʉnˌʂyl ...]
Desculpe!	Unnskyld meg, ...	['ʉnˌʂyl me ...]

desculpar (vt)	å unnskylde	[ɔ 'ʉnˌsylə]
desculpar-se (vr)	å unnskylde seg	[ɔ 'ʉnˌsylə sæj]
As minhas desculpas	Jeg ber om unnskyldning	[jæj ber ɔm 'ʉnˌsyldniŋ]
Desculpe!	Unnskyld!	['ʉnˌsyl]
perdoar (vt)	å tilgi	[ɔ 'tilˌji]
Não faz mal	Ikke noe problem	['ikə 'nʉe prʉ'blem]
por favor	vær så snill	['vær ʂɔ 'snil]

Não se esqueça!	Ikke glem!	['ikə 'glem]
Certamente! Claro!	Selvfølgelig!	[sɛl'følgəli]
Claro que não!	Selvfølgelig ikke!	[sɛl'følgəli 'ikə]
Está bem! De acordo!	OK! Enig!	[ɔ'kɛj], ['ɛni]
Basta!	Det er nok!	[de ær 'nɔk]

3. Números cardinais. Parte 1

zero	null	['nʉl]
um	en	['en]
dois	to	['tʊ]
três	tre	['tre]
quatro	fire	['fire]

cinco	fem	['fɛm]
seis	seks	['sɛks]
sete	sju	['ʂʉ]
oito	åtte	['ɔtə]
nove	ni	['ni]

dez	ti	['ti]
onze	elleve	['ɛlvə]
doze	tolv	['tɔl]
treze	tretten	['trɛtən]
catorze	fjorten	['fjɔːʈən]

quinze	femten	['fɛmtən]
dezasseis	seksten	['sæjstən]
dezassete	sytten	['sʏtən]
dezoito	atten	['ɑtən]
dezanove	nitten	['nitən]

vinte	tjue	['çʉe]
vinte e um	tjueen	['çʉe en]
vinte e dois	tjueto	['çʉe tʊ]
vinte e três	tjuetre	['çʉe tre]

trinta	tretti	['trɛti]
trinta e um	trettien	['trɛti en]
trinta e dois	trettito	['trɛti tʊ]
trinta e três	trettitre	['trɛti tre]

quarenta	førti	['fœːʈi]
quarenta e um	førtien	['fœːʈi en]
quarenta e dois	førtito	['fœːʈi tʊ]
quarenta e três	førtitre	['fœːʈi tre]

15

cinquenta	femti	['fɛmti]
cinquenta e um	femtien	['fɛmti en]
cinquenta e dois	femtito	['fɛmti tʊ]
cinquenta e três	femtitre	['fɛmti tre]

sessenta	seksti	['sɛksti]
sessenta e um	sekstien	['sɛksti en]
sessenta e dois	sekstito	['sɛksti tʊ]
sessenta e três	sekstitre	['sɛksti tre]

setenta	sytti	['sʏti]
setenta e um	syttien	['sʏti en]
setenta e dois	syttito	['sʏti tʊ]
setenta e três	syttitre	['sʏti tre]

oitenta	åtti	['ɔti]
oitenta e um	åttien	['ɔti en]
oitenta e dois	åttito	['ɔti tʊ]
oitenta e três	åttitre	['ɔti tre]

noventa	nitti	['niti]
noventa e um	nittien	['niti en]
noventa e dois	nittito	['niti tʊ]
noventa e três	nittitre	['niti tre]

4. Números cardinais. Parte 2

cem	hundre	['hʉndrə]
duzentos	to hundre	['tʊ ˌhʉndrə]
trezentos	tre hundre	['tre ˌhʉndrə]
quatrocentos	fire hundre	['fire ˌhʉndrə]
quinhentos	fem hundre	['fɛm ˌhʉndrə]

seiscentos	seks hundre	['sɛks ˌhʉndrə]
setecentos	syv hundre	['syv ˌhʉndrə]
oitocentos	åtte hundre	['ɔtə ˌhʉndrə]
novecentos	ni hundre	['ni ˌhʉndrə]

mil	tusen	['tʉsən]
dois mil	to tusen	['tʊ ˌtʉsən]
De quem são ...?	tre tusen	['tre ˌtʉsən]
dez mil	ti tusen	['ti ˌtʉsən]
cem mil	hundre tusen	['hʉndrə ˌtʉsən]
um milhão	million (m)	[mi'ljun]
mil milhões	milliard (m)	[mi'lja:ɖ]

5. Números. Frações

fração (f)	brøk (m)	['brøk]
um meio	en halv	[en 'hɑl]
um terço	en tredjedel	[en 'trɛdjəˌdel]
um quarto	en fjerdedel	[en 'fjærəˌdel]

um oitavo	en åttendedel	['ɔtenə,del]
um décimo	en tiendedel	['tienə,del]
dois terços	to tredjedeler	['tʉ 'trɛdjə,delər]
três quartos	tre fjerdedeler	['tre 'fjær,delər]

6. Números. Operações básicas

subtração (f)	subtraksjon (m)	[sʉbtrak'ʂʊn]
subtrair (vi, vt)	å subtrahere	[ɔ 'sʉbtra,herə]
divisão (f)	divisjon (m)	[divi'ʂʊn]
dividir (vt)	å dividere	[ɔ divi'derə]

adição (f)	addisjon (m)	[adi'ʂʊn]
somar (vt)	å addere	[ɔ a'derə]
adicionar (vt)	å addere	[ɔ a'derə]
multiplicação (f)	multiplikasjon (m)	[mʉltiplika'ʂʊn]
multiplicar (vt)	å multiplisere	[ɔ mʉltipli'serə]

7. Números. Diversos

algarismo, dígito (m)	siffer (n)	['sifər]
número (m)	tall (n)	['tal]
numeral (m)	tallord (n)	['tal,uːr]
menos (m)	minus (n)	['minʉs]
mais (m)	pluss (n)	['plʉs]
fórmula (f)	formel (m)	['forməl]

| cálculo (m) | beregning (m/f) | [be'rɛjniŋ] |
| contar (vt) | å telle | [ɔ 'tɛlə] |

| calcular (vt) | å telle opp | [ɔ 'tɛlə ɔp] |
| comparar (vt) | å sammenlikne | [ɔ 'samən,liknə] |

| Quanto? | Hvor mye? | [vʊr 'mye] |
| Quantos? -as? | Hvor mange? | [vʊr 'maŋə] |

soma (f)	sum (m)	['sʉm]
resultado (m)	resultat (n)	[resʉl'tat]
resto (m)	rest (m)	['rɛst]

alguns, algumas ...	noen	['nʊən]
poucos, -as (~ pessoas)	få, ikke mange	['fɔ], ['ikə ,maŋə]
um pouco (~ de vinho)	lite	['litə]
resto (m)	rest (m)	['rɛst]

| um e meio | halvannen | [hal'anən] |
| dúzia (f) | dusin (n) | [dʉ'sin] |

ao meio	i 2 halvdeler	[i tʉ hal'delər]
em partes iguais	jevnt	['jɛvnt]
metade (f)	halvdel (m)	['haldel]
vez (f)	gang (m)	['gaŋ]

8. Os verbos mais importantes. Parte 1

abrir (vt)	å åpne	[ɔ 'ɔpnə]
acabar, terminar (vt)	å slutte	[ɔ 'şlʉtə]
aconselhar (vt)	å råde	[ɔ 'roːdə]
adivinhar (vt)	å gjette	[ɔ 'jɛtə]
advertir (vt)	å varsle	[ɔ 'vɑşlə]

ajudar (vt)	å hjelpe	[ɔ 'jɛlpə]
almoçar (vi)	å spise lunsj	[ɔ 'spisə ˌlʉnş]
alugar (~ um apartamento)	å leie	[ɔ 'læjə]
amar (vt)	å elske	[ɔ 'ɛlskə]
ameaçar (vt)	å true	[ɔ 'trʉə]

anotar (escrever)	å skrive ned	[ɔ 'skrivə ne]
apanhar (vt)	å fange	[ɔ 'faŋə]
apressar-se (vr)	å skynde seg	[ɔ 'şynə sæj]
arrepender-se (vr)	å beklage	[ɔ be'klɑgə]
assinar (vt)	å underskrive	[ɔ 'ʉnəˌskrivə]
atirar, disparar (vi)	å skyte	[ɔ 'şytə]
brincar (vi)	å spøke	[ɔ 'spøkə]
brincar, jogar (crianças)	å leke	[ɔ 'lekə]
buscar (vt)	å søke ...	[ɔ 'søkə ...]
caçar (vi)	å jage	[ɔ 'jagə]

cair (vi)	å falle	[ɔ 'falə]
cavar (vt)	å grave	[ɔ 'grɑvə]
cessar (vt)	å slutte	[ɔ 'şlʉtə]
chamar (~ por socorro)	å tilkalle	[ɔ 'tilˌkalə]
chegar (vi)	å ankomme	[ɔ 'anˌkomə]
chorar (vi)	å gråte	[ɔ 'groːtə]
começar (vt)	å begynne	[ɔ be'jinə]
comparar (vt)	å sammenlikne	[ɔ 'samənˌliknə]
compreender (vt)	å forstå	[ɔ fɔ'ştɔ]
concordar (vi)	å samtykke	[ɔ 'samˌtʏkə]
confiar (vt)	å stole på	[ɔ 'stʉlə pɔ]

confundir (equivocar-se)	å forveksle	[ɔ fɔr'vɛkşlə]
conhecer (vt)	å kjenne	[ɔ 'çɛnə]
contar (fazer contas)	å telle	[ɔ 'tɛlə]
contar com (esperar)	å regne med ...	[ɔ 'rɛjnə me ...]
continuar (vt)	å fortsette	[ɔ 'fɔrtˌşɛtə]

controlar (vt)	å kontrollere	[ɔ kʉntrɔ'lerə]
convidar (vt)	å innby, å invitere	[ɔ 'inby], [ɔ invi'terə]
correr (vi)	å løpe	[ɔ 'løpə]
criar (vt)	å opprette	[ɔ 'ɔpˌrɛtə]
custar (vt)	å koste	[ɔ 'kɔstə]

9. Os verbos mais importantes. Parte 2

| dar (vt) | å gi | [ɔ 'ji] |
| dar uma dica | å gi et vink | [ɔ 'ji et 'vink] |

decorar (enfeitar)	å pryde	[ɔ 'prydə]
defender (vt)	å forsvare	[ɔ fɔ'şvarə]
deixar cair (vt)	å tappe	[ɔ 'tapə]

descer (para baixo)	å gå ned	[ɔ 'gɔ ne]
desculpar (vt)	å unnskylde	[ɔ 'ʉnˌsylə]
desculpar-se (vr)	å unnskylde seg	[ɔ 'ʉnˌsylə sæj]
dirigir (~ uma empresa)	å styre, å lede	[ɔ 'styrə], [ɔ 'ledə]
discutir (notícias, etc.)	å diskutere	[ɔ disku'terə]
dizer (vt)	å si	[ɔ 'si]

duvidar (vt)	å tvile	[ɔ 'tvilə]
enganar (vt)	å fuske	[ɔ 'fuskə]
entrar (na sala, etc.)	å komme inn	[ɔ 'kɔmə in]
enviar (uma carta)	å sende	[ɔ 'sɛnə]

errar (equivocar-se)	å gjøre feil	[ɔ 'jørə ˌfæjl]
escolher (vt)	å velge	[ɔ 'vɛlgə]
esconder (vt)	å gjemme	[ɔ 'jɛmə]
escrever (vt)	å skrive	[ɔ 'skrivə]
esperar (o autocarro, etc.)	å vente	[ɔ 'vɛntə]
esperar (ter esperança)	å håpe	[ɔ 'hoːpə]
esquecer (vt)	å glemme	[ɔ 'glemə]
estudar (vt)	å studere	[ɔ stu'derə]
exigir (vt)	å kreve	[ɔ 'krevə]
existir (vi)	å eksistere	[ɔ ɛksi'sterə]

explicar (vt)	å forklare	[ɔ fɔr'klarə]
falar (vi)	å tale	[ɔ 'talə]
faltar (clases, etc.)	å skulke	[ɔ 'skʉlkə]
fazer (vt)	å gjøre	[ɔ 'jørə]
ficar em silêncio	å tie	[ɔ 'tie]
gabar-se, jactar-se (vr)	å prale	[ɔ 'pralə]

gostar (apreciar)	å like	[ɔ 'likə]
gritar (vi)	å skrike	[ɔ 'skrikə]
guardar (cartas, etc.)	å beholde	[ɔ be'hɔlə]
informar (vt)	å informere	[ɔ infɔr'merə]
insistir (vi)	å insistere	[ɔ insi'sterə]

insultar (vt)	å fornærme	[ɔ fɔː'ɳærmə]
interessar-se (vr)	å interessere seg	[ɔ intəre'serə sæj]
ir (a pé)	å gå	[ɔ 'gɔ]
ir nadar	å bade	[ɔ 'badə]
jantar (vi)	å spise middag	[ɔ 'spisə 'miˌda]

10. Os verbos mais importantes. Parte 3

ler (vt)	å lese	[ɔ 'lesə]
libertar (cidade, etc.)	å befri	[ɔ be'fri]
matar (vt)	å døde, å myrde	[ɔ 'dødə], [ɔ 'mʏːdə]
mencionar (vt)	å omtale, å nevne	[ɔ 'ɔmˌtalə], [ɔ 'nɛvnə]
mostrar (vt)	å vise	[ɔ 'visə]
mudar (modificar)	å endre	[ɔ 'ɛndrə]

nadar (vi)	å svømme	[ɔ 'svœmə]
negar-se a ...	å vegre seg	[ɔ 'vɛgrə sæj]
objetar (vt)	å innvende	[ɔ 'in̩vɛnə]

observar (vt)	å observere	[ɔ ɔbsɛr'verə]
ordenar (mil.)	å beordre	[ɔ be'ɔrdrə]
ouvir (vt)	å høre	[ɔ 'hørə]
pagar (vt)	å betale	[ɔ be'talə]
parar (vi)	å stoppe	[ɔ 'stɔpə]

participar (vi)	å delta	[ɔ 'dɛlta]
pedir (comida)	å bestille	[ɔ be'stilə]
pedir (um favor, etc.)	å be	[ɔ 'be]
pegar (tomar)	å ta	[ɔ 'ta]
pensar (vt)	å tenke	[ɔ 'tɛnkə]

perceber (ver)	å bemerke	[ɔ be'mærkə]
perdoar (vt)	å tilgi	[ɔ 'til̩ji]
perguntar (vt)	å spørre	[ɔ 'spørə]
permitir (vt)	å tillate	[ɔ 'ti̩latə]
pertencer a ...	å tilhøre ...	[ɔ 'til̩hørə ...]

planear (vt)	å planlegge	[ɔ 'plan̩legə]
poder (vi)	å kunne	[ɔ 'kʉnə]
possuir (vt)	å besidde, å eie	[ɔ bɛ'sidə], [ɔ 'æje]
preferir (vt)	å foretrekke	[ɔ 'forə̩trɛkə]
preparar (vt)	å lage	[ɔ 'lagə]

prever (vt)	å forutse	[ɔ 'forʉt̩sə]
prometer (vt)	å love	[ɔ 'lɔvə]
pronunciar (vt)	å uttale	[ɔ 'ʉt̩talə]
propor (vt)	å foreslå	[ɔ 'forə̩slɔ]
punir (castigar)	å straffe	[ɔ 'strafə]

11. Os verbos mais importantes. Parte 4

quebrar (vt)	å bryte	[ɔ 'brytə]
queixar-se (vr)	å klage	[ɔ 'klagə]
querer (desejar)	å ville	[ɔ 'vilə]
recomendar (vt)	å anbefale	[ɔ 'anbe̩falə]
repetir (dizer outra vez)	å gjenta	[ɔ 'jɛnta]

repreender (vt)	å skjelle	[ɔ 'ʂɛ:lə]
reservar (~ um quarto)	å reservere	[ɔ resɛr'verə]
responder (vt)	å svare	[ɔ 'svarə]
rezar, orar (vi)	å be	[ɔ 'be]
rir (vi)	å le, å skratte	[ɔ 'le], [ɔ 'skratə]

roubar (vt)	å stjele	[ɔ 'stjelə]
saber (vt)	å vite	[ɔ 'vitə]
sair (~ de casa)	å gå ut	[ɔ 'gɔ ʉt]
salvar (vt)	å redde	[ɔ 'rɛdə]
seguir ...	å følge etter ...	[ɔ 'følə 'ɛtər ...]
sentar-se (vr)	å sette seg	[ɔ 'sɛtə sæj]

ser necessário	å være behøv	[ɔ 'værə bə'høv]
ser, estar	å være	[ɔ 'værə]
significar (vt)	å bety	[ɔ 'bety]

sorrir (vi)	å smile	[ɔ 'smilə]
subestimar (vt)	å undervurdere	[ɔ 'ʉnərvʉːˌderə]
surpreender-se (vr)	å bli forundret	[ɔ 'bli fɔ'rʉndrət]
tentar (vt)	å prøve	[ɔ 'prøvə]

ter (vt)	å ha	[ɔ 'ha]
ter fome	å være sulten	[ɔ 'værə 'sʉltən]
ter medo	å frykte	[ɔ 'frʏktə]
ter sede	å være tørst	[ɔ 'værə 'tœʂt]

tocar (com as mãos)	å røre	[ɔ 'rørə]
tomar o pequeno-almoço	å spise frokost	[ɔ 'spisə ˌfrʉkɔst]
trabalhar (vi)	å arbeide	[ɔ 'arˌbæjdə]
traduzir (vt)	å oversette	[ɔ 'ɔvəˌʂɛtə]
unir (vt)	å forene	[ɔ fɔ'renə]

vender (vt)	å selge	[ɔ 'sɛlə]
ver (vt)	å se	[ɔ 'se]
virar (ex. ~ à direita)	å svinge	[ɔ 'sviŋə]
voar (vi)	å fly	[ɔ 'fly]

12. Cores

cor (f)	farge (m)	['fargə]
matiz (m)	nyanse (m)	[ny'ansə]
tom (m)	fargetone (m)	['fargəˌtʉnə]
arco-íris (m)	regnbue (m)	['ræjnˌbʉːə]

branco	hvit	['vit]
preto	svart	['svɑːt]
cinzento	grå	['grɔ]

verde	grønn	['grœn]
amarelo	gul	['gʉl]
vermelho	rød	['rø]

azul	blå	['blɔ]
azul claro	lyseblå	['lysəˌblɔ]
rosa	rosa	['rosa]
laranja	oransje	[ɔ'ranʂɛ]
violeta	fiolett	[fiʉ'lət]
castanho	brun	['brʉn]

| dourado | gullgul | ['gʉl] |
| prateado | sølv- | ['søl-] |

bege	beige	['bɛːʂ]
creme	kremfarget	['krɛmˌfargət]
turquesa	turkis	[tʉr'kis]
vermelho cereja	kirsebærrød	['çiʂəbærˌrød]

| lilás | lilla | ['lila] |
| carmesim | karminrød | ['karmʊ'sinˌrød] |

claro	lys	['lys]
escuro	mørk	['mœrk]
vivo	klar	['klar]

de cor	farge-	['fargə-]
a cores	farge-	['fargə-]
preto e branco	svart-hvit	['svaːt vit]
unicolor	ensfarget	['ɛnsˌfargət]
multicor	mangefarget	['maŋəˌfargət]

13. Questões

Quem?	Hvem?	['vɛm]
Que?	Hva?	['va]
Onde?	Hvor?	['vʊr]
Para onde?	Hvorhen?	['vʊrhen]
De onde?	Hvorfra?	['vʊrfra]
Quando?	Når?	[nɔr]
Para quê?	Hvorfor?	['vʊrfʊr]
Porquê?	Hvorfor?	['vʊrfʊr]

Para quê?	Hvorfor?	['vʊrfʊr]
Como?	Hvordan?	['vʊːdan]
Qual?	Hvilken?	['vilkən]
Qual? (entre dois ou mais)	Hvilken?	['vilkən]

A quem?	Til hvem?	[til 'vɛm]
Sobre quem?	Om hvem?	[ɔm 'vɛm]
Do quê?	Om hva?	[ɔm 'va]
Com quem?	Med hvem?	[me 'vɛm]

Quantos? -as?	Hvor mange?	[vʊr 'maŋə]
Quanto?	Hvor mye?	[vʊr 'mye]
De quem? (masc.)	Hvis?	['vis]

14. Palavras funcionais. Advérbios. Parte 1

Onde?	Hvor?	['vʊr]
aqui	her	['hɛr]
lá, ali	der	['dɛr]

| em algum lugar | et sted | [et 'sted] |
| em lugar nenhum | ingensteds | ['iŋənˌstɛts] |

| ao pé de ... | ved | ['ve] |
| ao pé da janela | ved vinduet | [ve 'vinduə] |

| Para onde? | Hvorhen? | ['vʊrhen] |
| para cá | hit | ['hit] |

para lá	dit	['dit]
daqui	herfra	['hɛrˌfrɑ]
de lá, dali	derfra	['dɛrˌfrɑ]

| perto | nær | ['nær] |
| longe | langt | ['lɑŋt] |

perto de ...	nær	['nær]
ao lado de	i nærheten	[i 'nærˌhetən]
perto, não fica longe	ikke langt	['ikə 'lɑŋt]

esquerdo	venstre	['vɛnstrə]
à esquerda	til venstre	[til 'vɛnstrə]
para esquerda	til venstre	[til 'vɛnstrə]

direito	høyre	['højrə]
à direita	til høyre	[til 'højrə]
para direita	til høyre	[til 'højrə]

à frente	foran	['fɔrɑn]
da frente	fremre	['frɛmrə]
em frente (para a frente)	fram	['frɑm]

atrás de ...	bakom	['bɑkɔm]
por detrás (vir ~)	bakfra	['bɑkˌfrɑ]
para trás	tilbake	[til'bɑkə]

| meio (m), metade (f) | midt (m) | ['mit] |
| no meio | i midten | [i 'mitən] |

de lado	fra siden	[frɑ 'sidən]
em todo lugar	overalt	[ɔvər'ɑlt]
ao redor (olhar ~)	rundt omkring	['rʉnt ɔm'kriŋ]

de dentro	innefra	['inəˌfrɑ]
para algum lugar	et sted	[et 'sted]
diretamente	rett, direkte	['rɛt], ['di'rɛktə]
de volta	tilbake	[til'bɑkə]

| de algum lugar | et eller annet steds fra | [et 'elər ˌɑːnt 'stɛts frɑ] |
| de um lugar | et eller annet steds fra | [et 'elər ˌɑːnt 'stɛts frɑ] |

em primeiro lugar	for det første	[fɔr də 'fœʂtə]
em segundo lugar	for det annet	[fɔr də 'ɑːnt]
em terceiro lugar	for det tredje	[fɔr də 'trɛdje]

de repente	plutselig	['plʉtseli]
no início	i begynnelsen	[i be'jinəlsən]
pela primeira vez	for første gang	[fɔr 'fœʂtə ˌgɑŋ]
muito antes de ...	lenge før ...	['leŋə 'før ...]
de novo, novamente	på nytt	[pɔ 'nʏt]
para sempre	for godt	[fɔr 'gɔt]

nunca	aldri	['ɑldri]
de novo	igjen	[i'jɛn]
agora	nå	['nɔ]

frequentemente	ofte	['ɔftə]
então	da	['da]
urgentemente	omgående	['ɔm‚gɔ:nə]
usualmente	vanligvis	['vanli‚vis]

a propósito, ...	forresten, ...	[fɔ'rɛstən ...]
é possível	mulig, kanskje	['muli], ['kanʂə]
provavelmente	sannsynligvis	[san'synli‚vis]
talvez	kanskje	['kanʂə]
além disso, ...	dessuten, ...	[des'utən ...]
por isso ...	derfor ...	['dɛrfɔr ...]
apesar de ...	på tross av ...	['pɔ 'trɔs a: ...]
graças a ...	takket være ...	['takət ‚værə ...]

que (pron.)	hva	['va]
que (conj.)	at	[at]
algo	noe	['nʊe]
alguma coisa	noe	['nʊe]
nada	ingenting	['iŋəntiŋ]

quem	hvem	['vɛm]
alguém (~ teve uma ideia ...)	noen	['nʊən]
alguém	noen	['nʊən]

ninguém	ingen	['iŋən]
para lugar nenhum	ingensteds	['iŋən‚stɛts]
de ninguém	ingens	['iŋəns]
de alguém	noens	['nʊəns]

tão	så	['sɔ:]
também (gostaria ~ de ...)	også	['ɔsɔ]
também (~ eu)	også	['ɔsɔ]

15. Palavras funcionais. Advérbios. Parte 2

Porquê?	Hvorfor?	['vʊrfʊr]
por alguma razão	av en eller annen grunn	[a: en elər 'anən ‚grʉn]
porque ...	fordi ...	[fɔ'di ...]
por qualquer razão	av en eller annen grunn	[a: en elər 'anən ‚grʉn]

e (tu ~ eu)	og	['ɔ]
ou (ser ~ não ser)	eller	['elər]
mas (porém)	men	['men]
para (~ a minha mãe)	for, til	[fɔr], [til]

demasiado, muito	for, altfor	['fɔr], ['altfɔr]
só, somente	bare	['barə]
exatamente	presis, eksakt	[prɛ'sis], [ɛk'sakt]
cerca de (~ 10 kg)	cirka	['sirka]

aproximadamente	omtrent	[ɔm'trɛnt]
aproximado	omtrentlig	[ɔm'trɛntli]
quase	nesten	['nɛstən]
resto (m)	rest (m)	['rɛst]

o outro (segundo)	den annen	[den 'anən]
outro	andre	['andrə]
cada	hver	['vɛr]
qualquer	hvilken som helst	['vilkən sɔm 'hɛlst]
muito	mye	['mye]
muitas pessoas	mange	['maŋə]
todos	alle	['alə]

em troca de …	til gjengjeld for …	[til 'jɛnjɛl for …]
em troca	istedenfor	[i'steden‚for]
à mão	for hånd	[for 'hɔn]
pouco provável	neppe	['nepə]

provavelmente	sannsynligvis	[san'synli‚vis]
de propósito	med vilje	[me 'viljе]
por acidente	tilfeldigvis	[til'fɛldivis]

muito	meget	['megət]
por exemplo	for eksempel	[for ɛk'sɛmpəl]
entre	mellom	['mɛlɔm]
entre (no meio de)	blant	['blant]
tanto	så mye	['sɔ: mye]
especialmente	særlig	['sæ:ḷi]

Conceitos básicos. Parte 2

16. Opostos

rico	rik	['rik]
pobre	fattig	['fɑti]
doente	syk	['syk]
são	frisk	['frisk]
grande	stor	['stʊr]
pequeno	liten	['litən]
rapidamente	fort	['fʊːt]
lentamente	langsomt	['lɑŋsɔmt]
rápido	hurtig	['høːʈi]
lento	langsom	['lɑŋsɔm]
alegre	glad	['glɑ]
triste	sørgmodig	[sør'mʊdi]
juntos	sammen	['sɑmən]
separadamente	separat	[sepɑ'rɑt]
em voz alta (ler ~)	høyt	['højt]
para si (em silêncio)	for seg selv	[fɔr sæj 'sɛl]
alto	høy	['høj]
baixo	lav	['lɑv]
profundo	dyp	['dyp]
pouco fundo	grunn	['grʉn]
sim	ja	['jɑ]
não	nei	['næj]
distante (no espaço)	fjern	['fjæːn]
próximo	nær	['nær]
longe	langt	['lɑŋt]
perto	i nærheten	[i 'nærˌhetən]
longo	lang	['lɑŋ]
curto	kort	['kʊːʈ]
bom, bondoso	god	['gʊ]
mau	ond	['ʊn]
casado	gift	['jift]

solteiro	ugift	[ʉːˈjift]
proibir (vt)	å forby	[ɔ forˈby]
permitir (vt)	å tillate	[ɔ ˈtiˌlatə]
fim (m)	slutt (m)	[ˈʂlʉt]
começo (m)	begynnelse (m)	[beˈjinəlsə]
esquerdo	venstre	[ˈvɛnstrə]
direito	høyre	[ˈhøjrə]
primeiro	første	[ˈfœʂtə]
último	sist	[ˈsist]
crime (m)	forbrytelse (m)	[forˈbrytəlsə]
castigo (m)	straff (m)	[ˈstrɑf]
ordenar (vt)	å beordre	[ɔ beˈɔrdrə]
obedecer (vt)	å underordne seg	[ɔ ˈʉnərˌɔrdnə sæj]
reto	rett	[ˈrɛt]
curvo	kroket	[ˈkrɔkət]
paraíso (m)	paradis (n)	[ˈparɑˌdis]
inferno (m)	helvete (n)	[ˈhɛlvetə]
nascer (vi)	å fødes	[ɔ ˈfødə]
morrer (vi)	å dø	[ɔ ˈdø]
forte	sterk	[ˈstærk]
fraco, débil	svak	[ˈsvɑk]
idoso	gammel	[ˈgɑməl]
jovem	ung	[ˈʉŋ]
velho	gammel	[ˈgɑməl]
novo	ny	[ˈny]
duro	hard	[ˈhɑr]
mole	bløt	[ˈbløt]
tépido	varm	[ˈvɑrm]
frio	kald	[ˈkɑl]
gordo	tykk	[ˈtʏk]
magro	tynn	[ˈtʏn]
estreito	smal	[ˈsmal]
largo	bred	[ˈbre]
bom	bra	[ˈbrɑ]
mau	dårlig	[ˈdoːli]
valente	tapper	[ˈtɑpər]
cobarde	feig	[ˈfæjg]

17. Dias da semana

segunda-feira (f)	mandag (m)	['manˌdɑ]
terça-feira (f)	tirsdag (m)	['tiʂˌdɑ]
quarta-feira (f)	onsdag (m)	['ʊnsˌdɑ]
quinta-feira (f)	torsdag (m)	['toʂˌdɑ]
sexta-feira (f)	fredag (m)	['frɛˌdɑ]
sábado (m)	lørdag (m)	['lørˌdɑ]
domingo (m)	søndag (m)	['sønˌdɑ]

hoje	i dag	[i 'dɑ]
amanhã	i morgen	[i 'mɔːən]
depois de amanhã	i overmorgen	[i 'ɔvərˌmɔːən]
ontem	i går	[i 'gɔr]
anteontem	i forgårs	[i 'forˌgɔʂ]

dia (m)	dag (m)	['dɑ]
dia (m) de trabalho	arbeidsdag (m)	['ɑrbæjdsˌdɑ]
feriado (m)	festdag (m)	['fɛstˌdɑ]
dia (m) de folga	fridag (m)	['friˌdɑ]
fim (m) de semana	ukeslutt (m), helg (f)	['ʉkəˌslʉt], ['hɛlg]

o dia todo	hele dagen	['helə 'dɑgən]
no dia seguinte	neste dag	['nɛstə ˌdɑ]
há dois dias	for to dager siden	[for tʊ 'dɑgər ˌsidən]
na véspera	dagen før	['dɑgən 'før]
diário	daglig	['dɑgli]
todos os dias	hver dag	['vɛr dɑ]

semana (f)	uke (m/f)	['ʉkə]
na semana passada	siste uke	['sistə 'ʉkə]
na próxima semana	i neste uke	[i 'nɛstə 'ʉkə]
semanal	ukentlig	['ʉkəntli]
cada semana	hver uke	['vɛr 'ʉkə]
duas vezes por semana	to ganger per uke	['tʊ 'gɑŋər per 'ʉkə]
cada terça-feira	hver tirsdag	['vɛr 'tiʂdɑ]

18. Horas. Dia e noite

manhã (f)	morgen (m)	['mɔːən]
de manhã	om morgenen	[ɔm 'mɔːenən]
meio-dia (m)	middag (m)	['miˌdɑ]
à tarde	om ettermiddagen	[ɔm 'ɛtərˌmidɑgən]

noite (f)	kveld (m)	['kvɛl]
à noite (noitinha)	om kvelden	[ɔm 'kvɛlən]
noite (f)	natt (m/f)	['nat]
à noite	om natta	[ɔm 'nata]
meia-noite (f)	midnatt (m/f)	['midˌnat]

segundo (m)	sekund (m/n)	[se'kʉn]
minuto (m)	minutt (n)	[mi'nʉt]
hora (f)	time (m)	['timə]

meia hora (f)	halvtime (m)	['hal‚timə]
quarto (m) de hora	kvarter (n)	[kvɑːʈer]
quinze minutos	femten minutter	['fɛmtən mi'nʉtər]
vinte e quatro horas	døgn (n)	['døjn]
nascer (m) do sol	soloppgang (m)	['sʉlɔp‚gaŋ]
amanhecer (m)	daggry (n)	['dɑg‚gry]
madrugada (f)	tidlig morgen (m)	['tili 'mɔːən]
pôr do sol (m)	solnedgang (m)	['sʉlned‚gaŋ]
de madrugada	tidlig om morgenen	['tili ɔm 'mɔːenən]
hoje de manhã	i morges	[i 'mɔrəs]
amanhã de manhã	i morgen tidlig	[i 'mɔːən 'tili]
hoje à tarde	i formiddag	[i 'fɔrmi‚dɑ]
à tarde	om ettermiddagen	[ɔm 'ɛtər‚midɑgən]
amanhã à tarde	i morgen ettermiddag	[i 'mɔːən 'ɛtər‚midɑ]
hoje à noite	i kveld	[i 'kvɛl]
amanhã à noite	i morgen kveld	[i 'mɔːən ‚kvɛl]
às três horas em ponto	presis klokka tre	[prɛ'sis 'klɔkɑ tre]
por volta das quatro	ved fire-tiden	[ve 'fire ‚tidən]
às doze	innen klokken tolv	['inən 'klɔkən tɔl]
dentro de vinte minutos	om tjue minutter	[ɔm 'çʉə mi'nʉtər]
dentro duma hora	om en time	[ɔm en 'timə]
a tempo	i tide	[i 'tidə]
menos um quarto	kvart på …	['kvɑːʈ pɔ …]
durante uma hora	innen en time	['inən en 'time]
a cada quinze minutos	hvert kvarter	['vɛːʈ kvɑːʈer]
as vinte e quatro horas	døgnet rundt	['døjne ‚rʉnt]

19. Meses. Estações

janeiro (m)	januar (m)	['janʉ‚ar]
fevereiro (m)	februar (m)	['febrʉ‚ar]
março (m)	mars (m)	['mɑʂ]
abril (m)	april (m)	[ɑ'pril]
maio (m)	mai (m)	['mɑj]
junho (m)	juni (m)	['jʉni]
julho (m)	juli (m)	['jʉli]
agosto (m)	august (m)	[aʊ'gʉst]
setembro (m)	september (m)	[sep'tɛmbər]
outubro (m)	oktober (m)	[ɔk'tʉbər]
novembro (m)	november (m)	[nʉ'vɛmbər]
dezembro (m)	desember (m)	[de'sɛmbər]
primavera (f)	vår (m)	['vɔːr]
na primavera	om våren	[ɔm 'voːrən]
primaveril	vår-, vårlig	['vɔːr-], ['vɔːʟi]
verão (m)	sommer (m)	['sɔmər]

| no verão | om sommeren | [ɔm 'sɔmerən] |
| de verão | sommer- | ['sɔmər-] |

outono (m)	høst (m)	['høst]
no outono	om høsten	[ɔm 'høstən]
outonal	høst-, høstlig	['høst-], ['høstli]

inverno (m)	vinter (m)	['vintər]
no inverno	om vinteren	[ɔm 'vinterən]
de inverno	vinter-	['vintər-]
mês (m)	måned (m)	['moːnət]
este mês	denne måneden	['dɛnə 'moːnedən]
no próximo mês	neste måned	['nɛstə 'moːnət]
no mês passado	forrige måned	['fɔriə ˌmoːnət]

há um mês	for en måned siden	[fɔr en 'moːnət ˌsidən]
dentro de um mês	om en måned	[ɔm en 'moːnət]
dentro de dois meses	om to måneder	[ɔm 'tʊ 'moːnedər]
todo o mês	en hel måned	[en 'hel 'moːnət]
um mês inteiro	hele måned	['helə 'moːnət]

mensal	månedlig	['moːnədli]
mensalmente	månedligt	['moːnedlət]
cada mês	hver måned	[ˌvɛr 'moːnət]
duas vezes por mês	to ganger per måned	['tʊ 'gaŋər per 'moːnət]

ano (m)	år (n)	['ɔr]
este ano	i år	[i 'oːr]
no próximo ano	neste år	['nɛstə ˌoːr]
no ano passado	i fjor	[i 'fjor]
há um ano	for et år siden	[fɔr et 'oːr ˌsidən]
dentro dum ano	om et år	[ɔm et 'oːr]
dentro de 2 anos	om to år	[ɔm 'tʊ 'oːr]
todo o ano	hele året	['helə 'oːre]
um ano inteiro	hele året	['helə 'oːre]

cada ano	hvert år	['vɛːt̩ 'oːr]
anual	årlig	['oːli]
anualmente	årlig, hvert år	['oːli], ['vɛːt̩ 'ɔr]
quatro vezes por ano	fire ganger per år	['fire 'gaŋər per 'oːr]

data (~ de hoje)	dato (m)	['datʊ]
data (ex. ~ de nascimento)	dato (m)	['datʊ]
calendário (m)	kalender (m)	[ka'lendər]

meio ano	halvår (n)	['halˌoːr]
seis meses	halvår (n)	['halˌoːr]
estação (f)	årstid (m/f)	['oːʂˌtid]
século (m)	århundre (n)	['ɔrˌhʊndrə]

20. Tempo. Diversos

| tempo (m) | tid (m/f) | ['tid] |
| momento (m) | øyeblikk (n) | ['øjəˌblik] |

instante (m)	øyeblikk (n)	['øjə‚blik]
instantâneo	øyeblikkelig	['øjə‚blikəli]
lapso (m) de tempo	tidsavsnitt (n)	['tids‚afsnit]
vida (f)	liv (n)	['liv]
eternidade (f)	evighet (m)	['ɛvi‚het]
época (f)	epoke (m)	[ɛ'pʊkə]
era (f)	æra (m)	['ærɑ]
ciclo (m)	syklus (m)	['syklʊs]
período (m)	periode (m)	[pæri'ʊdə]
prazo (m)	sikt (m)	['sikt]
futuro (m)	framtid (m/f)	['frɑm‚tid]
futuro	framtidig, fremtidig	['frɑm‚tidi], ['frɛm‚tidi]
da próxima vez	neste gang	['nɛstə ‚gɑŋ]
passado (m)	fortid (m/f)	['fɔː‚ţid]
passado	forrige	['fɔriə]
na vez passada	siste gang	['sistə ‚gɑŋ]
mais tarde	senere	['senerə]
depois	etterpå	['ɛtər‚pɔ]
atualmente	for nærværende	[fɔr 'nær‚værnə]
agora	nå	['nɔ]
imediatamente	umiddelbart	['ʉmidəl‚bɑːţ]
em breve, brevemente	snart	['snɑːţ]
de antemão	på forhånd	[pɔ 'fɔːr‚hɔn]
há muito tempo	for lenge siden	[fɔr 'leŋə ‚sidən]
há pouco tempo	nylig	['nyli]
destino (m)	skjebne (m)	['ʂɛbnə]
recordações (f pl)	minner (n pl)	['minər]
arquivo (m)	arkiv (n)	[ɑr'kiv]
durante ...	under ...	['ʉnər ...]
durante muito tempo	lenge	['leŋə]
pouco tempo	ikke lenge	['ikə 'leŋə]
cedo (levantar-se ~)	tidlig	['tili]
tarde (deitar-se ~)	sent	['sɛnt]
para sempre	for alltid	[fɔr 'al‚tid]
começar (vt)	å begynne	[ɔ be'jinə]
adiar (vt)	å utsette	[ɔ 'ʉt‚sɛtə]
simultaneamente	samtidig	['sɑm‚tidi]
permanentemente	alltid, stadig	['al‚tid], ['stadi]
constante (ruído, etc.)	konstant	[kʊn'stant]
temporário	midlertidig, temporær	['midlə‚tidi], ['tɛmpɔ‚rær]
às vezes	av og til	['ɑv ɔ ‚til]
raramente	sjelden	['ʂɛlən]
frequentemente	ofte	['ɔftə]

21. Linhas e formas

quadrado (m)	kvadrat (n)	[kva'drɑt]
quadrado	kvadratisk	[kva'drɑtisk]

círculo (m)	sirkel (m)	['sirkəl]
redondo	rund	['rʉn]
triângulo (m)	trekant (m)	['treˌkɑnt]
triangular	trekantet	['treˌkɑntət]

oval (f)	oval (m)	[ʊ'vɑl]
oval	oval	[ʊ'vɑl]
retângulo (m)	rektangel (n)	['rɛkˌtɑŋəl]
retangular	rettvinklet	['rɛtˌvinklət]

pirâmide (f)	pyramide (m)	[pyrɑ'midə]
rombo, losango (m)	rombe (m)	['rʊmbə]
trapézio (m)	trapes (m/n)	[trɑ'pes]
cubo (m)	kube, terning (m)	['kʉbə], ['tæːɳiŋ]
prisma (m)	prisme (n)	['prismə]

circunferência (f)	omkrets (m)	['ɔmˌkrɛts]
esfera (f)	sfære (m)	['sfærə]
globo (m)	kule (m/f)	['kʉːlə]
diâmetro (m)	diameter (m)	['diɑˌmetər]
raio (m)	radius (m)	['rɑdiʉs]
perímetro (m)	perimeter (n)	[peri'metər]
centro (m)	midtpunkt (n)	['mitˌpʉnkt]

horizontal	horisontal	[hʉrisɔn'tɑl]
vertical	loddrett, lodd-	['lɔdˌrɛt], ['lɔd-]
paralela (f)	parallell (m)	[pɑrɑ'lel]
paralelo	parallell	[pɑrɑ'lel]

linha (f)	linje (m)	['linjə]
traço (m)	strek (m)	['strek]
reta (f)	rett linje (m/f)	['rɛt 'linjə]
curva (f)	kurve (m)	['kʉrvə]
fino (linha ~a)	tynn	['tyn]
contorno (m)	kontur (m)	[kʊn'tʉr]

interseção (f)	skjæringspunkt (n)	['ʂæriŋsˌpʉnkt]
ângulo (m) reto	rett vinkel (m)	['rɛt 'vinkəl]
segmento (m)	segment (n)	[seg'mɛnt]
setor (m)	sektor (m)	['sɛktʉr]
lado (de um triângulo, etc.)	side (m/f)	['sidə]
ângulo (m)	vinkel (m)	['vinkəl]

22. Unidades de medida

peso (m)	vekt (m)	['vɛkt]
comprimento (m)	lengde (m/f)	['leŋdə]
largura (f)	bredde (m)	['brɛdə]
altura (f)	høyde (m)	['højdə]
profundidade (f)	dybde (m)	['dybdə]
volume (m)	volum (n)	[vɔ'lʉm]
área (f)	areal (n)	[ˌɑre'ɑl]
grama (m)	gram (n)	['grɑm]
miligrama (m)	milligram (n)	['miliˌgrɑm]

quilograma (m)	kilogram (n)	['çilu͵gram]
tonelada (f)	tonn (m/n)	['tɔn]
libra (453,6 gramas)	pund (n)	['pʉn]
onça (f)	unse (m)	['ʉnsə]

metro (m)	meter (m)	['metər]
milímetro (m)	millimeter (m)	['mili͵metər]
centímetro (m)	centimeter (m)	['sɛnti͵metər]
quilómetro (m)	kilometer (m)	['çilu͵metər]
milha (f)	mil (m/f)	['mil]

polegada (f)	tomme (m)	['tɔmə]
pé (304,74 mm)	fot (m)	['fʊt]
jarda (914,383 mm)	yard (m)	['jɑːrd]

| metro (m) quadrado | kvadratmeter (m) | [kvɑ'drɑt͵metər] |
| hectare (m) | hektar (n) | ['hɛktɑr] |

litro (m)	liter (m)	['litər]
grau (m)	grad (m)	['grɑd]
volt (m)	volt (m)	['vɔlt]
ampere (m)	ampere (m)	[ɑm'pɛr]
cavalo-vapor (m)	hestekraft (m/f)	['hɛstə͵krɑft]

quantidade (f)	mengde (m)	['mɛŋdə]
um pouco de ...	få ...	['fɔ ...]
metade (f)	halvdel (m)	['hɑldel]
dúzia (f)	dusin (n)	[dʉ'sin]
peça (f)	stykke (n)	['stʏkə]

| dimensão (f) | størrelse (m) | ['stœrəlsə] |
| escala (f) | målestokk (m) | ['moːlə͵stɔk] |

mínimo	minimal	[mini'mɑl]
menor, mais pequeno	minste	['minstə]
médio	middel-	['midəl-]
máximo	maksimal	[mɑksi'mɑl]
maior, mais grande	største	['stœʂtə]

23. Recipientes

boião (m) de vidro	glaskrukke (m/f)	['glɑs͵krʉkə]
lata (~ de cerveja)	boks (m)	['bɔks]
balde (m)	bøtte (m/f)	['bœtə]
barril (m)	tønne (m)	['tœnə]

bacia (~ de plástico)	vaskefat (n)	['vɑskə͵fɑt]
tanque (m)	tank (m)	['tɑnk]
cantil (m) de bolso	lommelerke (m/f)	['lʊmə͵lærkə]
bidão (m) de gasolina	bensinkanne (m/f)	[bɛn'sin͵kɑnə]
cisterna (f)	tank (m)	['tɑnk]

| caneca (f) | krus (n) | ['krʉs] |
| chávena (f) | kopp (m) | ['kɔp] |

pires (m)	tefat (n)	['teˌfɑt]
copo (m)	glass (n)	['glɑs]
taça (f) de vinho	vinglass (n)	['vinˌglɑs]
panela, caçarola (f)	gryte (m/f)	['grytə]

garrafa (f)	flaske (m)	['flɑskə]
gargalo (m)	flaskehals (m)	['flɑskəˌhɑls]

jarro, garrafa (f)	karaffel (m)	[kɑ'rɑfəl]
jarro (m) de barro	mugge (m/f)	['mʉgə]
recipiente (m)	beholder (m)	[be'hɔlər]
pote (m)	pott, potte (m)	['pɔt], ['pɔtə]
vaso (m)	vase (m)	['vɑsə]

frasco (~ de perfume)	flakong (m)	[flɑ'kɔŋ]
frasquinho (ex. ~ de iodo)	flaske (m/f)	['flɑskə]
tubo (~ de pasta dentífrica)	tube (m)	['tʉbə]

saca (ex. ~ de açúcar)	sekk (m)	['sɛk]
saco (~ de plástico)	pose (m)	['pʉsə]
maço (m)	pakke (m/f)	['pɑkə]

caixa (~ de sapatos, etc.)	eske (m/f)	['ɛskə]
caixa (~ de madeira)	kasse (m/f)	['kɑsə]
cesta (f)	kurv (m)	['kʉrv]

24. Materiais

material (m)	materiale (n)	[materi'ɑlə]
madeira (f)	tre (n)	['trɛ]
de madeira	tre-, av tre	['trɛ-], [ɑː 'trɛ]

vidro (m)	glass (n)	['glɑs]
de vidro	glass-	['glɑs-]

pedra (f)	stein (m)	['stæjn]
de pedra	stein-	['stæjn-]

plástico (m)	plast (m)	['plɑst]
de plástico	plast-	['plɑst-]

borracha (f)	gummi (m)	['gʉmi]
de borracha	gummi-	['gʉmi-]

tecido, pano (m)	tøy (n)	['tøj]
de tecido	tøy-	['tøj-]

papel (m)	papir (n)	[pɑ'pir]
de papel	papir-	[pɑ'pir-]

cartão (m)	papp, kartong (m)	['pɑp], [kɑː'tɔŋ]
de cartão	papp-, kartong-	['pɑp-], [kɑː'tɔŋ-]
polietileno (m)	polyetylen (n)	['pʉlyɛtyˌlen]
celofane (m)	cellofan (m)	[sɛlu'fɑn]

linóleo (m)	linoleum (m)	[li'nɔleum]
contraplacado (m)	kryssfiner (m)	['krʏsfi̩nɛr]
porcelana (f)	porselen (n)	[pɔʂə'len]
de porcelana	porselens-	[pɔʂə'lens-]
barro (f)	leir (n)	['læjr]
de barro	leir-	['læjr-]
cerâmica (f)	keramikk (m)	[çera'mik]
de cerâmica	keramisk	[çe'ramisk]

25. Metais

metal (m)	metall (n)	[me'tɑl]
metálico	metall-	[me'tɑl-]
liga (f)	legering (m/f)	[le'gerɪŋ]
ouro (m)	gull (n)	['gʉl]
de ouro	av gull, gull-	[ɑː 'gʉl], ['gʉl-]
prata (f)	sølv (n)	['søl]
de prata	sølv-, av sølv	['søl-], [ɑː 'søl]
ferro (m)	jern (n)	['jæːɳ]
de ferro	jern-	['jæːɳ-]
aço (m)	stål (n)	['stɔl]
de aço	stål-	['stɔl-]
cobre (m)	kobber (n)	['kɔbər]
de cobre	kobber-	['kɔbər-]
alumínio (m)	aluminium (n)	[ɑlu'minium]
de alumínio	aluminium-	[ɑlu'minium-]
bronze (m)	bronse (m)	['brɔnsə]
de bronze	bronse-	['brɔnsə-]
latão (m)	messing (m)	['mɛsiŋ]
níquel (m)	nikkel (m)	['nikəl]
platina (f)	platina (m/n)	['platina]
mercúrio (m)	kvikksølv (n)	['kvik̩søl]
estanho (m)	tinn (n)	['tin]
chumbo (m)	bly (n)	['bly]
zinco (m)	sink (m/n)	['sink]

O SER HUMANO

O ser humano. O corpo

26. Humanos. Conceitos básicos

ser (m) humano	menneske (n)	['mɛnəskə]
homem (m)	mann (m)	['man]
mulher (f)	kvinne (m/f)	['kvinə]
criança (f)	barn (n)	['bɑːŋ]
menina (f)	jente (m/f)	['jɛntə]
menino (m)	gutt (m)	['gʉt]
adolescente (m)	tenåring (m)	['tɛnoːriŋ]
velho (m)	eldre mann (m)	['ɛldrə ,man]
velha, anciã (f)	eldre kvinne (m/f)	['ɛldrə ,kvinə]

27. Anatomia humana

organismo (m)	organisme (m)	[ɔrga'nismə]
coração (m)	hjerte (n)	['jæːtə]
sangue (m)	blod (n)	['blʉ]
artéria (f)	arterie (m)	[ɑːˈʈeriə]
veia (f)	vene (m)	['veːnə]
cérebro (m)	hjerne (m)	['jæːŋə]
nervo (m)	nerve (m)	['nærvə]
nervos (m pl)	nerver (m pl)	['nærvər]
vértebra (f)	ryggvirvel (m)	['rʏɡ,virvəl]
coluna (f) vertebral	ryggrad (m)	['rʏɡ,rad]
estômago (m)	magesekk (m)	['magə,sɛk]
intestinos (m pl)	innvoller, tarmer (m pl)	['in,vɔlər], ['tarmər]
intestino (m)	tarm (m)	['tarm]
fígado (m)	lever (m)	['levər]
rim (m)	nyre (m/n)	['nyrə]
osso (m)	bein (n)	['bæjn]
esqueleto (m)	skjelett (n)	[ṣe'let]
costela (f)	ribbein (n)	['rib,bæjn]
crânio (m)	hodeskalle (m)	['hʉdə,skɑlə]
músculo (m)	muskel (m)	['mʉskəl]
bíceps (m)	biceps (m)	['bisɛps]
tríceps (m)	triceps (m)	['trisɛps]
tendão (m)	sene (m/f)	['seːnə]
articulação (f)	ledd (n)	['led]

pulmões (m pl)	lunger (m pl)	['luŋər]
órgãos (m pl) genitais	kjønnsorganer (n pl)	['çœns‚ɔr'ganər]
pele (f)	hud (m/f)	['hʉd]

28. Cabeça

cabeça (f)	hode (n)	['hʉdə]
cara (f)	ansikt (n)	['ɑnsikt]
nariz (m)	nese (m/f)	['nese]
boca (f)	munn (m)	['mʉn]

olho (m)	øye (n)	['øjə]
olhos (m pl)	øyne (n pl)	['øjnə]
pupila (f)	pupill (m)	[pʉ'pil]
sobrancelha (f)	øyenbryn (n)	['øjən‚bryn]
pestana (f)	øyenvipp (m)	['øjən‚vip]
pálpebra (f)	øyelokk (m)	['øjə‚lɔk]

língua (f)	tunge (m/f)	['tʉŋə]
dente (m)	tann (m/f)	['tɑn]
lábios (m pl)	lepper (m/f pl)	['lepər]
maçãs (f pl) do rosto	kinnbein (n pl)	['çin‚bæjn]
gengiva (f)	tannkjøtt (n)	['tɑn‚çœt]
palato (m)	gane (m)	['gɑnə]

narinas (f pl)	nesebor (n pl)	['nesə‚bʉr]
queixo (m)	hake (m/f)	['hɑkə]
mandíbula (f)	kjeve (m)	['çɛvə]
bochecha (f)	kinn (n)	['çin]

testa (f)	panne (m/f)	['pɑnə]
têmpora (f)	tinning (m)	['tiniŋ]
orelha (f)	øre (n)	['ørə]
nuca (f)	bakhode (n)	['bɑk‚hɔdə]
pescoço (m)	hals (m)	['hɑls]
garganta (f)	strupe, hals (m)	['strʉpə], ['hɑls]

cabelos (m pl)	hår (n pl)	['hɔr]
penteado (m)	frisyre (m)	[fri'syrə]
corte (m) de cabelo	hårfasong (m)	['ho:rfɑ‚sɔŋ]
peruca (f)	parykk (m)	[pɑ'rʏk]

bigode (m)	mustasje (m)	[mʉ'stɑʂə]
barba (f)	skjegg (n)	['ʂɛg]
usar, ter (~ barba, etc.)	å ha	[ɔ 'hɑ]
trança (f)	flette (m/f)	['fletə]
suíças (f pl)	bakkenbarter (pl)	['bɑkən‚bɑ:ʈər]

ruivo	rødhåret	['rø‚ho:rət]
grisalho	grå	['grɔ]
calvo	skallet	['skɑlət]
calva (f)	skallet flekk (m)	['skɑlət ‚flek]
rabo-de-cavalo (m)	hestehale (m)	['hɛstə‚hɑlə]
franja (f)	pannelugg (m)	['pʉnə‚lug]

29. Corpo humano

mão (f)	hånd (m/f)	['hɔn]
braço (m)	arm (m)	['ɑrm]
dedo (m)	finger (m)	['fiŋər]
dedo (m) do pé	tå (m/f)	['tɔ]
polegar (m)	tommel (m)	['tɔməl]
dedo (m) mindinho	lillefinger (m)	['lilə‚fiŋər]
unha (f)	negl (m)	['nɛjl]
punho (m)	knyttneve (m)	['knʏt‚nevə]
palma (f) da mão	håndflate (m/f)	['hɔn‚flatə]
pulso (m)	håndledd (n)	['hɔn‚led]
antebraço (m)	underarm (m)	['ʉnər‚ɑrm]
cotovelo (m)	albue (m)	['al‚bʉə]
ombro (m)	skulder (m)	['skʉldər]
perna (f)	bein (n)	['bæjn]
pé (m)	fot (m)	['fʊt]
joelho (m)	kne (n)	['knɛ]
barriga (f) da perna	legg (m)	['leg]
anca (f)	hofte (m)	['hɔftə]
calcanhar (m)	hæl (m)	['hæl]
corpo (m)	kropp (m)	['krɔp]
barriga (f)	mage (m)	['mɑgə]
peito (m)	bryst (n)	['brʏst]
seio (m)	bryst (n)	['brʏst]
lado (m)	side (m/f)	['sidə]
costas (f pl)	rygg (m)	['rʏg]
região (f) lombar	korsrygg (m)	['kɔːʂ‚rʏg]
cintura (f)	liv (n), midje (m/f)	['liv], ['midjə]
umbigo (m)	navle (m)	['nɑvlə]
nádegas (f pl)	rumpeballer (m pl)	['rʉmpə‚balər]
traseiro (m)	bak (m)	['bɑk]
sinal (m)	føflekk (m)	['fø‚flek]
sinal (m) de nascença	fødselsmerke (n)	['føtsəls‚mærke]
tatuagem (f)	tatovering (m/f)	[tatʉ'vɛriŋ]
cicatriz (f)	arr (n)	['ɑr]

Vestuário & Acessórios

30. Roupa exterior. Casacos

roupa (f)	klær (n)	['klær]
roupa (f) exterior	yttertøy (n)	['ytə,tøj]
roupa (f) de inverno	vinterklær (n pl)	['vintər,klær]
sobretudo (m)	frakk (m), kåpe (m/f)	['frɑk], ['kɔ:pə]
casaco (m) de peles	pels (m), pelskåpe (m/f)	['pɛls], ['pɛls,kɔ:pə]
casaco curto (m) de peles	pelsjakke (m/f)	['pɛls,jakə]
casaco (m) acolchoado	dunjakke (m/f)	['dʉn,jakə]
casaco, blusão (m)	jakke (m/f)	['jakə]
impermeável (m)	regnfrakk (m)	['ræjn,frɑk]
impermeável	vanntett	['vɑn,tɛt]

31. Vestuário de homem & mulher

camisa (f)	skjorte (m/f)	['ʂœ:tə]
calças (f pl)	bukse (m)	['bʉksə]
calças (f pl) de ganga	jeans (m)	['dʒins]
casaco (m) de fato	dressjakke (m/f)	['drɛs,jakə]
fato (m)	dress (m)	['drɛs]
vestido (ex. ~ vermelho)	kjole (m)	['çulə]
saia (f)	skjørt (n)	['ʂø:t]
blusa (f)	bluse (m)	['blʉsə]
casaco (m) de malha	strikket trøye (m/f)	['strikə 'trøjə]
casaco, blazer (m)	blazer (m)	['blæsər]
T-shirt, camiseta (f)	T-skjorte (m/f)	['te,ʂœ:tə]
calções (Bermudas, etc.)	shorts (m)	['ʂɔ:ts]
fato (m) de treino	treningsdrakt (m/f)	['treniŋs,drɑkt]
roupão (m) de banho	badekåpe (m/f)	['bɑdə,kɔ:pə]
pijama (m)	pyjamas (m)	[py'ʂamas]
suéter (m)	sweater (m)	['svɛtər]
pulôver (m)	pullover (m)	[pʉ'lɔvər]
colete (m)	vest (m)	['vɛst]
fraque (m)	livkjole (m)	['liv,çulə]
smoking (m)	smoking (m)	['smɔkiŋ]
uniforme (m)	uniform (m)	[ʉni'form]
roupa (f) do trabalho	arbeidsklær (n pl)	['ɑrbæjds,klær]
fato-macaco (m)	kjeledress, overall (m)	['çelə,drɛs], ['ɔvɛr,ɔl]
bata (~ branca, etc.)	kittel (m)	['çitəl]

32. Vestuário. Roupa interior

roupa (f) interior	undertøy (n)	['ʉnəˌtøj]
cuecas boxer (f pl)	underbukse (m/f)	['ʉnərˌbʉksə]
cuecas (f pl)	truse (m/f)	['trʉsə]
camisola (f) interior	undertrøye (m/f)	['ʉnəˌtrøjə]
peúgas (f pl)	sokker (m pl)	['sɔkər]
camisa (f) de noite	nattkjole (m)	['natˌçʉlə]
sutiã (m)	behå (m)	['beˌhɔ]
meias longas (f pl)	knestrømper (m/f pl)	['knɛˌstrømpər]
meia-calça (f)	strømpebukse (m/f)	['strømpəˌbʉksə]
meias (f pl)	strømper (m/f pl)	['strømpər]
fato (m) de banho	badedrakt (m/f)	['badəˌdrakt]

33. Adereços de cabeça

chapéu (m)	hatt (m)	['hat]
chapéu (m) de feltro	hatt (m)	['hat]
boné (m) de beisebol	baseball cap (m)	['bɛjsbɔl kɛp]
boné (m)	sikspens (m)	['sikspens]
boina (f)	alpelue, baskerlue (m/f)	['alpəˌlʉə], ['baskəˌlʉə]
capuz (m)	hette (m/f)	['hɛtə]
panamá (m)	panamahatt (m)	['panamaˌhat]
gorro (m) de malha	strikket lue (m/f)	['strikəˌlʉə]
lenço (m)	skaut (n)	['skaʉt]
chapéu (m) de mulher	hatt (m)	['hat]
capacete (m) de proteção	hjelm (m)	['jɛlm]
bibico (m)	båtlue (m/f)	['bɔtˌlʉə]
capacete (m)	hjelm (m)	['jɛlm]
chapéu-coco (m)	bowlerhatt, skalk (m)	['baʉlerˌhat], ['skalk]
chapéu (m) alto	flosshatt (m)	['flɔsˌhat]

34. Calçado

calçado (m)	skotøy (n)	['skʉtøj]
botinas (f pl)	skor (m pl)	['skʉr]
sapatos (de salto alto, etc.)	pumps (m pl)	['pʉmps]
botas (f pl)	støvler (m pl)	['støvlər]
pantufas (f pl)	tøfler (m pl)	['tøflər]
ténis (m pl)	tennissko (m pl)	['tɛnisˌskʉ]
sapatilhas (f pl)	canvas sko (m pl)	['kanvas ˌskʉ]
sandálias (f pl)	sandaler (m pl)	[san'dalər]
sapateiro (m)	skomaker (m)	['skʉˌmakər]
salto (m)	hæl (m)	['hæl]

par (m)	par (n)	['pɑr]
atacador (m)	skolisse (m/f)	['skʉˌlisə]
apertar os atacadores	å snøre	[ɔ 'snørə]
calçadeira (f)	skohorn (n)	['skʉˌhuːŋ]
graxa (f) para calçado	skokrem (m)	['skʉˌkrɛm]

35. Têxtil. Tecidos

algodão (m)	bomull (m/f)	['buˌmʉl]
de algodão	bomulls-	['buˌmʉls-]
linho (m)	lin (n)	['lin]
de linho	lin-	['lin-]

seda (f)	silke (m)	['silkə]
de seda	silke-	['silkə-]
lã (f)	ull (m/f)	['ʉl]
de lã	ull-, av ull	['ʉl-], ['ɑː ʉl]

veludo (m)	fløyel (m)	['fløjəl]
camurça (f)	semsket skinn (n)	['sɛmsket ˌsin]
bombazina (f)	kordfløyel (m/n)	['kɔːɖˌfløjəl]

náilon (m)	nylon (n)	['nyˌlɔn]
de náilon	nylon-	['nyˌlɔn-]
poliéster (m)	polyester (m)	[pʉly'ɛstər]
de poliéster	polyester-	[pʉly'ɛstər-]

couro (m)	lær, skinn (n)	['lær], ['ṣin]
de couro	lær-, av lær	['lær-], ['ɑː lær]
pele (f)	pels (m)	['pɛls]
de peles, de pele	pels-	['pɛls-]

36. Acessórios pessoais

luvas (f pl)	hansker (m pl)	['hɑnskər]
mitenes (f pl)	votter (m pl)	['vɔtər]
cachecol (m)	skjerf (n)	['ṣærf]

óculos (m pl)	briller (m pl)	['brilər]
armação (f) de óculos	innfatning (m/f)	['inˌfɑtniŋ]
guarda-chuva (m)	paraply (m)	[pɑrɑ'ply]
bengala (f)	stokk (m)	['stɔk]
escova (f) para o cabelo	hårbørste (m)	['hɔrˌbœṣtə]
leque (m)	vifte (m/f)	['viftə]

gravata (f)	slips (n)	['slips]
gravata-borboleta (f)	sløyfe (m/f)	['sløjfə]
suspensórios (m pl)	bukseseler (m pl)	['bʉksə'selər]
lenço (m)	lommetørkle (n)	['lumeˌtœrklə]

| pente (m) | kam (m) | ['kɑm] |
| travessão (m) | hårspenne (m/f/n) | ['huːrˌṣpɛnə] |

41

| gancho (m) de cabelo | hårnål (m/f) | ['ho:r,nol] |
| fivela (f) | spenne (m/f/n) | ['spɛnə] |

| cinto (m) | belte (m) | ['bɛltə] |
| correia (f) | skulderreim, rem (m/f) | ['skʉldə,ræjm], ['rem] |

mala (f)	veske (m/f)	['vɛskə]
mala (f) de senhora	håndveske (m/f)	['hɔn,vɛskə]
mochila (f)	ryggsekk (m)	['ryg,sɛk]

37. Vestuário. Diversos

moda (f)	mote (m)	['mʉtə]
na moda	moteriktig	['mʉtə,rikti]
estilista (m)	moteskaper (m)	['mʉtə,skapər]

colarinho (m), gola (f)	krage (m)	['kragə]
bolso (m)	lomme (m/f)	['lʉmə]
de bolso	lomme-	['lʉmə-]
manga (f)	erme (n)	['ærmə]
alcinha (f)	hempe (m)	['hɛmpə]
braguilha (f)	gylf, buksesmekk (m)	['gylf], ['bʉksə,smɛk]

fecho (m) de correr	glidelås (m/n)	['glidə,lɔs]
fecho (m), colchete (m)	hekte (m/f), knepping (m)	['hɛktə], ['knɛpiŋ]
botão (m)	knapp (m)	['knap]
casa (f) de botão	klapphull (n)	['klap,hʉl]
soltar-se (vr)	å falle av	[ɔ 'falə a:]

coser, costurar (vi)	å sy	[ɔ 'sy]
bordar (vt)	å brodere	[ɔ brʉ'derə]
bordado (m)	broderi (n)	[brʉde'ri]
agulha (f)	synål (m/f)	['sy,nɔl]
fio (m)	tråd (m)	['trɔ]
costura (f)	søm (m)	['søm]

sujar-se (vr)	å skitne seg til	[ɔ 'şitnə sæj til]
mancha (f)	flekk (m)	['flek]
engelhar-se (vr)	å bli skrukkete	[ɔ 'bli 'skrʉketə]
rasgar (vt)	å rive	[ɔ 'rivə]
traça (f)	møll (m/n)	['møl]

38. Cuidados pessoais. Cosméticos

pasta (f) de dentes	tannpasta (m)	['tan,pasta]
escova (f) de dentes	tannbørste (m)	['tan,bœştə]
escovar os dentes	å pusse tennene	[ɔ 'pʉsə 'tɛnənə]

máquina (f) de barbear	høvel (m)	['høvəl]
creme (m) de barbear	barberkrem (m)	[bar'bɛr,krɛm]
barbear-se (vr)	å barbere seg	[ɔ bar'berə sæj]
sabonete (m)	såpe (m/f)	['so:pə]

champô (m)	sjampo (m)	['ʂɑmˌpʉ]
tesoura (f)	saks (m/f)	['sɑks]
lima (f) de unhas	neglefil (m/f)	['nɛjləˌfil]
corta-unhas (m)	negleklipper (m)	['nɛjləˌklipər]
pinça (f)	pinsett (m)	[pin'sɛt]

cosméticos (m pl)	kosmetikk (m)	[kʉsme'tik]
máscara (f) facial	ansiktsmaske (m/f)	['ɑnsiktsˌmɑskə]
manicura (f)	manikyr (m)	[mɑni'kyr]
fazer a manicura	å få manikyr	[ɔ 'fɔ mɑni'kyr]
pedicure (f)	pedikyr (m)	[pedi'kyr]

mala (f) de maquilhagem	sminkeveske (m/f)	['sminkəˌvɛskə]
pó (m)	pudder (n)	['pʉdər]
caixa (f) de pó	pudderdåse (m)	['pʉdərˌdo:sə]
blush (m)	rouge (m)	['ru:ʂ]

perfume (m)	parfyme (m)	[pɑr'fymə]
água (f) de toilette	eau de toilette (m)	['ɔ: də twɑ'let]
loção (f)	lotion (m)	['lɔʉʂɛn]
água-de-colónia (f)	eau de cologne (m)	['ɔ: də kɔ'lɔn]

sombra (f) de olhos	øyeskygge (m)	['øjəˌʂygə]
lápis (m) delineador	eyeliner (m)	['ɑ:jˌlɑjnər]
máscara (f), rímel (m)	maskara (m)	[mɑ'skɑrɑ]

batom (m)	leppestift (m)	['lepəˌstift]
verniz (m) de unhas	neglelakk (m)	['nɛjləˌlɑk]
laca (f) para cabelos	hårlakk (m)	['ho:rˌlɑk]
desodorizante (m)	deodorant (m)	[deudʉ'rɑnt]

creme (m)	krem (m)	['krɛm]
creme (m) de rosto	ansiktskrem (m)	['ɑnsiktsˌkrɛm]
creme (m) de mãos	håndkrem (m)	['hɔnˌkrɛm]
creme (m) antirrugas	antirynkekrem (m)	[ɑnti'rʏnkəˌkrɛm]
creme (m) de dia	dagkrem (m)	['dɑgˌkrɛm]
creme (m) de noite	nattkrem (m)	['nɑtˌkrɛm]
de dia	dag-	['dɑg-]
da noite	natt-	['nɑt-]

tampão (m)	tampong (m)	[tɑm'pɔŋ]
papel (m) higiénico	toalettpapir (n)	[tʉɑ'let pɑ'pir]
secador (m) elétrico	hårføner (m)	['ho:rˌfønər]

39. Joalheria

joias (f pl)	smykker (n pl)	['smʏkər]
precioso	edel-	['ɛdəl-]
marca (f) de contraste	stempel (n)	['stɛmpəl]

anel (m)	ring (m)	['riŋ]
aliança (f)	giftering (m)	['jiftəˌriŋ]
pulseira (f)	armbånd (n)	['ɑrmˌbɔn]
brincos (m pl)	øreringer (m pl)	['øɪəˌriŋor]

colar (m)	halssmykke (n)	['hals‚smʏkə]
coroa (f)	krone (m/f)	['krʊnə]
colar (m) de contas	perlekjede (m/n)	['pærlə‚çɛ:də]

diamante (m)	diamant (m)	[dia'mant]
esmeralda (f)	smaragd (m)	[sma'ragd]
rubi (m)	rubin (m)	[rʉ'bin]
safira (f)	safir (m)	[sa'fir]
pérola (f)	perler (m pl)	['pærlər]
âmbar (m)	rav (n)	['rav]

40. Relógios de pulso. Relógios

relógio (m) de pulso	armbåndsur (n)	['armbɔns‚ʉr]
mostrador (m)	urskive (m/f)	['ʉ:‚şivə]
ponteiro (m)	viser (m)	['visər]
bracelete (f) em aço	armbånd (n)	['arm‚bɔn]
bracelete (f) em couro	rem (m/f)	['rem]

pilha (f)	batteri (n)	[batɛ'ri]
descarregar-se	å bli utladet	[ɔ 'bli 'ʉt‚ladət]
trocar a pilha	å skifte batteriene	[ɔ 'şiftə batɛ'riene]
estar adiantado	å gå for fort	[ɔ 'gɔ fɔ 'fo:t]
estar atrasado	å gå for sakte	[ɔ 'gɔ fɔ 'saktə]

relógio (m) de parede	veggur (n)	['vɛg‚ʉr]
ampulheta (f)	timeglass (n)	['timə‚glas]
relógio (m) de sol	solur (n)	['sʊl‚ʉr]
despertador (m)	vekkerklokka (m/f)	['vɛkər‚klɔka]
relojoeiro (m)	urmaker (m)	['ʉr‚makər]
reparar (vt)	å reparere	[ɔ repa'rerə]

Alimentação. Nutrição

41. Comida

carne (f)	kjøtt (n)	['çœt]
galinha (f)	høne (m/f)	['hønə]
frango (m)	kylling (m)	['çyliŋ]
pato (m)	and (m/f)	['ɑn]
ganso (m)	gås (m/f)	['gɔs]
caça (f)	vilt (n)	['vilt]
peru (m)	kalkun (m)	[kɑl'kʉn]

carne (f) de porco	svinekjøtt (n)	['svinə,çœt]
carne (f) de vitela	kalvekjøtt (n)	['kɑlvə,çœt]
carne (f) de carneiro	fårekjøtt (n)	['fo:rə,çœt]
carne (f) de vaca	oksekjøtt (n)	['ɔksə,çœt]
carne (f) de coelho	kanin (m)	[kɑ'nin]

chouriço, salsichão (m)	pølse (m/f)	['pølsə]
salsicha (f)	wienerpølse (m/f)	['vinər,pølsə]
bacon (m)	bacon (n)	['bɛjkən]
fiambre (f)	skinke (m)	['ʂinkə]
presunto (m)	skinke (m)	['ʂinkə]

patê (m)	pate, paté (m)	[pɑ'te]
fígado (m)	lever (m)	['levər]
carne (f) moída	kjøttfarse (m)	['çœt,fɑrʂə]
língua (f)	tunge (m/f)	['tʉŋə]

ovo (m)	egg (n)	['ɛg]
ovos (m pl)	egg (n pl)	['ɛg]
clara (f) do ovo	eggehvite (m)	['ɛgə,vitə]
gema (f) do ovo	plomme (m/f)	['plʉmə]

peixe (m)	fisk (m)	['fisk]
mariscos (m pl)	sjømat (m)	['ʂø,mɑt]
crustáceos (m pl)	krepsdyr (n pl)	['krɛps,dyr]
caviar (m)	kaviar (m)	['kɑvi,ɑr]

caranguejo (m)	krabbe (m)	['krɑbə]
camarão (m)	reke (m/f)	['rekə]
ostra (f)	østers (m)	['østəʂ]
lagosta (f)	langust (m)	[lɑŋ'gʉst]
polvo (m)	blekksprut (m)	['blek,sprʉt]
lula (f)	blekksprut (m)	['blek,sprʉt]

esturjão (m)	stør (m)	['stør]
salmão (m)	laks (m)	['lɑks]
halibute (m)	kveite (m/f)	['kvæjtə]
bacalhau (m)	torsk (m)	['tɔʂk]

cavala, sarda (f)	makrell (m)	[ma'krɛl]
atum (m)	tunfisk (m)	['tʉn,fisk]
enguia (f)	ål (m)	['ɔl]
truta (f)	ørret (m)	['øret]
sardinha (f)	sardin (m)	[sɑ:'din]
lúcio (m)	gjedde (m/f)	['jɛdə]
arenque (m)	sild (m/f)	['sil]
pão (m)	brød (n)	['brø]
queijo (m)	ost (m)	['ʊst]
açúcar (m)	sukker (n)	['sʉkər]
sal (m)	salt (n)	['salt]
arroz (m)	ris (m)	['ris]
massas (f pl)	pasta, makaroni (m)	['pɑsta], [mɑkɑ'rʊni]
talharim (m)	nudler (m pl)	['nʉdlər]
manteiga (f)	smør (n)	['smør]
óleo (m) vegetal	vegetabilsk olje (m)	[vegetɑ'bilsk ,ɔljə]
óleo (m) de girassol	solsikkeolje (m)	['sʊlsikə,ɔljə]
margarina (f)	margarin (m)	[mɑrgɑ'rin]
azeitonas (f pl)	olivener (m pl)	[ʊ'livenər]
azeite (m)	olivenolje (m)	[ʊ'livən,ɔljə]
leite (m)	melk (m/f)	['mɛlk]
leite (m) condensado	kondensert melk (m/f)	[kʊndən'se:t ,mɛlk]
iogurte (m)	jogurt (m)	['jɔgʉ:t]
nata (f) azeda	rømme, syrnet fløte (m)	['rœmə], ['sy:ŋet 'fløtə]
nata (f) do leite	fløte (m)	['fløtə]
maionese (f)	majones (m)	[mɑjɔ'nɛs]
creme (m)	krem (m)	['krɛm]
grãos (m pl) de cereais	gryn (n)	['gryn]
farinha (f)	mel (n)	['mel]
enlatados (m pl)	hermetikk (m)	[hɛrme'tik]
flocos (m pl) de milho	cornflakes (m)	['kɔ:ɳ,flejks]
mel (m)	honning (m)	['hɔniŋ]
doce (m)	syltetøy (n)	['syltə,tøj]
pastilha (f) elástica	tyggegummi (m)	['tygə,gʉmi]

42. Bebidas

água (f)	vann (n)	['van]
água (f) potável	drikkevann (n)	['drikə,van]
água (f) mineral	mineralvann (n)	[minə'ral,van]
sem gás	uten kullsyre	['ʉtən kʉl'syrə]
gaseificada	kullsyret	[kʉl'syrət]
com gás	med kullsyre	[me kʉl'syrə]
gelo (m)	is (m)	['is]

com gelo	med is	[me 'is]
sem álcool	alkoholfri	['alkʊhʊlˌfri]
bebida (f) sem álcool	alkoholfri drikk (m)	['alkʊhʊlˌfri drik]
refresco (m)	leskedrikk (m)	['leskəˌdrik]
limonada (f)	limonade (m)	[limɔ'nadə]

bebidas (f pl) alcoólicas	rusdrikker (m pl)	['rʉsˌdrikər]
vinho (m)	vin (m)	['vin]
vinho (m) branco	hvitvin (m)	['vitˌvin]
vinho (m) tinto	rødvin (m)	['røˌvin]

licor (m)	likør (m)	[li'kør]
champanhe (m)	champagne (m)	[ʂam'panjə]
vermute (m)	vermut (m)	['værmʉt]

uísque (m)	whisky (m)	['viski]
vodka (f)	vodka (m)	['vɔdka]
gim (m)	gin (m)	['dʒin]
conhaque (m)	konjakk (m)	['kʊnjak]
rum (m)	rom (m)	['rʊm]

café (m)	kaffe (m)	['kafə]
café (m) puro	svart kaffe (m)	['svɑːʈ 'kafə]
café (m) com leite	kaffe (m) med melk	['kafə me 'mɛlk]
cappuccino (m)	cappuccino (m)	[kapʊ'tʃinɔ]
café (m) solúvel	pulverkaffe (m)	['pʉlvərˌkafə]

leite (m)	melk (m/f)	['mɛlk]
coquetel (m)	cocktail (m)	['kɔkˌtɛjl]
batido (m) de leite	milkshake (m)	['milkˌʂɛjk]

sumo (m)	jus, juice (m)	['dʒʉs]
sumo (m) de tomate	tomatjuice (m)	[tʊ'matˌdʒʉs]
sumo (m) de laranja	appelsinjuice (m)	[apel'sinˌdʒʉs]
sumo (m) fresco	nypresset juice (m)	['nyˌprɛsə 'dʒʉs]

cerveja (f)	øl (m/n)	['øl]
cerveja (f) clara	lettøl (n)	['letˌøl]
cerveja (f) preta	mørkt øl (n)	['mœrktˌøl]

chá (m)	te (m)	['te]
chá (m) preto	svart te (m)	['svɑːʈ ˌte]
chá (m) verde	grønn te (m)	['grœn ˌte]

43. Vegetais

legumes (m pl)	grønnsaker (m pl)	['grœnˌsakər]
verduras (f pl)	grønnsaker (m pl)	['grœnˌsakər]

tomate (m)	tomat (m)	[tʊ'mat]
pepino (m)	agurk (m)	[a'gʉrk]
cenoura (f)	gulrot (m/f)	['gʉlˌrʊt]
batata (f)	potet (m/f)	[pʊ'tet]
cebola (f)	løk (m)	['løk]

alho (m)	hvitløk (m)	['vit,løk]
couve (f)	kål (m)	['kɔl]
couve-flor (f)	blomkål (m)	['blɔm,kɔl]
couve-de-bruxelas (f)	rosenkål (m)	['rusən,kɔl]
brócolos (m pl)	brokkoli (m)	['brɔkɔli]

beterraba (f)	rødbete (m/f)	['rø,betə]
beringela (f)	aubergine (m)	[ɔbɛr'şin]
curgete (f)	squash (m)	['skvɔş]
abóbora (f)	gresskar (n)	['grɛskɑr]
nabo (m)	nepe (m/f)	['nepə]

salsa (f)	persille (m/f)	[pæ'şilə]
funcho, endro (m)	dill (m)	['dil]
alface (f)	salat (m)	[sɑ'lɑt]
aipo (m)	selleri (m/n)	[sɛle,ri]
espargo (m)	asparges (m)	[ɑ'spɑrşəs]
espinafre (m)	spinat (m)	[spi'nɑt]

ervilha (f)	erter (m pl)	['æ:țər]
fava (f)	bønner (m/f pl)	['bœnər]
milho (m)	mais (m)	['mɑis]
feijão (m)	bønne (m/f)	['bœnə]

pimentão (m)	pepper (m)	['pɛpər]
rabanete (m)	reddik (m)	['rɛdik]
alcachofra (f)	artisjokk (m)	[,ɑ:ți'şɔk]

44. Frutos. Nozes

fruta (f)	frukt (m/f)	['frʉkt]
maçã (f)	eple (n)	['ɛplə]
pera (f)	pære (m/f)	['pærə]
limão (m)	sitron (m)	[si'trʊn]
laranja (f)	appelsin (m)	[ɑpel'sin]
morango (m)	jordbær (n)	['ju:r,bær]

tangerina (f)	mandarin (m)	[mɑndɑ'rin]
ameixa (f)	plomme (m/f)	['plʊmə]
pêssego (m)	fersken (m)	['fæşkən]
damasco (m)	aprikos (m)	[ɑpri'kʊs]
framboesa (f)	bringebær (n)	['briŋə,bær]
ananás (m)	ananas (m)	['ɑnɑnɑs]

banana (f)	banan (m)	[bɑ'nɑn]
melancia (f)	vannmelon (m)	['vɑnme,lʊn]
uva (f)	drue (m)	['drʉə]
ginja (f)	kirsebær (n)	['çişə,bær]
cereja (f)	morell (m)	[mʊ'rɛl]
meloa (f)	melon (m)	[me'lun]

toranja (f)	grapefrukt (m/f)	['grɛjp,frʉkt]
abacate (m)	avokado (m)	[ɑvɔ'kɑdɔ]
papaia (f)	papaya (m)	[pɑ'pɑjɑ]

manga (f)	mango (m)	['maŋu]
romã (f)	granateple (n)	[gra'nat‚eplə]

groselha (f) vermelha	rips (m)	['rips]
groselha (f) preta	solbær (n)	['sʊl‚bær]
groselha (f) espinhosa	stikkelsbær (n)	['stikəls‚bær]
mirtilo (m)	blåbær (n)	['blɔ‚bær]
amora silvestre (f)	bjørnebær (m)	['bjœːŋə‚bær]

uvas (f pl) passas	rosin (m)	[rʊ'sin]
figo (m)	fiken (m)	['fikən]
tâmara (f)	daddel (m)	['dadəl]

amendoim (m)	jordnøtt (m)	['juːr‚nœt]
amêndoa (f)	mandel (m)	['mandəl]
noz (f)	valnøtt (m/f)	['val‚nœt]
avelã (f)	hasselnøtt (m/f)	['hasəl‚nœt]
coco (m)	kokosnøtt (m/f)	['kʊkʊs‚nœt]
pistáchios (m pl)	pistasier (m pl)	[pi'staşiər]

45. Pão. Bolaria

pastelaria (f)	bakevarer (m/f pl)	['bakə‚varər]
pão (m)	brød (n)	['brø]
bolacha (f)	kjeks (m)	['çɛks]

chocolate (m)	sjokolade (m)	[şʊkʊ'ladə]
de chocolate	sjokolade-	[şʊkʊ'ladə-]
rebuçado (m)	sukkertøy (n), karamell (m)	['sʉkə:ʈøj], [kara'mɛl]
bolo (cupcake, etc.)	kake (m/f)	['kakə]
bolo (m) de aniversário	bløtkake (m/f)	['bløt‚kakə]

tarte (~ de maçã)	pai (m)	['paj]
recheio (m)	fyll (m/n)	['fʏl]

doce (m)	syltetøy (n)	['syltə‚tøj]
geleia (f) de frutas	marmelade (m)	[marme'ladə]
waffle (m)	vaffel (m)	['vafəl]
gelado (m)	iskrem (m)	['iskrɛm]
pudim (m)	pudding (m)	['pʉdiŋ]

46. Pratos cozinhados

prato (m)	rett (m)	['rɛt]
cozinha (~ portuguesa)	kjøkken (n)	['çœkən]
receita (f)	oppskrift (m)	['ɔp‚skrift]
porção (f)	porsjon (m)	[pɔ'şʊn]

salada (f)	salat (m)	[sa'lat]
sopa (f)	suppe (m/f)	['sʉpə]
caldo (m)	buljong (m)	[bu'ljɔŋ]
sandes (f)	smørbrød (n)	['smʉr‚brø]

ovos (m pl) estrelados	speilegg (n)	['spæjl,ɛg]
hambúrguer (m)	hamburger (m)	['hambʊrgər]
bife (m)	biff (m)	['bif]

conduto (m)	tilbehør (n)	['tilbə,hør]
espaguete (m)	spagetti (m)	[spa'gɛti]
puré (m) de batata	potetmos (m)	[pʊ'tet,mʊs]
pizza (f)	pizza (m)	['pitsa]
papa (f)	grøt (m)	['grøt]
omelete (f)	omelett (m)	[ɔmə'let]

cozido em água	kokt	['kʊkt]
fumado	røkt	['røkt]
frito	stekt	['stɛkt]
seco	tørket	['tœrkət]
congelado	frossen, dypfryst	['frɔsən], ['dyp,frʏst]
em conserva	syltet	['sʏltət]

doce (açucarado)	søt	['søt]
salgado	salt	['salt]
frio	kald	['kal]
quente	het, varm	['het], ['varm]
amargo	bitter	['bitər]
gostoso	lekker	['lekər]

cozinhar (em água a ferver)	å koke	[ɔ 'kʊkə]
fazer, preparar (vt)	å lage	[ɔ 'lagə]
fritar (vt)	å steke	[ɔ 'stekə]
aquecer (vt)	å varme opp	[ɔ 'varmə ɔp]

salgar (vt)	å salte	[ɔ 'saltə]
apimentar (vt)	å pepre	[ɔ 'pɛprə]
ralar (vt)	å rive	[ɔ 'rivə]
casca (f)	skall (n)	['skal]
descascar (vt)	å skrelle	[ɔ 'skrɛlə]

47. Especiarias

sal (m)	salt (n)	['salt]
salgado	salt	['salt]
salgar (vt)	å salte	[ɔ 'saltə]

pimenta (f) preta	svart pepper (m)	['svaːʈ 'pɛpər]
pimenta (f) vermelha	rød pepper (m)	['rø 'pɛpər]
mostarda (f)	sennep (m)	['sɛnəp]
raiz-forte (f)	pepperrot (m/f)	['pɛpər,rʊt]

condimento (m)	krydder (n)	['krʏdər]
especiaria (f)	krydder (n)	['krʏdər]
molho (m)	saus (m)	['saʊs]
vinagre (m)	eddik (m)	['ɛdik]

anis (m)	anis (m)	['anis]
manjericão (m)	basilik (m)	[basi'lik]

cravo (m)	nellik (m)	['nɛlik]
gengibre (m)	ingefær (m)	['iŋəˌfær]
coentro (m)	koriander (m)	[kʋri'andər]
canela (f)	kanel (m)	[ka'nel]

sésamo (m)	sesam (m)	['sesam]
folhas (f pl) de louro	laurbærblad (n)	['laʋrbærˌbla]
páprica (f)	paprika (m)	['paprika]
cominho (m)	karve, kummin (m)	['karvə], ['kʋmin]
açafrão (m)	safran (m)	[sa'fran]

48. Refeições

comida (f)	mat (m)	['mat]
comer (vt)	å spise	[ɔ 'spisə]

pequeno-almoço (m)	frokost (m)	['frʋkɔst]
tomar o pequeno-almoço	å spise frokost	[ɔ 'spisə ˌfrʋkɔst]
almoço (m)	lunsj, lunch (m)	['lʋnʃ]
almoçar (vi)	å spise lunsj	[ɔ 'spisə ˌlʋnʃ]
jantar (m)	middag (m)	['miˌda]
jantar (vi)	å spise middag	[ɔ 'spisə 'miˌda]

apetite (m)	appetitt (m)	[ape'tit]
Bom apetite!	God appetitt!	['gʋ ape'tit]

abrir (~ uma lata, etc.)	å åpne	[ɔ 'ɔpnə]
derramar (vt)	å spille	[ɔ 'spilə]
derramar-se (vr)	å bli spilt	[ɔ 'bli 'spilt]

ferver (vi)	å koke	[ɔ 'kʋkə]
ferver (vt)	å koke	[ɔ 'kʋkə]
fervido	kokt	['kʋkt]

arrefecer (vt)	å svalne	[ɔ 'svalnə]
arrefecer-se (vr)	å avkjøles	[ɔ 'avˌçœləs]

sabor, gosto (m)	smak (m)	['smak]
gostinho (m)	bismak (m)	['bismak]

fazer dieta	å være på diet	[ɔ 'værə pɔ di'et]
dieta (f)	diett (m)	[di'et]
vitamina (f)	vitamin (n)	[vita'min]
caloria (f)	kalori (m)	[kalʋ'ri]

vegetariano (m)	vegetarianer (m)	[vegetari'anər]
vegetariano	vegetarisk	[vege'tarisk]

gorduras (f pl)	fett (n)	['fɛt]
proteínas (f pl)	proteiner (n pl)	[prɔte'inər]
carboidratos (m pl)	kullhydrater (n pl)	['kʋlhyˌdratər]
fatia (~ de limão, etc.)	skive (m/f)	['ʃivə]
pedaço (~ de bolo)	stykke (n)	['stʏkə]
migalha (f)	smule (m)	['smʋlə]

49. Por a mesa

colher (f)	skje (m)	['ʂe]
faca (f)	kniv (m)	['kniv]
garfo (m)	gaffel (m)	['gafəl]
chávena (f)	kopp (m)	['kɔp]
prato (m)	tallerken (m)	[tɑ'lærkən]
pires (m)	tefat (n)	['te͵fɑt]
guardanapo (m)	serviett (m)	[sɛrvi'ɛt]
palito (m)	tannpirker (m)	['tɑn͵pirkər]

50. Restaurante

restaurante (m)	restaurant (m)	[rɛstʉ'rɑŋ]
café (m)	kafé, kaffebar (m)	[kɑ'fe], ['kɑfə͵bɑr]
bar (m), cervejaria (f)	bar (m)	['bɑr]
salão (m) de chá	tesalong (m)	['tesɑ͵lɔŋ]
empregado (m) de mesa	servitør (m)	['særvi'tør]
empregada (f) de mesa	servitrise (m/f)	[særvi'trisə]
barman (m)	bartender (m)	['bɑː͵tɛndər]
ementa (f)	meny (m)	[me'ny]
lista (f) de vinhos	vinkart (n)	['vin͵kɑːt]
reservar uma mesa	å reservere bord	[ɔ resɛr'verə 'bʉr]
prato (m)	rett (m)	['rɛt]
pedir (vt)	å bestille	[ɔ be'stilə]
fazer o pedido	å bestille	[ɔ be'stilə]
aperitivo (m)	aperitiff (m)	[ɑperi'tif]
entrada (f)	forrett (m)	['fɔrɛt]
sobremesa (f)	dessert (m)	[de'sɛːr]
conta (f)	regning (m/f)	['rɛjniŋ]
pagar a conta	å betale regningen	[ɔ be'tɑlə 'rɛjniŋən]
dar o troco	å gi tilbake veksel	[ɔ ji til'bɑkə 'vɛksəl]
gorjeta (f)	driks (m)	['driks]

Família, parentes e amigos

51. Informação pessoal. Formulários

nome (m)	navn (n)	['nɑvn]
apelido (m)	etternavn (n)	['ɛtəˌŋɑvn]
data (f) de nascimento	fødselsdato (m)	['føtsəlsˌdɑtʊ]
local (m) de nascimento	fødested (n)	['fødəˌsted]
nacionalidade (f)	nasjonalitet (m)	[nɑʂʊnɑli'tet]
lugar (m) de residência	bosted (n)	['bʊˌsted]
país (m)	land (n)	['lɑn]
profissão (f)	yrke (n), profesjon (m)	['yrkə], [prʊfe'ʂʊn]
sexo (m)	kjønn (n)	['çœn]
estatura (f)	høyde (m)	['højdə]
peso (m)	vekt (m)	['vɛkt]

52. Membros da família. Parentes

mãe (f)	mor (m/f)	['mʊr]
pai (m)	far (m)	['fɑr]
filho (m)	sønn (m)	['sœn]
filha (f)	datter (m/f)	['dɑtər]
filha (f) mais nova	yngste datter (m/f)	['yŋstə 'dɑtər]
filho (m) mais novo	yngste sønn (m)	['yŋstə 'sœn]
filha (f) mais velha	eldste datter (m/f)	['ɛlstə 'dɑtər]
filho (m) mais velho	eldste sønn (m)	['ɛlstə 'sœn]
irmão (m)	bror (m)	['brʊr]
irmão (m) mais velho	eldre bror (m)	['ɛldrə ˌbrʊr]
irmão (m) mais novo	lillebror (m)	['liləˌbrʊr]
irmã (f)	søster (m/f)	['søstər]
irmã (f) mais velha	eldre søster (m/f)	['ɛldrə ˌsøstər]
irmã (f) mais nova	lillesøster (m/f)	['liləˌsøstər]
primo (m)	fetter (m/f)	['fɛtər]
prima (f)	kusine (m)	[kʉ'sinə]
mamã (f)	mamma (m)	['mɑmɑ]
papá (m)	pappa (m)	['pɑpɑ]
pais (pl)	foreldre (pl)	[fɔr'ɛldrə]
criança (f)	barn (n)	['bɑːɳ]
crianças (f pl)	barn (n pl)	['bɑːɳ]
avó (f)	bestemor (m)	['bɛstəˌmʊr]
avô (m)	bestefar (m)	['bɛstəˌfɑr]
neto (m)	barnebarn (n)	['bɑːɳɐˌbɑːɳ]

53

| neta (f) | barnebarn (n) | ['bɑːŋəˌbɑːn̩] |
| netos (pl) | barnebarn (n pl) | ['bɑːŋəˌbɑːn̩] |

tio (m)	onkel (m)	['ʊnkəl]
tia (f)	tante (m/f)	['tɑntə]
sobrinho (m)	nevø (m)	[ne'vø]
sobrinha (f)	niese (m/f)	[ni'esə]

sogra (f)	svigermor (m/f)	['sviɡərˌmʊr]
sogro (m)	svigerfar (m)	['sviɡərˌfɑr]
genro (m)	svigersønn (m)	['sviɡərˌsœn]
madrasta (f)	stemor (m/f)	['steˌmʊr]
padrasto (m)	stefar (m)	['steˌfɑr]

criança (f) de colo	brystbarn (n)	['brʏstˌbɑːn̩]
bebé (m)	spedbarn (n)	['speˌbɑːn̩]
menino (m)	lite barn (n)	['litə 'bɑːn̩]

mulher (f)	kone (m/f)	['kʊnə]
marido (m)	mann (m)	['mɑn]
esposo (m)	ektemann (m)	['ɛktəˌmɑn]
esposa (f)	hustru (m)	['hʉstrʉ]

casado	gift	['jift]
casada	gift	['jift]
solteiro	ugift	[ʉ:'jift]
solteirão (m)	ungkar (m)	['ʉŋˌkɑr]
divorciado	fraskilt	['frɑˌʂilt]
viúva (f)	enke (m)	['ɛnkə]
viúvo (m)	enkemann (m)	['ɛnkəˌmɑn]

parente (m)	slektning (m)	['ʂlektniŋ]
parente (m) próximo	nær slektning (m)	['nær 'slektniŋ]
parente (m) distante	fjern slektning (m)	['fjæːn̩ 'slektniŋ]
parentes (m pl)	slektninger (m pl)	['ʂlektniŋər]

órfão (m), órfã (f)	foreldreløst barn (n)	[for'ɛldrələst ˌbɑːn̩]
tutor (m)	formynder (m)	['forˌmʏnər]
adotar (um filho)	å adoptere	[ɔ adɔp'terə]
adotar (uma filha)	å adoptere	[ɔ adɔp'terə]

53. Amigos. Colegas de trabalho

amigo (m)	venn (m)	['vɛn]
amiga (f)	venninne (m/f)	[vɛ'ninə]
amizade (f)	vennskap (n)	['vɛnˌskɑp]
ser amigos	å være venner	[ɔ 'værə 'vɛnər]

amigo (m)	venn (m)	['vɛn]
amiga (f)	venninne (m/f)	[vɛ'ninə]
parceiro (m)	partner (m)	['pɑːtnər]

| chefe (m) | sjef (m) | ['ʂɛf] |
| superior (m) | overordnet (m) | ['ɔvərˌɔrdnet] |

proprietário (m)	eier (m)	['æjər]
subordinado (m)	underordnet (m)	['ʉnər‚ɔrdnet]
colega (m)	kollega (m)	[kʊ'lega]

conhecido (m)	bekjent (m)	[be'çɛnt]
companheiro (m) de viagem	medpassasjer (m)	['me‚pasa'sɛr]
colega (m) de classe	klassekamerat (m)	['klase‚kamə'rɑːt]

vizinho (m)	nabo (m)	['nɑbʊ]
vizinha (f)	nabo (m)	['nɑbʊ]
vizinhos (pl)	naboer (m pl)	['nɑbʊər]

54. Homem. Mulher

mulher (f)	kvinne (m/f)	['kvinə]
rapariga (f)	jente (m/f)	['jɛntə]
noiva (f)	brud (m/f)	['brʉd]

bonita	vakker	['vakər]
alta	høy	['høj]
esbelta	slank	['ṣlɑnk]
de estatura média	liten av vekst	['litən ɑː 'vɛkst]

loura (f)	blondine (m)	[blɔn'dinə]
morena (f)	brunette (m)	[brʉ'nɛtə]

de senhora	dame-	['dɑmə-]
virgem (f)	jomfru (m/f)	['ʉmfrʉ]
grávida	gravid	[grɑ'vid]

homem (m)	mann (m)	['mɑn]
louro (m)	blond mann (m)	['blɔn ‚mɑn]
moreno (m)	mørkhåret mann (m)	['mœrk‚hoːret mɑn]
alto	høy	['høj]
de estatura média	liten av vekst	['litən ɑː 'vɛkst]

rude	grov	['grɔv]
atarracado	undersetsig	['ʉnə‚ṣɛtsi]
robusto	robust	[rʊ'bʉst]
forte	sterk	['stærk]
força (f)	kraft, styrke (m)	['krɑft], ['styrkə]

gordo	tykk	['tʏk]
moreno	mørkhudet	['mœrk‚hʉdət]
esbelto	slank	['ṣlɑnk]
elegante	elegant	[ɛle'gɑnt]

55. Idade

idade (f)	alder (m)	['aldər]
juventude (f)	ungdom (m)	['ʉŋ‚dɔm]
jovem	ung	['ʉŋ]

mais novo	yngre	['ʏŋrə]
mais velho	eldre	['ɛldrə]

jovem (m)	unge mann (m)	['ʉŋə ˌman]
adolescente (m)	tenåring (m)	['tɛno:riŋ]
rapaz (m)	kar (m)	['kar]

velho (m)	gammel mann (m)	['gaməl ˌman]
velhota (f)	gammel kvinne (m/f)	['gaməl ˌkvinə]

adulto	voksen	['vɔksən]
de meia-idade	middelaldrende	['midəlˌaldrɛnə]
idoso, de idade	eldre	['ɛldrə]
velho	gammel	['gaməl]

reforma (f)	pensjon (m)	[pan'sʊn]
reformar-se (vr)	å gå av med pensjon	[ɔ 'gɔ a: me pan'sʊn]
reformado (m)	pensjonist (m)	[panʂu'nist]

56. Crianças

criança (f)	barn (n)	['ba:ɳ]
crianças (f pl)	barn (n pl)	['ba:ɳ]
gémeos (m pl)	tvillinger (m pl)	['tviliŋər]

berço (m)	vogge (m/f)	['vɔgə]
guizo (m)	rangle (m/f)	['raŋlə]
fralda (f)	bleie (m/f)	['blæjə]

chupeta (f)	smokk (m)	['smʊk]
carrinho (m) de bebé	barnevogn (m/f)	['ba:ɳəˌvɔŋn]
jardim (m) de infância	barnehage (m)	['ba:ɳəˌhagə]
babysitter (f)	babysitter (m)	['bɛbyˌsitər]

infância (f)	barndom (m)	['ba:ɳˌdɔm]
boneca (f)	dukke (m/f)	['dʉkə]
brinquedo (m)	leketøy (n)	['lekəˌtøj]
jogo (m) de armar	byggesett (n)	['bʏgəˌsɛt]

bem-educado	veloppdragen	['velˌɔp'dragən]
mal-educado	uoppdragen	[ʉop'dragən]
mimado	bortskjemt	['bʊ:tʂɛmt]

ser travesso	å være stygg	[ɔ 'værə 'stʏg]
travesso, traquinas	skøyeraktig	['skøjəˌrakti]
travessura (f)	skøyeraktighet (m)	['skøjəˌraktihet]
criança (f) travessa	skøyer (m)	['skøjər]

obediente	lydig	['lydi]
desobediente	ulydig	[ʉ'lydi]

dócil	føyelig	['føjli]
inteligente	klok	['klʊk]
menino (m) prodígio	vidunderbarn (n)	['vidˌʉndərˌba:ɳ]

57. Casais. Vida de família

beijar (vt)	å kysse	[ɔ 'çysə]
beijar-se (vr)	å kysse hverandre	[ɔ 'çysə ˌverandrə]
família (f)	familie (m)	[fɑ'miliə]
familiar	familie-	[fɑ'miliə-]
casal (m)	par (n)	['pɑr]
matrimónio (m)	ekteskap (n)	['ɛktəˌskɑp]
lar (m)	hjemmets arne (m)	['jɛmets 'ɑːŋə]
dinastia (f)	dynasti (n)	[dinɑs'ti]
encontro (m)	stevnemøte (n)	['stɛvnəˌmøtə]
beijo (m)	kyss (n)	['çys]
amor (m)	kjærlighet (m)	['çæː[iˌhet]
amar (vt)	å elske	[ɔ 'ɛlskə]
amado, querido	elskling	['ɛlskliŋ]
ternura (f)	ømhet (m)	['ømˌhet]
terno, afetuoso	øm	['øm]
fidelidade (f)	troskap (m)	['trʊˌskɑp]
fiel	trofast	['trʊfast]
cuidado (m)	omsorg (m)	['ɔmˌsɔrg]
carinhoso	omsorgsfull	['ɔmˌsɔrgsfʉl]
recém-casados (m pl)	nygifte (n)	['nyˌjiftə]
lua de mel (f)	hvetebrødsdager (m pl)	['vetɛbrøsˌdagər]
casar-se (com um homem)	å gifte seg	[ɔ 'jiftə sæj]
casar-se (com uma mulher)	å gifte seg	[ɔ 'jiftə sæj]
boda (f)	bryllup (n)	['brʏlʉp]
bodas (f pl) de ouro	gullbryllup (n)	['gʉlˌbrʏlʉp]
aniversário (m)	årsdag (m)	['oːʂˌda]
amante (m)	elsker (m)	['ɛlskər]
amante (f)	elskerinne (m/f)	['ɛlskəˌrinə]
ciumento	sjalu	[ʂɑ'lʉː]
ser ciumento	å være sjalu	[ɔ 'væːrə ʂɑ'lʉː]
divórcio (m)	skilsmisse (m)	['ʂilsˌmisə]
divorciar-se (vr)	å skille seg	[ɔ 'ʂilə sæj]
brigar (discutir)	å krangle	[ɔ 'kraŋlə]
fazer as pazes	å forsone seg	[ɔ fɔ'ʂʊnə sæj]
juntos	sammen	['samən]
sexo (m)	sex (m)	['sɛks]
felicidade (f)	lykke (m/f)	['lʏkə]
feliz	lykkelig	['lʏkəli]
infelicidade (f)	ulykke (m/f)	['ʉˌlʏkə]
infeliz	ulykkelig	['ʉˌlʏkəli]

Caráter. Sentimentos. Emoções

58. Sentimentos. Emoções

sentimento (m)	følelse (m)	['følelse]
sentimentos (m pl)	følelser (m pl)	['følelser]
sentir (vt)	å kjenne	[ɔ 'çɛnə]

fome (f)	sult (m)	['sʉlt]
ter fome	å være sulten	[ɔ 'værə 'sʉltən]
sede (f)	tørst (m)	['tœşt]
ter sede	å være tørst	[ɔ 'værə 'tœşt]
sonolência (f)	søvnighet (m)	['sœvni‚het]
estar sonolento	å være søvnig	[ɔ 'værə 'sœvni]

cansaço (m)	tretthet (m)	['trɛt‚het]
cansado	trett	['trɛt]
ficar cansado	å bli trett	[ɔ 'bli 'trɛt]

humor (m)	humør (n)	[hʉ'mør]
tédio (m)	kjedsomhet (m/f)	['çɛdsɔm‚het]
aborrecer-se (vr)	å kjede seg	[ɔ 'çedə sæj]
isolamento (m)	avsondrethet (m/f)	['ɑfsɔndrɛt‚het]
isolar-se	å isolere seg	[ɔ isʉ'lerə sæj]

preocupar (vt)	å bekymre, å uroe	[ɔ be'çymrə], [ɔ 'ʉːrʉə]
preocupar-se (vr)	å bekymre seg	[ɔ be'çymrə sæj]
preocupação (f)	bekymring (m/f)	[be'çymriŋ]
ansiedade (f)	uro (m/f)	['ʉrʉ]
preocupado	bekymret	[be'çymrət]
estar nervoso	å være nervøs	[ɔ 'værə nær'vøs]
entrar em pânico	å få panikk	[ɔ 'fɔ pɑ'nik]

| esperança (f) | håp (n) | ['hɔp] |
| esperar (vt) | å håpe | [ɔ 'hoːpə] |

certeza (f)	sikkerhet (m/f)	['sikər‚het]
certo	sikker	['sikər]
indecisão (f)	usikkerhet (m)	['ʉsikər‚het]
indeciso	usikker	['ʉ‚sikər]

ébrio, bêbado	beruset, full	[be'rʉsət], ['fʉl]
sóbrio	edru	['ɛdrʉ]
fraco	svak	['svɑk]
feliz	lykkelig	['lʏkəli]
assustar (vt)	å skremme	[ɔ 'skrɛmə]
fúria (f)	raseri (n)	[rɑsɛ'ri]
ira, raiva (f)	raseri (n)	[rɑsɛ'ri]
depressão (f)	depresjon (m)	[dɛpre'şʉn]
desconforto (m)	ubehag (n)	['ʉbe‚hɑg]

conforto (m)	komfort (m)	[kʊmˈfɔːr]
arrepender-se (vr)	å beklage	[ɔ beˈklagə]
arrependimento (m)	beklagelse (m)	[beˈklagəlsə]
azar (m), má sorte (f)	uhell (n)	[ˈʉˌhɛl]
tristeza (f)	sorg (m/f)	[ˈsɔr]

vergonha (f)	skam (m/f)	[ˈskam]
alegria (f)	glede (m/f)	[ˈgledə]
entusiasmo (m)	entusiasme (m)	[ɛntʉsiˈasmə]
entusiasta (m)	entusiast (m)	[ɛntʉsiˈast]
mostrar entusiasmo	å vise entusiasme	[ɔ ˈvisə ɛntʉsiˈasmə]

59. Caráter. Personalidade

caráter (m)	karakter (m)	[karakˈter]
falha (f) de caráter	karakterbrist (m/f)	[karakˈterˌbrist]
mente (f)	sinn (n)	[ˈsin]
razão (f)	forstand (m)	[fɔˈʂtan]

consciência (f)	samvittighet (m)	[samˈvitiˌhet]
hábito (m)	vane (m)	[ˈvanə]
habilidade (f)	evne (m/f)	[ˈɛvnə]
saber (~ nadar, etc.)	å kunne	[ɔ ˈkʉnə]

paciente	tålmodig	[tɔlˈmʊdi]
impaciente	utålmodig	[ˈʉtɔlˌmʊdi]
curioso	nysgjerrig	[ˈnyˌsæri]
curiosidade (f)	nysgjerrighet (m)	[ˈnyˌsæriˌhet]

modéstia (f)	beskjedenhet (m)	[beˈʂedenˌhet]
modesto	beskjeden	[beˈʂedən]
imodesto	ubeskjeden	[ˈʉbeˌʂedən]

preguiça (f)	lathet (m)	[ˈlatˌhet]
preguiçoso	doven	[ˈdʊvən]
preguiçoso (m)	dovendyr (n)	[ˈdʊvənˌdyr]

astúcia (f)	list (m/f)	[ˈlist]
astuto	listig	[ˈlisti]
desconfiança (f)	mistro (m/f)	[ˈmisˌtrɔ]
desconfiado	mistroende	[ˈmisˌtrʉenə]

generosidade (f)	gavmildhet (m)	[ˈgavmilˌhet]
generoso	generøs	[senəˈrøs]
talentoso	talentfull	[taˈlentˌfʉl]
talento (m)	talent (n)	[taˈlent]

corajoso	modig	[ˈmʊdi]
coragem (f)	mot (n)	[ˈmʊt]
honesto	ærlig	[ˈæːli]
honestidade (f)	ærlighet (m)	[ˈæːliˌhet]

| prudente | forsiktlg | [fɔˈʂikti] |
| valente | modig | [ˈmʊdi] |

| sério | alvorlig | [al'vɔː[i] |
| severo | streng | ['strɛŋ] |

decidido	besluttsom	[be'slʉt‚sɔm]
indeciso	ubesluttsom	[ʉbe'slʉt‚sɔm]
tímido	forsagt	['fɔ‚sakt]
timidez (f)	forsagthet (m)	['fɔsakt‚het]

confiança (f)	tillit (m)	['tilit]
confiar (vt)	å tro	[ɔ 'trʊ]
crédulo	tillitsfull	['tilits‚fʉl]

sinceramente	oppriktig	[ɔp'rikti]
sincero	oppriktig	[ɔp'rikti]
sinceridade (f)	oppriktighet (m)	[ɔp'rikti‚het]
aberto	åpen	['ɔpən]

calmo	stille	['stilə]
franco	oppriktig	[ɔp'rikti]
ingénuo	naiv	[na'iv]
distraído	forstrødd	['fʉ‚strød]
engraçado	morsom	['mʉsɔm]

ganância (f)	grådighet (m)	['groːdi‚het]
ganancioso	grådig	['groːdi]
avarento	gjerrig	['jæri]
mau	ond	['ʊn]
teimoso	hårdnakket	['hɔːr‚nakət]
desagradável	ubehagelig	[ʉbe'hageli]

egoísta (m)	egoist (m)	[ɛgʊ'ist]
egoísta	egoistisk	[ɛgʊ'istisk]
cobarde (m)	feiging (m)	['fæjgiŋ]
cobarde	feig	['fæjg]

60. O sono. Sonhos

dormir (vi)	å sove	[ɔ 'sɔvə]
sono (m)	søvn (m)	['sœvn]
sonho (m)	drøm (m)	['drøm]
sonhar (vi)	å drømme	[ɔ 'drœmə]
sonolento	søvnig	['sœvni]

cama (f)	seng (m/f)	['sɛŋ]
colchão (m)	madrass (m)	[ma'dras]
cobertor (m)	dyne (m/f)	['dynə]
almofada (f)	pute (m/f)	['pʉtə]
lençol (m)	laken (n)	['lakən]

insónia (f)	søvnløshet (m)	['sœvnløs‚het]
insone	søvnløs	['sœvn‚løs]
sonífero (m)	sovetablett (n)	['sɔve‚tab'let]
tomar um sonífero	å ta en sovetablett	[ɔ 'ta en 'sɔve‚tab'let]
estar sonolento	å være søvnig	[ɔ 'værə 'sœvni]

bocejar (vi)	å gjespe	[ɔ 'jɛspə]
ir para a cama	å gå til sengs	[ɔ 'gɔ til 'sɛŋs]
fazer a cama	å re opp sengen	[ɔ 're ɔp 'sɛŋən]
adormecer (vi)	å falle i søvn	[ɔ 'falə i 'sœvn]

pesadelo (m)	mareritt (n)	['marə‚rit]
ronco (m)	snork (m)	['snɔrk]
roncar (vi)	å snorke	[ɔ 'snɔrkə]

despertador (m)	vekkerklokka (m/f)	['vɛkər‚klɔka]
acordar, despertar (vt)	å vekke	[ɔ 'vɛkə]
acordar (vi)	å våkne	[ɔ 'vɔknə]
levantar-se (vr)	å stå opp	[ɔ 'stɔ: ɔp]
lavar-se (vr)	å vaske seg	[ɔ 'vaskə sæj]

61. Humor. Riso. Alegria

humor (m)	humor (m/n)	['hʉmʊr]
sentido (m) de humor	sans (m) for humor	['sans fɔr 'hʉmʊr]
divertir-se (vr)	å more seg	[ɔ 'mʉrə sæj]
alegre	glad, munter	['gla], ['mʉntər]
alegria (f)	munterhet (m)	['mʉntər‚het]

sorriso (m)	smil (m/n)	['smil]
sorrir (vi)	å smile	[ɔ 'smilə]
começar a rir	å begynne å skratte	[ɔ be'jinə ɔ 'skratə]
rir (vi)	å le, å skratte	[ɔ 'le], [ɔ 'skratə]
riso (m)	latter (m), skratt (m/n)	['latər], ['skrat]

anedota (f)	anekdote (m)	[anek'dotə]
engraçado	morsom	['mʉʂɔm]
ridículo	morsom	['mʉʂɔm]

brincar, fazer piadas	å spøke	[ɔ 'spøkə]
piada (f)	skjemt, spøk (m)	['ʂɛmt], ['spøk]
alegria (f)	glede (m/f)	['gledə]
regozijar-se (vr)	å glede seg	[ɔ 'gledə sæj]
alegre	glad	['gla]

62. Discussão, conversação. Parte 1

| comunicação (f) | kommunikasjon (m) | [kʉmʉnikɑ'ʂʉn] |
| comunicar-se (vr) | å kommunisere | [ɔ kʉmʉni'serə] |

conversa (f)	samtale (m)	['sam‚talə]
diálogo (m)	dialog (m)	[dia'lɔg]
discussão (f)	diskusjon (m)	[diskʉ'ʂʉn]
debate (m)	debatt (m)	[de'bat]
debater (vt)	å diskutere	[ɔ diskʉ'terə]

| interlocutor (m) | samtalepartner (m) | ['sam‚talə 'pa:[nər] |
| tema (m) | emne (n) | ['ɛmnə] |

ponto (m) de vista	synspunkt (n)	['sʏns,pʉnt]
opinião (f)	mening (m/f)	['meniŋ]
discurso (m)	tale (m)	['talə]

discussão (f)	diskusjon (m)	[diskʉ'ṣʉn]
discutir (vt)	å drøfte, å diskutere	[ɔ 'drœftə], [ɔ diskʉ'terə]
conversa (f)	samtale (m)	['sɑm,talə]
conversar (vi)	å snakke, å samtale	[ɔ 'snɑkə], [ɔ 'sɑm,talə]
encontro (m)	møte (n)	['møtə]
encontrar-se (vr)	å møtes	[ɔ 'møtəs]

provérbio (m)	ordspråk (n)	['uːr,sprɔk]
ditado (m)	ordstev (n)	['uːr,ṣtev]
adivinha (f)	gåte (m)	['goːtə]
dizer uma adivinha	å utgjøre en gåte	[ɔ ʉt'jørə en 'goːtə]
senha (f)	passord (n)	['pas,uːr]
segredo (m)	hemmelighet (m/f)	['hɛməli,het]

juramento (m)	ed (m)	['ɛd]
jurar (vi)	å sverge	[ɔ 'sværgə]
promessa (f)	løfte (n), loven (m)	['lœftə], ['lɔvən]
prometer (vt)	å love	[ɔ 'lɔvə]

conselho (m)	råd (n)	['rɔd]
aconselhar (vt)	å råde	[ɔ 'roːdə]
seguir o conselho	å følge råd	[ɔ 'følə 'roːd]
escutar (~ os conselhos)	å adlyde	[ɔ 'ad,lydə]

novidade, notícia (f)	nyhet (m)	['nyhet]
sensação (f)	sensasjon (m)	[sɛnsɑ'ṣʉn]
informação (f)	opplysninger (m/f pl)	['ɔp,lʏsniŋər]
conclusão (f)	slutning (m)	['ṣlʉtniŋ]
voz (f)	røst (m/f), stemme (m)	['røst], ['stɛmə]
elogio (m)	kompliment (m)	[kʉmpli'mɑŋ]
amável	elskverdig	[ɛlsk'værdi]

palavra (f)	ord (n)	['uːr]
frase (f)	frase (m)	['frɑsə]
resposta (f)	svar (n)	['svɑr]

| verdade (f) | sannhet (m) | ['sɑn,het] |
| mentira (f) | løgn (m/f) | ['løjn] |

pensamento (m)	tanke (m)	['tɑnkə]
ideia (f)	ide (m)	[i'de]
fantasia (f)	fantasi (m)	[fɑntɑ'si]

63. Discussão, conversação. Parte 2

estimado	respektert	[rɛspɛk'tɛːt]
respeitar (vt)	å respektere	[ɔ rɛspɛk'terə]
respeito (m)	respekt (m)	[rɛ'spɛkt]
Estimado ..., Caro ...	Kjære ...	['çærə ...]
apresentar (vt)	å introdusere	[ɔ introdʉ'serə]

travar conhecimento	å stifte bekjentskap med ...	[ɔ 'stiftə be'çɛn,skɑp me ...]
intenção (f)	hensikt (m)	['hɛn,sikt]
tencionar (vt)	å ha til hensikt	[ɔ 'hɑ til 'hɛn,sikt]
desejo (m)	ønske (n)	['ønskə]
desejar (ex. ~ boa sorte)	å ønske	[ɔ 'ønskə]
surpresa (f)	overraskelse (m/f)	['ɔvə,raskəlsə]
surpreender (vt)	å forundre	[ɔ fɔ'rundrə]
surpreender-se (vr)	å bli forundret	[ɔ 'bli fɔ'rundrət]
dar (vt)	å gi	[ɔ 'ji]
pegar (tomar)	å ta	[ɔ 'tɑ]
devolver (vt)	å gi tilbake	[ɔ 'ji til'bɑkə]
retornar (vt)	å returnere	[ɔ retʉr'nerə]
desculpar-se (vr)	å unnskylde seg	[ɔ 'ʉn,ʂylə sæj]
desculpa (f)	unnskyldning (m/f)	['ʉn,ʂyldniŋ]
perdoar (vt)	å tilgi	[ɔ 'til,ji]
falar (vi)	å tale	[ɔ 'tɑlə]
escutar (vt)	å lye, å lytte	[ɔ 'lye], [ɔ 'lytə]
ouvir até o fim	å høre på	[ɔ 'hørə pɔ]
compreender (vt)	å forstå	[ɔ fɔ'ʂtɔ]
mostrar (vt)	å vise	[ɔ 'visə]
olhar para ...	å se på ...	[ɔ 'se pɔ ...]
chamar (dizer em voz alta o nome)	å kalle	[ɔ 'kɑlə]
distrair (vt)	å distrahere	[ɔ distrɑ'erə]
perturbar (vt)	å forstyrre	[ɔ fɔ'ʂtyrə]
entregar (~ em mãos)	å rekke	[ɔ 'rɛkə]
pedido (m)	begjæring (m/f)	[be'jæriŋ]
pedir (ex. ~ ajuda)	å be, å bede	[ɔ 'be], [ɔ 'bedə]
exigência (f)	krav (n)	['krɑv]
exigir (vt)	å kreve	[ɔ 'krevə]
chamar nomes (vt)	å erte	[ɔ 'ɛːʈə]
zombar (vt)	å håne	[ɔ 'hoːnə]
zombaria (f)	hån (m)	['hɔn]
alcunha (f)	kallenavn, tilnavn (n)	['kɑlə,nɑvn], ['til,nɑvn]
insinuação (f)	insinuasjon (m)	[insinʉɑ'ʂʉn]
insinuar (vt)	å insinuere	[ɔ insinʉ'erə]
subentender (vt)	å bety	[ɔ 'bety]
descrição (f)	beskrivelse (m)	[be'skrivəlsə]
descrever (vt)	å beskrive	[ɔ be'skrivə]
elogio (m)	ros (m)	['rʊs]
elogiar (vt)	å rose, å berømme	[ɔ 'rʊsə], [ɔ be'rœmə]
desapontamento (m)	skuffelse (m)	['skʉfəlsə]
desapontar (vt)	å skuffe	[ɔ 'skʉfə]
desapontar-se (vr)	å bli skuffet	[ɔ 'bli 'skʉfət]
suposição (f)	antagelse (m)	[an'tɑgəlsə]
supor (vt)	å anta, å formode	[ɔ 'un,tɑ], [ɔ fɔr'mʊdə]

| advertência (f) | advarsel (m) | ['adˌvaʂəl] |
| advertir (vt) | å advare | [ɔ 'adˌvarə] |

64. Discussão, conversação. Parte 3

| convencer (vt) | å overtale | [ɔ 'ɔvəˌtɑlə] |
| acalmar (vt) | å berolige | [ɔ be'rʊliə] |

silêncio (o ~ é de ouro)	taushet (m)	['taʊsˌhet]
ficar em silêncio	å tie	[ɔ 'tie]
sussurrar (vt)	å hviske	[ɔ 'viskə]
sussurro (m)	hvisking (m/f)	['viskiŋ]

| francamente | oppriktig | [ɔp'rikti] |
| a meu ver ... | etter min mening ... | ['ɛtər min 'meniŋ ...] |

detalhe (~ da história)	detalj (m)	[de'talj]
detalhado	detaljert	[deta'ljɛ:t]
detalhadamente	i detaljer	[i de'taljer]

| dica (f) | vink (n) | ['vink] |
| dar uma dica | å gi et vink | [ɔ 'ji et 'vink] |

olhar (m)	blikk (n)	['blik]
dar uma vista de olhos	å kaste et blikk	[ɔ 'kastə et 'blik]
fixo (olhar ~)	stiv	['stiv]
piscar (vi)	å blinke	[ɔ 'blinkə]
pestanejar (vt)	å blinke	[ɔ 'blinkə]
acenar (com a cabeça)	å nikke	[ɔ 'nikə]

suspiro (m)	sukk (n)	['sʉk]
suspirar (vi)	å sukke	[ɔ 'sʉkə]
estremecer (vi)	å gyse	[ɔ 'jisə]
gesto (m)	gest (m)	['gɛst]
tocar (com as mãos)	å røre	[ɔ 'rørə]
agarrar (~ pelo braço)	å gripe	[ɔ 'gripə]
bater de leve	å klappe	[ɔ 'klapə]

Cuidado!	Pass på!	['pas 'pɔ]
A sério?	Virkelig?	['virkəli]
Tem certeza?	Er du sikker?	[ɛr dʉ 'sikər]
Boa sorte!	Lykke til!	['lʏkə til]
Compreendi!	Jeg forstår!	['jæ fɔ'ʂto:r]
Que pena!	Det var synd!	[de var 'sʏn]

65. Acordo. Recusa

consentimento (~ mútuo)	samtykke (n)	['samˌtʏkə]
consentir (vi)	å samtykke	[ɔ 'samˌtʏkə]
aprovação (f)	godkjennelse (m)	['gʊˌçɛnəlsə]
aprovar (vt)	å godkjenne	[ɔ 'gʊˌçɛnə]
recusa (f)	avslag (n)	['afˌslag]

negar-se (vt)	å vegre seg	[ɔ 'vɛgrə sæj]
Está ótimo!	Det er fint!	['de ær 'fint]
Muito bem!	Godt!	['gɔt]
Está bem! De acordo!	OK! Enig!	[ɔ'kɛj], ['ɛni]

proibido	forbudt	[fɔr'bʉt]
é proibido	det er forbudt	[de ær fɔr'bʉt]
é impossível	det er umulig	[de ær ʉ'mʉli]
incorreto	uriktig, ikke riktig	['ʉ‚rikti], ['ikə ‚rikti]

rejeitar (~ um pedido)	å avslå	[ɔ 'af‚slɔ]
apoiar (vt)	å støtte	[ɔ 'stœtə]
aceitar (desculpas, etc.)	å akseptere	[ɔ aksɛp'terə]

confirmar (vt)	å bekrefte	[ɔ be'krɛftə]
confirmação (f)	bekreftelse (m)	[be'krɛftəlsə]
permissão (f)	tillatelse (m)	['ti‚latəlsə]
permitir (vt)	å tillate	[ɔ 'ti‚latə]
decisão (f)	beslutning (m)	[be'slʉtniŋ]
não dizer nada	å tie	[ɔ 'tie]

condição (com uma ~)	betingelse (m)	[be'tiŋəlsə]
pretexto (m)	foregivende (n)	['fɔrəjivnə]
elogio (m)	ros (m)	['rʊs]
elogiar (vt)	å rose, å berømme	[ɔ 'rʊsə], [ɔ be'rœmə]

66. Sucesso. Boa sorte. Insucesso

êxito, sucesso (m)	suksess (m)	[sʉk'sɛ]
com êxito	med suksess	[me sʉk'sɛ]
bem sucedido	vellykket	['vel‚lʏkət]

sorte (fortuna)	hell (n), lykke (m/f)	['hɛl], ['lʏkə]
Boa sorte!	Lykke til!	['lʏkə til]
de sorte	heldig, lykkelig	['hɛldi], ['lʏkəli]
sortudo, felizardo	heldig	['hɛldi]

fracasso (m)	mislykkelse, fiasko (m)	['mis‚lʏkəlsə], [fi'askʉ]
pouca sorte (f)	uhell (n), utur (m)	['ʉ‚hɛl], ['ʉ‚tʉr]
azar (m), má sorte (f)	uhell (n)	['ʉ‚hɛl]

mal sucedido	mislykket	['mis‚lʏkət]
catástrofe (f)	katastrofe (m)	[kata'strɔfə]

orgulho (m)	stolthet (m)	['stɔlt‚het]
orgulhoso	stolt	['stɔlt]
estar orgulhoso	å være stolt	[ɔ 'værə 'stɔlt]

vencedor (m)	seierherre (m)	['sæjər‚hɛrə]
vencer (vi)	å seire, å vinne	[ɔ 'sæjrə], [ɔ 'vinə]
perder (vt)	å tape	[ɔ 'tapə]
tentativa (f)	forsøk (n)	['fɔ'şøk]
tentar (vt)	å prøve, å forsøke	[ɔ 'prøvə], [ɔ fɔ'şøkə]
chance (m)	sjanse (m)	['şansə]

67. Conflitos. Emoções negativas

grito (m)	skrik (n)	['skrik]
gritar (vi)	å skrike	[ɔ 'skrikə]
começar a gritar	å begynne å skrike	[ɔ be'jinə ɔ 'skrikə]

discussão (f)	krangel (m)	['kraŋəl]
discutir (vt)	å krangle	[ɔ 'kraŋlə]
escândalo (m)	skandale (m)	[skan'dalə]
criar escândalo	å gjøre skandale	[ɔ 'jørə skan'dalə]
conflito (m)	konflikt (m)	[kʊn'flikt]
mal-entendido (m)	misforståelse (m)	[misfɔ'ʂtɔəlsə]

insulto (m)	fornærmelse (m)	[fɔː'ŋærməlsə]
insultar (vt)	å fornærme	[ɔ fɔː'ŋærmə]
insultado	fornærmet	[fɔː'ŋærmət]
ofensa (f)	fornærmelse (m)	[fɔː'ŋærməlsə]
ofender (vt)	å fornærme	[ɔ fɔː'ŋærmə]
ofender-se (vr)	å bli fornærmet	[ɔ 'bli fɔː'ŋærmət]

indignação (f)	forargelse (m)	[fɔ'rargəlsə]
indignar-se (vr)	å bli indignert	[ɔ 'bli indi'gnɛːt]
queixa (f)	klage (m)	['klagə]
queixar-se (vr)	å klage	[ɔ 'klagə]

desculpa (f)	unnskyldning (m/f)	['ʉnˌʂyldniŋ]
desculpar-se (vr)	å unnskylde seg	[ɔ 'ʉnˌʂylə sæj]
pedir perdão	å be om forlatelse	[ɔ 'be ɔm fɔː'[atəlsə]

crítica (f)	kritikk (m)	[kri'tik]
criticar (vt)	å kritisere	[ɔ kriti'serə]
acusação (f)	anklagelse (m)	['anˌklagəlsə]
acusar (vt)	å anklage	[ɔ 'anˌklagə]

vingança (f)	hevn (m)	['hɛvn]
vingar (vt)	å hevne	[ɔ 'hɛvnə]
vingar-se (vr)	å hevne	[ɔ 'hɛvnə]

desprezo (m)	forakt (m)	[fɔ'rakt]
desprezar (vt)	å forakte	[ɔ fɔ'raktə]
ódio (m)	hat (n)	['hat]
odiar (vt)	å hate	[ɔ 'hatə]

nervoso	nervøs	[nær'vøs]
estar nervoso	å være nervøs	[ɔ 'værə nær'vøs]
zangado	vred, sint	['vred], ['sint]
zangar (vt)	å gjøre sint	[ɔ 'jørə ˌsint]

humilhação (f)	ydmykelse (m)	['ydˌmykəlsə]
humilhar (vt)	å ydmyke	[ɔ 'ydˌmykə]
humilhar-se (vr)	å ydmyke seg	[ɔ 'ydˌmykə sæj]

choque (m)	sjokk (n)	['ʂɔk]
chocar (vt)	å sjokkere	[ɔ ʂɔ'kerə]
aborrecimento (m)	knipe (m/f)	['knipə]

desagradável	ubehagelig	[ube'hageli]
medo (m)	redsel, frykt (m)	['rɛtsəl], ['frʏkt]
terrível (tempestade, etc.)	fryktelig	['frʏkteli]
assustador (ex. história ~a)	uhyggelig, skremmende	['ʉhʏgəli], ['skrɛmənə]
horror (m)	redsel (m)	['rɛtsəl]
horrível (crime, etc.)	forferdelig	[fɔr'færdəli]
começar a tremer	å begynne å ryste	[ɔ be'jinə ɔ 'rystə]
chorar (vi)	å gråte	[ɔ 'gro:tə]
começar a chorar	å begynne å gråte	[ɔ be'jinə ɔ 'gro:tə]
lágrima (f)	tåre (m/f)	['to:rə]
falta (f)	skyld (m/f)	['sʏl]
culpa (f)	skyldfølelse (m)	['sʏl,føləlsə]
desonra (f)	skam, vanære (m/f)	['skɑm], ['vɑnærə]
protesto (m)	protest (m)	[prʉ'tɛst]
stresse (m)	stress (m/n)	['strɛs]
perturbar (vt)	å forstyrre	[ɔ fɔ'stʏrə]
zangar-se com …	å være sint	[ɔ 'værə ˌsint]
zangado	vred, sint	['vred], ['sint]
terminar (vt)	å avbryte	[ɔ 'ɑvˌbrytə]
praguejar	å sverge	[ɔ 'sværgə]
assustar-se	å bli skremt	[ɔ 'bli 'skrɛmt]
golpear (vt)	å slå	[ɔ 'slɔ]
brigar (na rua, etc.)	å slåss	[ɔ 'slɔs]
resolver (o conflito)	å løse	[ɔ 'løsə]
descontente	misfornøyd, utilfreds	['misˌfɔ:'nøjd], ['ʉtilˌfrɛds]
furioso	rasende	['rɑsenə]
Não está bem!	Det er ikke bra!	[de ær ikə 'brɑ]
É mau!	Det er dårlig!	[de ær 'do:[i]

Medicina

68. Doenças

doença (f)	sykdom (m)	['syk,dɔm]
estar doente	å være syk	[ɔ 'væɾə 'syk]
saúde (f)	helse (m/f)	['hɛlsə]

nariz (m) a escorrer	snue (m)	['snʉə]
amigdalite (f)	angina (m)	[an'gina]
constipação (f)	forkjølelse (m)	[fɔr'çœləlsə]
constipar-se (vr)	å forkjøle seg	[ɔ fɔr'çœlə sæj]

bronquite (f)	bronkitt (m)	[brɔn'kit]
pneumonia (f)	lungebetennelse (m)	['lʉŋə be'tɛnəlsə]
gripe (f)	influensa (m)	[inflʉ'ɛnsa]

míope	nærsynt	['næ,synt]
presbita	langsynt	['laŋsynt]
estrabismo (m)	skjeløydhet (m)	['ʂɛløjd,het]
estrábico	skjeløyd	['ʂɛl,øjd]
catarata (f)	grå stær, katarakt (m)	['grɔ ,stær], [kata'rakt]
glaucoma (m)	glaukom (n)	[glaʉ'kɔm]

AVC (m), apoplexia (f)	hjerneslag (n)	['jæːŋə,slag]
ataque (m) cardíaco	infarkt (n)	[in'farkt]
enfarte (m) do miocárdio	myokardieinfarkt (n)	['mio'kardiə in'farkt]
paralisia (f)	paralyse, lammelse (m)	['para'lyse], ['laməlsə]
paralisar (vt)	å lamme	[ɔ 'lamə]

alergia (f)	allergi (m)	[alæː'gi]
asma (f)	astma (m)	['astma]
diabetes (f)	diabetes (m)	[dia'betəs]

dor (f) de dentes	tannpine (m/f)	['tan,pinə]
cárie (f)	karies (m)	['karies]

diarreia (f)	diaré (m)	[dia'rɛ]
prisão (f) de ventre	forstoppelse (m)	[fɔ'stopəlsə]
desarranjo (m) intestinal	magebesvær (m)	['magə,be'svær]
intoxicação (f) alimentar	matforgiftning (m/f)	['mat,fɔr'jiftniŋ]
intoxicar-se	å få matforgiftning	[ɔ 'fɔ mat,fɔr'jiftniŋ]

artrite (f)	artritt (m)	[aː'rit]
raquitismo (m)	rakitt (m)	[ra'kit]
reumatismo (m)	revmatisme (m)	[revma'tismə]
arteriosclerose (f)	arteriosklerose (m)	[aː'teriʉskle,rʉsə]

gastrite (f)	magekatarr, gastritt (m)	['magəka,tar], [,ga'strit]
apendicite (f)	appendisitt (m)	[apɛndi'sit]

| colecistite (f) | galleblærebetennelse (m) | ['galə‚blærə be'tɛnəlse] |
| úlcera (f) | magesår (n) | ['magə‚sɔr] |

sarampo (m)	meslinger (m pl)	['mɛs‚liŋər]
rubéola (f)	røde hunder (m pl)	['rødə 'hʉnər]
iterícia (f)	gulsott (m/f)	['gʉl‚sʊt]
hepatite (f)	hepatitt (m)	[hepa'tit]

esquizofrenia (f)	schizofreni (m)	[ʂisʉfre'ni]
raiva (f)	rabies (m)	['rabiəs]
neurose (f)	nevrose (m)	[nev'rʉsə]
comoção (f) cerebral	hjernerystelse (m)	['jæːŋə‚rʏstəlsə]

cancro (m)	kreft, cancer (m)	['krɛft], ['kansər]
esclerose (f)	sklerose (m)	[skle'rʉsə]
esclerose (f) múltipla	multippel sklerose (m)	[mʉl'tipəl skle'rʉsə]

alcoolismo (m)	alkoholisme (m)	[alkʉhʉ'lismə]
alcoólico (m)	alkoholiker (m)	[alkʉ'hʉlikər]
sífilis (f)	syfilis (m)	['syfilis]
SIDA (f)	AIDS, aids (m)	['ɛjds]

tumor (m)	svulst, tumor (m)	['svʉlst], [tʉ'mʊr]
maligno	ondartet, malign	['ʊn‚aːʈət], [ma'lign]
benigno	godartet	['gʉ‚aːʈət]

febre (f)	feber (m)	['febər]
malária (f)	malaria (m)	[ma'laria]
gangrena (f)	koldbrann (m)	['kɔlbran]
enjoo (m)	sjøsyke (m)	['ʂøˌsykə]
epilepsia (f)	epilepsi (m)	[ɛpilep'si]

epidemia (f)	epidemi (m)	[ɛpide'mi]
tifo (m)	tyfus (m)	['tyfʉs]
tuberculose (f)	tuberkulose (m)	[tubærkʉ'lʉsə]
cólera (f)	kolera (m)	['kʉlera]
peste (f)	pest (m)	['pɛst]

69. Sintomas. Tratamentos. Parte 1

sintoma (m)	symptom (n)	[sʏmp'tʊm]
temperatura (f)	temperatur (m)	[tɛmpəra'tʉr]
febre (f)	høy temperatur (m)	['høj tɛmpəra'tʉr]
pulso (m)	puls (m)	['pʉls]

vertigem (f)	svimmelhet (m)	['sviməl‚het]
quente (testa, etc.)	varm	['varm]
calafrio (m)	skjelving (m/f)	['ʂɛlviŋ]
pálido	blek	['blek]

tosse (f)	hoste (m)	['hʊstə]
tossir (vi)	å hoste	[ɔ 'hʊstə]
espirrar (vi)	å nyse	[ɔ 'nysə]
desmaio (m)	besvimelse (m)	[bɛ'sviməlsə]

desmaiar (vi)	å besvime	[ɔ beˈsvimə]
nódoa (f) negra	blåmerke (n)	[ˈblɔˌmærkə]
galo (m)	bule (m)	[ˈbʉlə]
magoar-se (vr)	å slå seg	[ɔ ˈʂlɔ sæj]
pisadura (f)	blåmerke (n)	[ˈblɔˌmærkə]
aleijar-se (vr)	å slå seg	[ɔ ˈʂlɔ sæj]

coxear (vi)	å halte	[ɔ ˈhaltə]
deslocação (f)	forvridning (m)	[fɔrˈvridniŋ]
deslocar (vt)	å forvri	[ɔ fɔrˈvri]
fratura (f)	brudd (n), fraktur (m)	[ˈbrʉd], [frɑkˈtʉr]
fraturar (vt)	å få brudd	[ɔ ˈfɔ ˈbrʉd]

corte (m)	skjæresår (n)	[ˈʂæːrəˌsɔr]
cortar-se (vr)	å skjære seg	[ɔ ˈʂæːrə sæj]
hemorragia (f)	blødning (m/f)	[ˈblødniŋ]

queimadura (f)	brannsår (n)	[ˈbrɑnˌsɔr]
queimar-se (vr)	å brenne seg	[ɔ ˈbrɛnə sæj]

picar (vt)	å stikke	[ɔ ˈstikə]
picar-se (vr)	å stikke seg	[ɔ ˈstikə sæj]
lesionar (vt)	å skade	[ɔ ˈskɑdə]
lesão (m)	skade (n)	[ˈskɑdə]
ferida (f), ferimento (m)	sår (n)	[ˈsɔr]
trauma (m)	traume (m)	[ˈtrɑʊmə]

delirar (vi)	å snakke i villelse	[ɔ ˈsnɑkə i ˈviləlsə]
gaguejar (vi)	å stamme	[ɔ ˈstɑmə]
insolação (f)	solstikk (n)	[ˈsʉlˌstik]

70. Sintomas. Tratamentos. Parte 2

dor (f)	smerte (m)	[ˈsmæːʈə]
farpa (no dedo)	flis (m/f)	[ˈflis]

suor (m)	svette (m)	[ˈsvɛtə]
suar (vi)	å svette	[ɔ ˈsvɛtə]
vómito (m)	oppkast (n)	[ˈɔpˌkast]
convulsões (f pl)	kramper (m pl)	[ˈkrɑmpər]

grávida	gravid	[grɑˈvid]
nascer (vi)	å fødes	[ɔ ˈfødə]
parto (m)	fødsel (m)	[ˈføtsəl]
dar à luz	å føde	[ɔ ˈfødə]
aborto (m)	abort (m)	[aˈbɔːʈ]

respiração (f)	åndedrett (n)	[ˈɔndəˌdrɛt]
inspiração (f)	innånding (m/f)	[ˈinˌɔniŋ]
expiração (f)	utånding (m/f)	[ˈʉtˌɔndiŋ]
expirar (vi)	å puste ut	[ɔ ˈpʉstə ʉt]
inspirar (vi)	å ånde inn	[ɔ ˈɔndə ˌin]
inválido (m)	handikappet person (m)	[ˈhɑndiˌkɑpət pæˈʂʉn]
aleijado (m)	krøpling (m)	[ˈkrøpliŋ]

toxicodependente (m)	narkoman (m)	[nɑrkʊ'mɑn]
surdo	døv	['døv]
mudo	stum	['stʉm]
surdo-mudo	døvstum	['døf‚stʉm]

louco (adj.)	gal	['gɑl]
louco (m)	gal mann (m)	['gɑl ‚mɑn]
louca (f)	gal kvinne (m/f)	['gɑl ‚kvinə]
ficar louco	å bli sinnssyk	[ɔ 'bli 'sin‚syk]

gene (m)	gen (m)	['gen]
imunidade (f)	immunitet (m)	[imʉni'tet]
hereditário	arvelig	['ɑrvəli]
congénito	medfødt	['me:‚føt]

vírus (m)	virus (m)	['virʉs]
micróbio (m)	mikrobe (m)	[mi'krʊbə]
bactéria (f)	bakterie (m)	[bɑk'teriə]
infeção (f)	infeksjon (m)	[infɛk'ʂʊn]

71. Sintomas. Tratamentos. Parte 3

| hospital (m) | sykehus (n) | ['sykə‚hʉs] |
| paciente (m) | pasient (m) | [pɑsi'ɛnt] |

diagnóstico (m)	diagnose (m)	[diɑ'gnʊsə]
cura (f)	kur (m)	['kʉr]
tratamento (m) médico	behandling (m/f)	[be'hɑndliŋ]
curar-se (vr)	å bli behandlet	[ɔ 'bli be'hɑndlət]
tratar (vt)	å behandle	[ɔ be'hɑndlə]
cuidar (pessoa)	å skjøtte	[ɔ 'ʂøtə]
cuidados (m pl)	sykepleie (m/f)	['sykə‚plæjə]

operação (f)	operasjon (m)	[ɔpərɑ'ʂʊn]
enfaixar (vt)	å forbinde	[ɔ for'binə]
enfaixamento (m)	forbinding (m)	[for'biniŋ]

vacinação (f)	vaksinering (m/f)	[vɑksi'neriŋ]
vacinar (vt)	å vaksinere	[ɔ vɑksi'nerə]
injeção (f)	injeksjon (m), sprøyte (m/f)	[injɛk'ʂʊn], ['sprøjtə]
dar uma injeção	å gi en sprøyte	[ɔ 'ji en 'sprøjtə]

ataque (~ de asma, etc.)	anfall (n)	['ɑn‚fɑl]
amputação (f)	amputasjon (m)	[ɑmpʉtɑ'ʂʊn]
amputar (vt)	å amputere	[ɔ ɑmpʉ'terə]
coma (f)	koma (m)	['kʊmɑ]
estar em coma	å ligge i koma	[ɔ 'ligə i 'kʊmɑ]
reanimação (f)	intensivavdeling (m/f)	['inten‚siv 'ɑv‚deliŋ]

recuperar-se (vr)	å bli frisk	[ɔ 'bli 'frisk]
estado (~ de saúde)	tilstand (m)	['til‚stɑn]
consciência (f)	bevissthet (m)	[be'vist‚het]
memória (f)	minne (n), hukommelse (m)	['minə], [hʉ'kɔməlsə]
tirar (vt)	å trekke ut	[ɔ 'trɛkə ut]

| chumbo (m), obturação (f) | fylling (m/f) | ['fʏliŋ] |
| chumbar, obturar (vt) | å plombere | [ɔ plʊm'berə] |

| hipnose (f) | hypnose (m) | [hʏp'nʊsə] |
| hipnotizar (vt) | å hypnotisere | [ɔ hʏpnʊti'serə] |

72. Médicos

médico (m)	lege (m)	['legə]
enfermeira (f)	sykepleierske (m/f)	['sykə,plæjeʂkə]
médico (m) pessoal	personlig lege (m)	[pæ'ʂʊnli 'legə]

dentista (m)	tannlege (m)	['tɑn,legə]
oculista (m)	øyelege (m)	['øjə,legə]
terapeuta (m)	terapeut (m)	[terɑ'pɛut]
cirurgião (m)	kirurg (m)	[çi'rʉrg]

psiquiatra (m)	psykiater (m)	[syki'ɑtər]
pediatra (m)	barnelege (m)	['bɑːŋə,legə]
psicólogo (m)	psykolog (m)	[sykʊ'lɔg]
ginecologista (m)	gynekolog (m)	[gynekʊ'lɔg]
cardiologista (m)	kardiolog (m)	[kɑːdiʊ'lɔg]

73. Medicina. Drogas. Acessórios

medicamento (m)	medisin (m)	[medi'sin]
remédio (m)	middel (n)	['midəl]
receitar (vt)	å ordinere	[ɔ ɔrdi'nerə]
receita (f)	resept (m)	[re'sɛpt]

comprimido (m)	tablett (m)	[tɑb'let]
pomada (f)	salve (m/f)	['sɑlvə]
ampola (f)	ampulle (m)	[ɑm'pʉlə]
preparado (m)	mikstur (m)	[miks'tʉr]
xarope (m)	sirup (m)	['sirʉp]
cápsula (f)	pille (m/f)	['pilə]
remédio (m) em pó	pulver (n)	['pʉlvər]

ligadura (f)	gasbind (n)	['gɑs,bin]
algodão (m)	vatt (m/n)	['vɑt]
iodo (m)	jod (m/n)	['ʉd]

penso (m) rápido	plaster (n)	['plɑstər]
conta-gotas (m)	pipette (m)	[pi'pɛtə]
termómetro (m)	termometer (n)	[tɛrmʊ'metər]
seringa (f)	sprøyte (m/f)	['sprøjtə]

| cadeira (f) de rodas | rullestol (m) | ['rʉlə,stʊl] |
| muletas (f pl) | krykker (m/f pl) | ['krʏkər] |

| analgésico (m) | smertestillende middel (n) | ['smæːʈə,stilenə 'midəl] |
| laxante (m) | laksativ (n) | [lɑksɑ'tiv] |

álcool (m) etílico	sprit (m)	['sprit]
ervas (f pl) medicinais	legeurter (m/f pl)	['legəˌuːʈər]
de ervas (chá ~)	urte-	['uːʈə-]

74. Fumar. Produtos tabágicos

tabaco (m)	tobakk (m)	[tʉ'bɑk]
cigarro (m)	sigarett (m)	[sigɑ'rɛt]
charuto (m)	sigar (m)	[si'gɑr]
cachimbo (m)	pipe (m/f)	['piːpə]
maço (~ de cigarros)	pakke (m/f)	['pɑkə]

fósforos (m pl)	fyrstikker (m/f pl)	['fyˌstikər]
caixa (f) de fósforos	fyrstikkeske (m)	['fyʂtikˌɛskə]
isqueiro (m)	tenner (m)	['tɛnər]
cinzeiro (m)	askebeger (n)	['ɑskəˌbegər]
cigarreira (f)	sigarettetui (n)	[sigɑ'rɛt etʉ'i]

boquilha (f)	munnstykke (n)	['mʉnˌstʏkə]
filtro (m)	filter (n)	['filtər]

fumar (vi, vt)	å røyke	[ɔ 'røjkə]
acender um cigarro	å tenne en sigarett	[ɔ 'tɛnə en sigɑ'rɛt]
tabagismo (m)	røyking, røkning (m)	['røjkiŋ], ['røkniŋ]
fumador (m)	røyker (m)	['røjkər]

beata (f)	stump (m)	['stʉmp]
fumo (m)	røyk (m)	['røjk]
cinza (f)	aske (m/f)	['ɑskə]

HABITAT HUMANO

Cidade

75. Cidade. Vida na cidade

cidade (f)	by (m)	['by]
capital (f)	hovedstad (m)	['hʊvəd‚stɑd]
aldeia (f)	landsby (m)	['lɑns‚by]
mapa (m) da cidade	bykart (n)	['by‚kɑ:t]
centro (m) da cidade	sentrum (n)	['sɛntrum]
subúrbio (m)	forstad (m)	['fɔ‚stɑd]
suburbano	forstads-	['fɔ‚stɑds-]
periferia (f)	utkant (m)	['ʉt‚kɑnt]
arredores (m pl)	omegner (m pl)	['ɔm‚æjnər]
quarteirão (m)	kvarter (n)	[kvɑ:ţer]
quarteirão (m) residencial	boligkvarter (n)	['bʊli‚kvɑ:'ţer]
tráfego (m)	trafikk (m)	[trɑ'fik]
semáforo (m)	trafikklys (n)	[trɑ'fik‚lys]
transporte (m) público	offentlig transport (m)	['ɔfentli trɑns'pɔ:ţ]
cruzamento (m)	veikryss (n)	['væjkrʏs]
passadeira (f)	fotgjengerovergang (m)	['fʊtjɛŋər 'ɔvər‚gɑŋ]
passagem (f) subterrânea	undergang (m)	['ʉnər‚gɑŋ]
cruzar, atravessar (vt)	å gå over	[ɔ 'gɔ 'ɔvər]
peão (m)	fotgjenger (m)	['fʊtjɛŋər]
passeio (m)	fortau (n)	['fɔ:‚tɑʊ]
ponte (f)	bro (m/f)	['brʊ]
margem (f) do rio	kai (m/f)	['kɑj]
fonte (f)	fontene (m)	['fʊntnə]
alameda (f)	allé (m)	[ɑ'le:]
parque (m)	park (m)	['pɑrk]
bulevar (m)	bulevard (m)	[bule'vɑr]
praça (f)	torg (n)	['tɔr]
avenida (f)	aveny (m)	[ave'ny]
rua (f)	gate (m/f)	['gɑtə]
travessa (f)	sidegate (m/f)	['sidə‚gatə]
beco (m) sem saída	blindgate (m/f)	['blin‚gatə]
casa (f)	hus (n)	['hʉs]
edifício, prédio (m)	bygning (m/f)	['bʏgniŋ]
arranha-céus (m)	skyskraper (m)	['sy‚skrɑpər]
fachada (f)	fasade (m)	[fɑ'sɑdə]
telhado (m)	tak (n)	['tɑk]

janela (f)	vindu (n)	['vindʉ]
arco (m)	bue (m)	['bʉːə]
coluna (f)	søyle (m)	['søjlə]
esquina (f)	hjørne (n)	['jœːŋə]
montra (f)	utstillingsvindu (n)	['ʉtˌstiliŋs 'vindʉ]
letreiro (m)	skilt (n)	['ʂilt]
cartaz (m)	plakat (m)	[pla'kat]
cartaz (m) publicitário	reklameplakat (m)	[rɛ'klaməˌpla'kat]
painel (m) publicitário	reklametavle (m/f)	[rɛ'klaməˌtavlə]
lixo (m)	søppel (m/f/n), avfall (n)	['sœpəl], ['avˌfal]
cesta (f) do lixo	søppelkasse (m/f)	['sœpəlˌkasə]
jogar lixo na rua	å kaste søppel	[ɔ 'kastə 'sœpəl]
aterro (m) sanitário	søppelfylling (m/f), deponi (n)	['sœpəlˌfʏliŋ], [ˌdepɔ'ni]
cabine (f) telefónica	telefonboks (m)	[tele'fʉnˌbɔks]
candeeiro (m) de rua	lyktestolpe (m)	['lʏktəˌstɔlpə]
banco (m)	benk (m)	['bɛŋk]
polícia (m)	politi (m)	[pʉli'ti]
polícia (instituição)	politi (n)	[pʉli'ti]
mendigo (m)	tigger (m)	['tigər]
sem-abrigo (m)	hjemløs	['jɛmˌløs]

76. Instituições urbanas

loja (f)	forretning, butikk (m)	[fɔ'rɛtniŋ], [bʉ'tik]
farmácia (f)	apotek (n)	[apʉ'tek]
ótica (f)	optikk (m)	[ɔp'tik]
centro (m) comercial	kjøpesenter (n)	['çœpəˌsɛntər]
supermercado (m)	supermarked (n)	['sʉpəˌmarket]
padaria (f)	bakeri (n)	[bake'ri]
padeiro (m)	baker (m)	['bakər]
pastelaria (f)	konditori (n)	[kʉnditɔ'ri]
mercearia (f)	matbutikk (m)	['matbʉˌtik]
talho (m)	slakterbutikk (m)	['ʂlaktəbʉˌtik]
loja (f) de legumes	grønnsaksbutikk (m)	['grœnˌsaks bʉ'tik]
mercado (m)	marked (n)	['markəd]
café (m)	kafé, kaffebar (m)	[ka'fe], ['kafəˌbar]
restaurante (m)	restaurant (m)	[rɛstʉ'raŋ]
bar (m), cervejaria (f)	pub (m)	['pʉb]
pizzaria (f)	pizzeria (m)	[pitsə'ria]
salão (m) de cabeleireiro	frisørsalong (m)	[fri'sør saˌlɔŋ]
correios (m pl)	post (m)	['pɔst]
lavandaria (f)	renseri (n)	[rɛnse'ri]
estúdio (m) fotográfico	fotostudio (n)	['fotɔˌstʉdiɔ]
sapataria (f)	skobutikk (m)	['skʉˌbʉ'tik]
livraria (f)	bokhandel (m)	['bʉkˌhandəl]

loja (f) de artigos de desporto	idrettsbutikk (m)	['idrɛts bʉ'tik]
reparação (f) de roupa	reparasjon (m) av klær	[repara'ʂʉn ɑ: ˌklær]
aluguer (m) de roupa	leie (m/f) av klær	['læjə ɑ: ˌklær]
aluguer (m) de filmes	filmutleie (m/f)	['filmˌʉt'læje]

circo (m)	sirkus (m/n)	['sirkʉs]
jardim (m) zoológico	zoo, dyrepark (m)	['sʉ:], [dyrə'park]
cinema (m)	kino (m)	['çinʉ]
museu (m)	museum (n)	[mʉ'seum]
biblioteca (f)	bibliotek (n)	[bibliʉ'tek]

teatro (m)	teater (n)	[te'atər]
ópera (f)	opera (m)	['ʉpera]
clube (m) noturno	nattklubb (m)	['natˌklʉb]
casino (m)	kasino (n)	[ka'sinʉ]

mesquita (f)	moské (m)	[mʉ'ske]
sinagoga (f)	synagoge (m)	[syna'gʉgə]
catedral (f)	katedral (m)	[kate'dral]
templo (m)	tempel (n)	['tɛmpəl]
igreja (f)	kirke (m/f)	['çirkə]

instituto (m)	institutt (n)	[insti'tʉt]
universidade (f)	universitet (n)	[ʉnivæʂi'tet]
escola (f)	skole (m/f)	['skʉlə]

prefeitura (f)	prefektur (n)	[prɛfɛk'tʉr]
câmara (f) municipal	rådhus (n)	['rodˌhʉs]
hotel (m)	hotell (n)	[hʉ'tɛl]
banco (m)	bank (m)	['bank]

embaixada (f)	ambassade (m)	[amba'sadə]
agência (f) de viagens	reisebyrå (n)	['ræjsə byˌro]
agência (f) de informações	opplysningskontor (n)	[ɔp'lʏsniŋs kʉn'tʉr]
casa (f) de câmbio	vekslingskontor (n)	['vɛkʂliŋs kʉn'tʉr]

metro (m)	tunnelbane, T-bane (m)	['tʉnəlˌbanə], ['tɛ:ˌbanə]
hospital (m)	sykehus (n)	['sykəˌhʉs]

posto (m) de gasolina	bensinstasjon (m)	[bɛn'sinˌsta'ʂʉn]
parque (m) de estacionamento	parkeringsplass (m)	[par'keriŋsˌplas]

77. Transportes urbanos

autocarro (m)	buss (m)	['bʉs]
elétrico (m)	trikk (m)	['trik]
troleicarro (m)	trolleybuss (m)	['troliˌbʉs]
itinerário (m)	rute (m/f)	['rʉtə]
número (m)	nummer (n)	['nʉmər]

ir de ... (carro, etc.)	å kjøre med ...	[ɔ 'çœːrə me ...]
entrar (~ no autocarro)	å gå på ...	[ɔ 'gɔ pɔ ...]
descer de ...	å gå av ...	[ɔ 'gɔ ɑ: ...]
paragem (f)	holdeplass (m)	['hɔləˌplas]

próxima paragem (f)	neste holdeplass (m)	['nɛstə 'hɔlə‚plɑs]
ponto (m) final	endestasjon (m)	['ɛnə‚stɑ'ʂʊn]
horário (m)	rutetabell (m)	['rutə‚tɑ'bɛl]
esperar (vt)	å vente	[ɔ 'vɛntə]

| bilhete (m) | billett (m) | [bi'let] |
| custo (m) do bilhete | billettpris (m) | [bi'let‚pris] |

bilheteiro (m)	kasserer (m)	[kɑ'serər]
controlo (m) dos bilhetes	billettkontroll (m)	[bi'let kʊn‚trɔl]
revisor (m)	billett inspektør (m)	[bi'let inspɛk'tør]

atrasar-se (vr)	å komme for sent	[ɔ 'kɔmə fɔ'ʂɛnt]
perder (o autocarro, etc.)	å komme for sent til ...	[ɔ 'kɔmə fɔ'ʂɛnt til ...]
estar com pressa	å skynde seg	[ɔ 'ʂynə sæj]

táxi (m)	drosje (m/f), taxi (m)	['drɔʂɛ], ['tɑksi]
taxista (m)	taxisjåfør (m)	['tɑksi ʂɔ'før]
de táxi (ir ~)	med taxi	[me 'tɑksi]
praça (f) de táxis	taxiholdeplass (m)	['tɑksi 'hɔlə‚plɑs]
chamar um táxi	å taxi bestellen	[ɔ 'tɑksi be'stɛlən]
apanhar um táxi	å ta taxi	[ɔ 'tɑ ‚tɑksi]

tráfego (m)	trafikk (m)	[trɑ'fik]
engarrafamento (m)	trafikkork (m)	[trɑ'fik‚kɔrk]
horas (f pl) de ponta	rushtid (m/f)	['ruʂ‚tid]
estacionar (vi)	å parkere	[ɔ pɑr'kerə]
estacionar (vt)	å parkere	[ɔ pɑr'kerə]
parque (m) de estacionamento	parkeringsplass (m)	[pɑr'keriŋs‚plɑs]

metro (m)	tunnelbane, T-bane (m)	['tʉnəl‚bɑnə], ['tɛ:‚bɑnə]
estação (f)	stasjon (m)	[stɑ'ʂʊn]
ir de metro	å kjøre med T-bane	[ɔ 'çœ:rə me 'tɛ:‚bɑnə]
comboio (m)	tog (n)	['tɔg]
estação (f)	togstasjon (m)	['tɔg‚stɑ'ʂʊn]

78. Turismo

monumento (m)	monument (n)	[mɔnʉ'mɛnt]
fortaleza (f)	festning (m/f)	['fɛstniŋ]
palácio (m)	palass (n)	[pɑ'lɑs]
castelo (m)	borg (n)	['bɔrg]
torre (f)	tårn (n)	['tɔ:ɳ]
mausoléu (m)	mausoleum (n)	[mɑʊsʊ'leum]

arquitetura (f)	arkitektur (m)	[ɑrkitɛk'tʉr]
medieval	middelalderlig	['midəl‚ɑldɛ:[i]
antigo	gammel	['gaməl]
nacional	nasjonal	[nɑʂʊ'nɑl]
conhecido	kjent	['çɛnt]

turista (m)	turist (m)	[tʉ'rist]
guia (pessoa)	guide (m)	['gɑjd]
excursão (f)	utflukt (m/f)	['ʉt‚flʊkt]

| mostrar (vt) | à vise | [ɔ 'visə] |
| contar (vt) | à fortelle | [ɔ fɔ:'ʈɛlə] |

encontrar (vt)	à finne	[ɔ 'finə]
perder-se (vr)	à gå seg bort	[ɔ 'gɔ sæj 'bʊ:t]
mapa (~ do metrô)	kart, linjekart (n)	['kɑ:t], ['linjə'kɑ:t]
mapa (~ da cidade)	kart (n)	['kɑ:t]

lembrança (f), presente (m)	suvenir (m)	[sʉve'nir]
loja (f) de presentes	suvenirbutikk (m)	[sʉve'nir bʉ'tik]
fotografar (vt)	à fotografere	[ɔ fɔtɔgrɑ'ferə]
fotografar-se	à bli fotografert	[ɔ 'bli fɔtɔgrɑ'fɛ:ʈ]

79. Compras

comprar (vt)	à kjøpe	[ɔ 'çœ:pə]
compra (f)	innkjøp (n)	['in,çœp]
fazer compras	à gå shopping	[ɔ 'gɔ ,ʂɔpiŋ]
compras (f pl)	shopping (m)	['ʂɔpiŋ]

| estar aberta (loja, etc.) | à være åpen | [ɔ 'værə 'ɔpən] |
| estar fechada | à være stengt | [ɔ 'værə 'stɛŋt] |

calçado (m)	skotøy (n)	['skʊtøj]
roupa (f)	klær (n)	['klær]
cosméticos (m pl)	kosmetikk (m)	[kʊsme'tik]
alimentos (m pl)	matvarer (m/f pl)	['mɑt,vɑrər]
presente (m)	gave (m/f)	['gɑvə]

| vendedor (m) | forselger (m) | [fɔ'ʂɛlər] |
| vendedora (f) | forselger (m) | [fɔ'ʂɛlər] |

caixa (f)	kasse (m/f)	['kɑsə]
espelho (m)	speil (n)	['spæjl]
balcão (m)	disk (m)	['disk]
cabine (f) de provas	prøverom (n)	['prøvə,rʊm]

provar (vt)	à prøve	[ɔ 'prøvə]
servir (vi)	à passe	[ɔ 'pɑsə]
gostar (apreciar)	à like	[ɔ 'likə]

preço (m)	pris (m)	['pris]
etiqueta (f) de preço	prislapp (m)	['pris,lɑp]
custar (vt)	à koste	[ɔ 'kɔstə]
Quanto?	Hvor mye?	[vʊr 'mye]
desconto (m)	rabatt (m)	[rɑ'bɑt]

não caro	billig	['bili]
barato	billig	['bili]
caro	dyr	['dyr]
É caro	Det er dyrt	[de ær 'dy:t]

| aluguer (m) | utleie (m/f) | ['ʉt,læje] |
| alugar (vestidos, etc.) | à leie | [ɔ 'læjə] |

| crédito (m) | kreditt (m) | [krɛ'dit] |
| a crédito | på kreditt | [pɔ krɛ'dit] |

80. Dinheiro

dinheiro (m)	penger (m pl)	['pɛŋər]
câmbio (m)	veksling (m/f)	['vɛkşliŋ]
taxa (f) de câmbio	kurs (m)	['kuş]
Caixa Multibanco (m)	minibank (m)	['mini,bank]
moeda (f)	mynt (m)	['mʏnt]

| dólar (m) | dollar (m) | ['dɔlar] |
| euro (m) | euro (m) | ['ɛuru] |

lira (f)	lira (m)	['lire]
marco (m)	mark (m/f)	['mark]
franco (m)	franc (m)	['fran]
libra (f) esterlina	pund sterling (m)	['pun stɛː'liŋ]
iene (m)	yen (m)	['jɛn]

dívida (f)	skyld (m/f), gjeld (m)	['sʏl], ['jɛl]
devedor (m)	skyldner (m)	['sʏlnər]
emprestar (vt)	å låne ut	[ɔ 'loːnə ut]
pedir emprestado	å låne	[ɔ 'loːnə]

banco (m)	bank (m)	['bank]
conta (f)	konto (m)	['kontu]
depositar (vt)	å sette inn	[ɔ 'sɛtə in]
depositar na conta	å sette inn på kontoen	[ɔ 'sɛtə in pɔ 'kontuən]
levantar (vt)	å ta ut fra kontoen	[ɔ 'ta ut fra 'kontuən]

cartão (m) de crédito	kredittkort (n)	[krɛ'dit,kɔːt]
dinheiro (m) vivo	kontanter (m pl)	[kun'tantər]
cheque (m)	sjekk (m)	['şɛk]
passar um cheque	å skrive en sjekk	[ɔ 'skrivə en 'şɛk]
livro (m) de cheques	sjekkbok (m/f)	['şɛk,buk]

carteira (f)	lommebok (m)	['lumə,buk]
porta-moedas (m)	pung (m)	['puŋ]
cofre (m)	safe, seif (m)	['sɛjf]

herdeiro (m)	arving (m)	['arviŋ]
herança (f)	arv (m)	['arv]
fortuna (riqueza)	formue (m)	['for,muə]

arrendamento (m)	leie (m)	['læje]
renda (f) de casa	husleie (m/f)	['hus,læje]
alugar (vt)	å leie	[ɔ 'læjə]

preço (m)	pris (m)	['pris]
custo (m)	kostnad (m)	['kɔstnad]
soma (f)	sum (m)	['sum]
gastar (vt)	å bruke	[ɔ 'brukə]
gastos (m pl)	utgifter (m/f pl)	['ul,jiftər]

| economizar (vi) | å spare | [ɔ 'spɑrə] |
| económico | sparsom | ['spɑʂɔm] |

pagar (vt)	å betale	[ɔ be'tɑlə]
pagamento (m)	betaling (m/f)	[be'tɑliŋ]
troco (m)	vekslepenger (pl)	['vɛkʂləˌpɛŋər]

imposto (m)	skatt (m)	['skɑt]
multa (f)	bot (m/f)	['bʊt]
multar (vt)	å bøtelegge	[ɔ 'bøtəˌlegə]

81. Correios. Serviço postal

correios (m pl)	post (m)	['pɔst]
correio (m)	post (m)	['pɔst]
carteiro (m)	postbud (n)	['pɔstˌbʉd]
horário (m)	åpningstider (m/f pl)	['ɔpniŋsˌtidər]

carta (f)	brev (n)	['brev]
carta (f) registada	rekommandert brev (n)	[rekʊmɑn'dɛːt ˌbrev]
postal (m)	postkort (n)	['pɔstˌkɔːt]
telegrama (m)	telegram (n)	[tele'grɑm]
encomenda (f) postal	postpakke (m/f)	['pɔstˌpɑkə]
remessa (f) de dinheiro	pengeoverføring (m/f)	['pɛŋə 'ɔvərˌføriŋ]

receber (vt)	å motta	[ɔ 'mɔtɑ]
enviar (vt)	å sende	[ɔ 'sɛnə]
envio (m)	avsending (m)	['ɑfˌsɛniŋ]

endereço (m)	adresse (m)	[ɑ'drɛsə]
código (m) postal	postnummer (n)	['pɔstˌnʉmər]
remetente (m)	avsender (m)	['ɑfˌsɛnər]
destinatário (m)	mottaker (m)	['mɔtˌtɑkər]

| nome (m) | fornavn (n) | ['fɔrˌnɑvn] |
| apelido (m) | etternavn (n) | ['ɛtəˌŋɑvn] |

tarifa (f)	tariff (m)	[tɑ'rif]
ordinário	vanlig	['vɑnli]
económico	økonomisk	[økʊ'nɔmisk]

peso (m)	vekt (m)	['vɛkt]
pesar (estabelecer o peso)	å veie	[ɔ 'væjə]
envelope (m)	konvolutt (m)	[kʊnvʊ'lʉt]
selo (m)	frimerke (n)	['friˌmærkə]
colar o selo	å sette på frimerke	[ɔ 'sɛtə pɔ 'friˌmærkə]

Moradia. Casa. Lar

82. Casa. Habitação

casa (f)	hus (n)	['hʉs]
em casa	hjemme	['jɛmə]
pátio (m)	gård (m)	['gɔːr]
cerca (f)	gjerde (n)	['jærə]
tijolo (m)	tegl (n), murstein (m)	['tæjl], ['mʉˌstæjn]
de tijolos	tegl-	['tæjl-]
pedra (f)	stein (m)	['stæjn]
de pedra	stein-	['stæjn-]
betão (m)	betong (m)	[be'tɔŋ]
de betão	betong-	[be'tɔŋ-]
novo	ny	['ny]
velho	gammel	['gaməl]
decrépito	falleferdig	['faləˌfæːɖi]
moderno	moderne	[mʉ'dɛːɳə]
de muitos andares	fleretasjes-	['flerɛˌtaʂɛs-]
alto	høy	['høj]
andar (m)	etasje (m)	[ɛ'taʂə]
de um andar	enetasjes	['ɛnɛˌtaʂɛs]
andar (m) de baixo	første etasje (m)	['fœʂtə ɛ'taʂə]
andar (m) de cima	øverste etasje (m)	['øvəʂtə ɛ'taʂə]
telhado (m)	tak (n)	['tak]
chaminé (f)	skorstein (m/f)	['skɔˌʂtæjn]
telha (f)	takstein (m)	['takˌstæjn]
de telha	taksteins-	['takˌstæjns-]
sótão (m)	loft (n)	['lɔft]
janela (f)	vindu (n)	['vindʉ]
vidro (m)	glass (n)	['glas]
parapeito (m)	vinduskarm (m)	['vindʉsˌkarm]
portadas (f pl)	vinduslemmer (m pl)	['vindʉsˌlemər]
parede (f)	mur, vegg (m)	['mʉr], ['vɛg]
varanda (f)	balkong (m)	[bal'kɔŋ]
tubo (m) de queda	nedløpsrør (n)	['nedløpsˌrør]
em cima	oppe	['ɔpə]
subir (~ as escadas)	å gå ovenpå	[ɔ 'gɔ 'ɔvənˌpɔ]
descer (vi)	å gå ned	[ɔ 'gɔ ne]
mudar-se (vr)	å flytte	[ɔ 'flʏtə]

83. Casa. Entrada. Elevador

entrada (f)	inngang (m)	['in͵gaŋ]
escada (f)	trapp (m/f)	['trɑp]
degraus (m pl)	trinn (n pl)	['trin]
corrimão (m)	gelender (n)	[ge'lendər]
hall (m) de entrada	hall, lobby (m)	['hɑl], ['lɔbi]

caixa (f) de correio	postkasse (m/f)	['pɔst͵kɑsə]
caixote (m) do lixo	søppelkasse (m/f)	['sœpəl͵kɑsə]
conduta (f) do lixo	søppelsjakt (m/f)	['sœpəl͵ʂɑkt]

elevador (m)	heis (m)	['hæjs]
elevador (m) de carga	lasteheis (m)	['lɑstə'hæjs]
cabine (f)	heiskorg (m/f)	['hæjs͵kɔrg]
pegar o elevador	å ta heisen	[ɔ 'tɑ ͵hæjsən]

apartamento (m)	leilighet (m/f)	['læjli͵het]
moradores (m pl)	beboere (m pl)	[be'bʉerə]
vizinho (m)	nabo (m)	['nɑbʉ]
vizinha (f)	nabo (m)	['nɑbʉ]
vizinhos (pl)	naboer (m pl)	['nɑbʉər]

84. Casa. Portas. Fechaduras

porta (f)	dør (m/f)	['dœr]
portão (m)	grind (m/f), port (m)	['grin], ['pɔːʈ]
maçaneta (f)	dørhåndtak (n)	['dœr͵hɔntɑk]
destrancar (vt)	å låse opp	[ɔ 'loːsə ɔp]
abrir (vt)	å åpne	[ɔ 'ɔpnə]
fechar (vt)	å lukke	[ɔ 'lʉkə]

chave (f)	nøkkel (m)	['nøkəl]
molho (m)	knippe (n)	['knipə]
ranger (vi)	å knirke	[ɔ 'knirkə]
rangido (m)	knirk (m/n)	['knirk]
dobradiça (f)	hengsel (m/n)	['hɛŋsel]
tapete (m) de entrada	dørmatte (m/f)	['dœr͵mɑtə]

fechadura (f)	dørlås (m/n)	['dœr͵lɔs]
buraco (m) da fechadura	nøkkelhull (n)	['nøkəl͵hʉl]
ferrolho (m)	slå (m/f)	['ʂlɔ]
fecho (ferrolho pequeno)	slå (m/f)	['ʂlɔ]
cadeado (m)	hengelås (m/n)	['hɛŋe͵lɔs]

tocar (vt)	å ringe	[ɔ 'riŋə]
toque (m)	ringing (m/f)	['riŋiŋ]
campainha (f)	ringeklokke (m/f)	['riŋə͵klɔkə]
botão (m)	ringeklokke knapp (m)	['riŋə͵klɔkə 'knɑp]
batida (f)	kakking (m/f)	['kɑkiŋ]
bater (vi)	å kakke	[ɔ 'kɑkə]
código (m)	kode (m)	['kʉdə]
fechadura (f) de código	kodelås (m/n)	['kʉdə͵lɔs]

telefone (m) de porta	dørtelefon (m)	['dœr,tele'fʊn]
número (m)	nummer (n)	['nʊmər]
placa (f) de porta	dørskilt (n)	['dœ,sïlt]
vigia (f), olho (m) mágico	kikhull (n)	['çik,hʉl]

85. Casa de campo

| aldeia (f) | landsby (m) | ['lɑns,by] |
| horta (f) | kjøkkenhage (m) | ['çœkən,hɑgə] |

cerca (f)	gjerde (n)	['jærə]
paliçada (f)	stakitt (m/n)	[stɑ'kit]
cancela (f) do jardim	port, stakittport (m)	['pɔːt], [stɑ'kit,pɔːt]

celeiro (m)	kornlåve (m)	['kuːn̩lo:və]
adega (f)	jordkjeller (m)	['juːr,çɛlər]
galpão, barracão (m)	skur, skjul (n)	['skʉr], ['sʉl]
poço (m)	brønn (m)	['brœn]

| fogão (m) | ovn (m) | ['ɔvn] |
| atiçar o fogo | å fyre | [ɔ 'fyrə] |

| lenha (carvão ou ~) | ved (m) | ['ve] |
| acha (lenha) | vedstykke (n), vedskie (f) | ['vɛd,stʏkə], ['vɛ,siə] |

varanda (f)	veranda (m)	[væ'rɑndɑ]
alpendre (m)	terrasse (m)	[tɛ'rɑsə]
degraus (m pl) de entrada	yttertrapp (m/f)	['ytə,trɑp]
balouço (m)	gynge (m/f)	['jiŋə]

86. Castelo. Palácio

castelo (m)	borg (m)	['bɔrg]
palácio (m)	palass (n)	[pɑ'lɑs]
fortaleza (f)	festning (m/f)	['fɛstniŋ]

muralha (f)	mur (m)	['mʉr]
torre (f)	tårn (n)	['tɔːŋ]
calabouço (m)	kjernetårn (n)	['çæːŋə'tɔːŋ]

grade (f) levadiça	fallgitter (n)	['fɑl,gitər]
passagem (f) subterrânea	underjordisk gang (m)	['ʉnər,juːrdisk 'gɑŋ]
fosso (m)	vollgrav (m/f)	['vɔl,grɑv]

| corrente, cadeia (f) | kjede (m) | ['çɛːde] |
| seteira (f) | skyteskår (n) | ['sytə,skɔr] |

| magnífico | praktfull | ['prɑkt,fʉl] |
| majestoso | majestetisk | [mɑje'stɛtisk] |

| inexpugnável | uinntakelig | [ʉən'tɑkəli] |
| medieval | middelalderlig | ['mɪdəl,ɑldɛːli] |

87. Apartamento

apartamento (m)	leilighet (m/f)	['læjli,het]
quarto (m)	rom (n)	['rʊm]
quarto (m) de dormir	soverom (n)	['sɔve,rʊm]
sala (f) de jantar	spisestue (m/f)	['spisə,stʉə]
sala (f) de estar	dagligstue (m/f)	['dagli,stʉə]
escritório (m)	arbeidsrom (n)	['arbæjds,rʊm]
antessala (f)	entré (m)	[ɑn'trɛ:]
quarto (m) de banho	bad, baderom (n)	['bɑd], ['bɑdə,rʊm]
toilette (lavabo)	toalett, WC (n)	[tʊɑ'let], [vɛ'sɛ]
teto (m)	tak (n)	['tɑk]
chão, soalho (m)	gulv (n)	['gʉlv]
canto (m)	hjørne (n)	['jœ:ŋə]

88. Apartamento. Limpeza

arrumar, limpar (vt)	å rydde	[ɔ 'rʏdə]
guardar (no armário, etc.)	å stue unna	[ɔ 'stʉə 'ʉnɑ]
pó (m)	støv (n)	['støv]
empoeirado	støvet	['støvət]
limpar o pó	å tørke støv	[ɔ 'tœrkə 'støv]
aspirador (m)	støvsuger (m)	['støf,sʉgər]
aspirar (vt)	å støvsuge	[ɔ 'støf,sʉgə]
varrer (vt)	å sope, å feie	[ɔ 'sopə], [ɔ 'fæjə]
sujeira (f)	søppel (m/f/n)	['sœpəl]
arrumação (f), ordem (f)	orden (m)	['ɔrdən]
desordem (f)	uorden (m)	['ʉ:,ɔrdən]
esfregão (m)	mopp (m)	['mɔp]
pano (m), trapo (m)	klut (m)	['klʉt]
vassoura (f)	feiekost (m)	['fæjə,kʊst]
pá (f) de lixo	feiebrett (n)	['fæjə,brɛt]

89. Mobiliário. Interior

mobiliário (m)	møbler (n pl)	['møblər]
mesa (f)	bord (n)	['bʊr]
cadeira (f)	stol (m)	['stʊl]
cama (f)	seng (m/f)	['sɛŋ]
divã (m)	sofa (m)	['sʊfɑ]
cadeirão (m)	lenestol (m)	['lenə,stʊl]
estante (f)	bokskap (n)	['bʊk,skɑp]
prateleira (f)	hylle (m/f)	['hʏlə]
guarda-vestidos (m)	klesskap (n)	['kle,skɑp]
cabide (m) de parede	knaggbrett (n)	['knɑg,brɛt]

cabide (m) de pé	stumtjener (m)	['stʉmˌtjenər]
cómoda (f)	kommode (m)	[kʉ'mʉdə]
mesinha (f) de centro	kaffebord (n)	['kafəˌbʉr]

espelho (m)	speil (n)	['spæjl]
tapete (m)	teppe (n)	['tɛpə]
tapete (m) pequeno	lite teppe (n)	['litə 'tɛpə]

lareira (f)	peis (m), ildsted (n)	['pæjs], ['ilsted]
vela (f)	lys (n)	['lys]
castiçal (m)	lysestake (m)	['lysəˌstakə]

cortinas (f pl)	gardiner (m/f pl)	[gɑːˈdinər]
papel (m) de parede	tapet (n)	[taˈpet]
estores (f pl)	persienne (m)	[pæʂi'enə]

candeeiro (m) de mesa	bordlampe (m/f)	['bʉrˌlampə]
candeeiro (m) de parede	vegglampe (m/f)	['vɛgˌlampə]
candeeiro (m) de pé	gulvlampe (m/f)	['gʉlvˌlampə]
lustre (m)	lysekrone (m/f)	['lysəˌkrʉnə]

pé (de mesa, etc.)	bein (n)	['bæjn]
braço (m)	armlene (n)	['armˌlenə]
costas (f pl)	rygg (m)	['ryg]
gaveta (f)	skuff (m)	['skʉf]

90. Quarto de dormir

roupa (f) de cama	sengetøy (n)	['sɛŋəˌtøj]
almofada (f)	pute (m/f)	['pʉtə]
fronha (f)	putevar, putetrekk (n)	['pʉtəˌvar], ['pʉtəˌtrɛk]
cobertor (m)	dyne (m/f)	['dynə]
lençol (m)	laken (n)	['lakən]
colcha (f)	sengeteppe (n)	['sɛŋəˌtɛpə]

91. Cozinha

cozinha (f)	kjøkken (n)	['çœkən]
gás (m)	gass (m)	['gɑs]
fogão (m) a gás	gasskomfyr (m)	['gɑs kɔmˌfyr]
fogão (m) elétrico	elektrisk komfyr (m)	[ɛ'lektrisk kɔmˌfyr]
forno (m)	bakeovn (m)	['bakəˌɔvn]
forno (m) de micro-ondas	mikrobølgeovn (m)	['mikrʉˌbølgə'ɔvn]

frigorífico (m)	kjøleskap (n)	['çœləˌskap]
congelador (m)	fryser (m)	['frysər]
máquina (f) de lavar louça	oppvaskmaskin (m)	['ɔpvask maˌʂin]

moedor (m) de carne	kjøttkvern (m/f)	['çœtˌkvɛːn]
espremedor (m)	juicepresse (m/f)	['dʒʉsˌprɛsə]
torradeira (f)	brødrister (m)	['brøˌristər]
batedeira (f)	mikser (m)	['miksər]

máquina (f) de café	kaffetrakter (m)	['kafə,traktər]
cafeteira (f)	kaffekanne (m/f)	['kafə,kanə]
moinho (m) de café	kaffekvern (m/f)	['kafə,kvɛ:ŋ]
chaleira (f)	tekjele (m)	['te,çelə]
bule (m)	tekanne (m/f)	['te,kanə]
tampa (f)	lokk (n)	['lɔk]
coador (m) de chá	tesil (m)	['te,sil]
colher (f)	skje (m)	['şe]
colher (f) de chá	teskje (m)	['te,şe]
colher (f) de sopa	spiseskje (m)	['spisə,şɛ]
garfo (m)	gaffel (m)	['gafəl]
faca (f)	kniv (m)	['kniv]
louça (f)	servise (n)	[sær'visə]
prato (m)	tallerken (m)	[ta'lærkən]
pires (m)	tefat (n)	['te,fat]
cálice (m)	shotglass (n)	['şɔt,glas]
copo (m)	glass (n)	['glas]
chávena (f)	kopp (m)	['kɔp]
açucareiro (m)	sukkerskål (m/f)	['sukər,skɔl]
saleiro (m)	saltbøsse (m/f)	['salt,bøsə]
pimenteiro (m)	pepperbøsse (m/f)	['pɛpər,bøsə]
manteigueira (f)	smørkopp (m)	['smœr,kɔp]
panela, caçarola (f)	gryte (m/f)	['grytə]
frigideira (f)	steikepanne (m/f)	['stæjkə,panə]
concha (f)	sleiv (m/f)	['şlæjv]
passador (m)	dørslag (n)	['dœşlag]
bandeja (f)	brett (n)	['brɛt]
garrafa (f)	flaske (m)	['flaskə]
boião (m) de vidro	glasskrukke (m/f)	['glas,krukə]
lata (f)	boks (m)	['bɔks]
abre-garrafas (m)	flaskeåpner (m)	['flaskə,ɔpnər]
abre-latas (m)	konservåpner (m)	['kunsəv,ɔpnər]
saca-rolhas (m)	korketrekker (m)	['kɔrkə,trɛkər]
filtro (m)	filter (n)	['filtər]
filtrar (vt)	å filtrere	[ɔ fil'trerə]
lixo (m)	søppel (m/f/n)	['sœpəl]
balde (m) do lixo	søppelbøtte (m/f)	['sœpəl,bœtə]

92. Casa de banho

quarto (m) de banho	bad, baderom (n)	['bad], ['badə,rum]
água (f)	vann (n)	['van]
torneira (f)	kran (m/f)	['kran]
água (f) quente	varmt vann (n)	['varmt ,van]
água (f) fria	kaldt vann (n)	['kalt van]

pasta (f) de dentes	tannpasta (m)	['tɑnˌpɑstɑ]
escovar os dentes	å pusse tennene	[ɔ 'pʉsə 'tɛnənə]
escova (f) de dentes	tannbørste (m)	['tɑnˌbœʂtə]

barbear-se (vr)	å barbere seg	[ɔ bɑr'berə sæj]
espuma (f) de barbear	barberskum (n)	[bɑr'bɛˌskʉm]
máquina (f) de barbear	høvel (m)	['høvəl]

lavar (vt)	å vaske	[ɔ 'vɑskə]
lavar-se (vr)	å vaske seg	[ɔ 'vɑskə sæj]
duche (m)	dusj (m)	['dʉʂ]
tomar um duche	å ta en dusj	[ɔ 'tɑ en 'dʉʂ]

banheira (f)	badekar (n)	['bɑdəˌkɑr]
sanita (f)	toalettstol (m)	[tʉɑ'letˌstʉl]
lavatório (m)	vaskeservant (m)	['vɑskəˌsɛr'vɑnt]

| sabonete (m) | såpe (m/f) | ['soːpə] |
| saboneteira (f) | såpeskål (m/f) | ['soːpəˌskɔl] |

esponja (f)	svamp (m)	['svɑmp]
champô (m)	sjampo (m)	['ʂɑmˌpʉ]
toalha (f)	håndkle (n)	['hɔnˌkle]
roupão (m) de banho	badekåpe (m/f)	['bɑdəˌkoːpə]

lavagem (f)	vask (m)	['vɑsk]
máquina (f) de lavar	vaskemaskin (m)	['vɑskə mɑˌʂin]
lavar a roupa	å vaske tøy	[ɔ 'vɑskə 'tøj]
detergente (m)	vaskepulver (n)	['vɑskəˌpʉlvər]

93. Eletrodomésticos

televisor (m)	TV (m), TV-apparat (n)	['tɛvɛ], ['tɛvɛ ɑpɑ'rɑt]
gravador (m)	båndopptaker (m)	['bɔnˌɔptɑkər]
videogravador (m)	video (m)	['videʉ]
rádio (m)	radio (m)	['rɑdiʉ]
leitor (m)	spiller (m)	['spilər]

projetor (m)	videoprojektor (m)	['videʉ prɔ'jɛktɔr]
cinema (m) em casa	hjemmekino (m)	['jɛməˌçinʉ]
leitor (m) de DVD	DVD-spiller (m)	[deve'de ˌspilər]
amplificador (m)	forsterker (m)	[fɔ'ʂtærkər]
console (f) de jogos	spillkonsoll (m)	['spil kʉn'sɔl]

câmara (f) de vídeo	videokamera (n)	['videʉ ˌkɑmerɑ]
máquina (f) fotográfica	kamera (n)	['kɑmerɑ]
câmara (f) digital	digitalkamera (n)	[digi'tɑl ˌkɑmerɑ]

aspirador (m)	støvsuger (m)	['støfˌsʉgər]
ferro (m) de engomar	strykejern (n)	['strykə jæːn̩]
tábua (f) de engomar	strykebrett (n)	['strykəˌbrɛt]

| telefone (m) | telefon (m) | [tele'fʉn] |
| telemóvel (m) | mobiltelefon (m) | [mʉ'bil tele'fʉn] |

| máquina (f) de escrever | skrivemaskin (m) | ['skrivə maˌʂin] |
| máquina (f) de costura | symaskin (m) | ['siːmaˌʂin] |

microfone (m)	mikrofon (m)	[mikrʉ'fun]
auscultadores (m pl)	hodetelefoner (n pl)	['hɔdəteləˌfunər]
controlo remoto (m)	fjernkontroll (m)	['fjæːɳ kʉn'trɔl]

CD (m)	CD-rom (m)	['sɛdɛˌrʊm]
cassete (f)	kassett (m)	[ka'sɛt]
disco (m) de vinil	plate, skive (m/f)	['platə], ['ʂivə]

94. Reparações. Renovação

renovação (f)	renovering (m/f)	[renʉ'veriŋ]
renovar (vt), fazer obras	å renovere	[ɔ renʉ'verə]
reparar (vt)	å reparere	[ɔ repa'rerə]
consertar (vt)	å bringe orden	[ɔ 'briŋə 'ɔrdən]
refazer (vt)	å gjøre om	[ɔ 'jørə ɔm]

tinta (f)	maling (m/f)	['maliŋ]
pintar (vt)	å male	[ɔ 'malə]
pintor (m)	maler (m)	['malər]
pincel (m)	pensel (m)	['pɛnsəl]

| cal (f) | kalkmaling (m/f) | ['kalkˌmaliŋ] |
| caiar (vt) | å hvitmale | [ɔ 'vitˌmalə] |

papel (m) de parede	tapet (n)	[ta'pet]
colocar papel de parede	å tapetsere	[ɔ tapet'serə]
verniz (m)	ferniss (m)	['fæːˌɳis]
envernizar (vt)	å lakkere	[ɔ la'kerə]

95. Canalizações

água (f)	vann (n)	['van]
água (f) quente	varmt vann (n)	['varmt ˌvan]
água (f) fria	kaldt vann (n)	['kalt van]
torneira (f)	kran (m/f)	['kran]

gota (f)	dråpe (m)	['droːpə]
gotejar (vi)	å dryppe	[ɔ 'drʏpə]
vazar (vt)	å lekke	[ɔ 'lekə]
vazamento (m)	lekk (m)	['lek]
poça (f)	pøl, pytt (m)	['pøl], ['pʏt]

tubo (m)	rør (n)	['rør]
válvula (f)	ventil (m)	[vɛn'til]
entupir-se (vr)	å bli tilstoppet	[ɔ 'bli til'stɔpət]

ferramentas (f pl)	verktøy (n pl)	['værkˌtøj]
chave (f) inglesa	skiftenøkkel (m)	['ʂiftəˌnøkəl]
desenroscar (vt)	å skru ut	[ɔ 'skrʉ ʉt]

enroscar (vt)	å skru fast	[ɔ 'skrʉ 'fast]
desentupir (vt)	å rense	[ɔ 'rɛnsə]
canalizador (m)	rørlegger (m)	['rør‚legər]
cave (f)	kjeller (m)	['çɛlər]
sistema (m) de esgotos	avløp (n)	['av‚løp]

96. Fogo. Deflagração

incêndio (m)	ild (m)	['il]
chama (f)	flamme (m)	['flamə]
faísca (f)	gnist (m)	['gnist]
fumo (m)	røyk (m)	['røjk]
tocha (f)	fakkel (m)	['fakəl]
fogueira (f)	bål (n)	['bɔl]

gasolina (f)	bensin (m)	[bɛn'sin]
querosene (m)	parafin (m)	[para'fin]
inflamável	brennbar	['brɛn‚bar]
explosivo	eksplosiv	['ɛksplu‚siv]
PROIBIDO FUMAR!	RØYKING FORBUDT	['røjkiŋ fɔr'bʉt]

segurança (f)	sikkerhet (m/f)	['sikər‚het]
perigo (m)	fare (m)	['farə]
perigoso	farlig	['fɑːli̯]

incendiar-se (vr)	å ta fyr	[ɔ 'ta ‚fyr]
explosão (f)	eksplosjon (m)	[ɛksplʉ'ʂʊn]
incendiar (vt)	å sette fyr	[ɔ 'sɛtə ‚fyr]
incendiário (m)	brannstifter (m)	['bran‚stiftər]
incêndio (m) criminoso	brannstiftelse (m)	['bran‚stiftəlsə]

arder (vi)	å flamme	[ɔ 'flamə]
queimar (vi)	å brenne	[ɔ 'brɛnə]
queimar tudo (vi)	å brenne ned	[ɔ 'brɛnə ne]

chamar os bombeiros	å ringe bransvesenet	[ɔ 'riŋə 'brans‚vesənə]
bombeiro (m)	brannmann (m)	['bran‚man]
carro (m) de bombeiros	brannbil (m)	['bran‚bil]
corpo (m) de bombeiros	brannkorps (n)	['bran‚kɔrps]
escada (f) extensível	teleskopstige (m)	['tele'skʉp‚stiːə]

mangueira (f)	slange (m)	['ʂlaŋə]
extintor (m)	brannslukker (n)	['bran‚slʉkər]
capacete (m)	hjelm (m)	['jɛlm]
sirene (f)	sirene (m/f)	[si'renə]

gritar (vi)	å skrike	[ɔ 'skrikə]
chamar por socorro	å rope på hjelp	[ɔ 'rʊpə pɔ 'jɛlp]
salvador (m)	redningsmann (m)	['rɛdniŋs‚man]
salvar, resgatar (vt)	å redde	[ɔ 'rɛdə]

chegar (vi)	å ankomme	[ɔ 'an‚kɔmə]
apagar (vt)	å slokke	[ɔ 'ʂløkə]
água (f)	vann (n)	['vɑn]

areia (f)	sand (m)	['sɑn]
ruínas (f pl)	ruiner (m pl)	[rʉ'inər]
ruir (vi)	å falle sammen	[ɔ 'fɑlə 'sɑmən]
desmoronar (vi)	å styrte ned	[ɔ 'sty:ʈə ne]
desabar (vi)	å styrte inn	[ɔ 'sty:ʈə in]

| fragmento (m) | del (m) | ['del] |
| cinza (f) | aske (m/f) | ['ɑskə] |

| sufocar (vi) | å kveles | [ɔ 'kveləs] |
| perecer (vi) | å omkomme | [ɔ 'ɔm,kɔmə] |

ATIVIDADES HUMANAS

Emprego. Negócios. Parte 1

97. Banca

banco (m)	bank (m)	['bɑnk]
sucursal, balcão (f)	avdeling (m)	['ɑv‚deliŋ]
consultor (m)	konsulent (m)	[kʊnsʉ'lent]
gerente (m)	forstander (m)	[fɔ'ʂtɑndər]
conta (f)	bankkonto (m)	['bɑnk‚kɔntʊ]
número (m) da conta	kontonummer (n)	['kɔntʊ‚nʉmər]
conta (f) corrente	sjekkonto (m)	['ʂɛk‚kɔntʊ]
conta (f) poupança	sparekonto (m)	['spɑrə‚kɔntʊ]
abrir uma conta	å åpne en konto	[ɔ 'ɔpnə en 'kɔntʊ]
fechar uma conta	å lukke kontoen	[ɔ 'lʉkə 'kɔntʊən]
depositar na conta	å sette inn på kontoen	[ɔ 'sɛtə in pɔ 'kɔntʊən]
levantar (vt)	å ta ut fra kontoen	[ɔ 'tɑ ʉt frɑ 'kɔntʊən]
depósito (m)	innskudd (n)	['in‚skʉd]
fazer um depósito	å sette inn	[ɔ 'sɛtə in]
transferência (f) bancária	overføring (m/f)	['ɔvər‚føriŋ]
transferir (vt)	å overføre	[ɔ 'ɔvər‚førə]
soma (f)	sum (m)	['sʉm]
Quanto?	Hvor mye?	[vʊr 'mye]
assinatura (f)	underskrift (m/f)	['ʉnə‚skrift]
assinar (vt)	å underskrive	[ɔ 'ʉnə‚skrivə]
cartão (m) de crédito	kredittkort (n)	[krɛ'dit‚kɔːt]
código (m)	kode (m)	['kʊdə]
número (m) do cartão de crédito	kredittkortnummer (n)	[krɛ'dit‚kɔːt 'nʉmər]
Caixa Multibanco (m)	minibank (m)	['mini‚bɑnk]
cheque (m)	sjekk (m)	['ʂɛk]
passar um cheque	å skrive en sjekk	[ɔ 'skrivə en 'ʂɛk]
livro (m) de cheques	sjekkbok (m/f)	['ʂɛk‚bʊk]
empréstimo (m)	lån (n)	['lɔn]
pedir um empréstimo	å søke om lån	[ɔ ‚søkə ɔm 'lɔn]
obter um empréstimo	å få lån	[ɔ 'fɔ 'lɔn]
conceder um empréstimo	å gi lån	[ɔ 'ji 'lɔn]
garantia (f)	garanti (m)	[gɑrʉn'li]

98. Telefone. Conversação telefónica

telefone (m)	telefon (m)	[teleˈfʊn]
telemóvel (m)	mobiltelefon (m)	[mʊˈbil teleˈfʊn]
secretária (f) electrónica	telefonsvarer (m)	[teleˈfʊnˌsvarər]
fazer uma chamada	å ringe	[ɔ ˈriŋə]
chamada (f)	telefonsamtale (m)	[teleˈfʊn ˈsamˌtalə]
marcar um número	å slå et nummer	[ɔ ˈṣlɔ et ˈnʉmər]
Alô!	Hallo!	[haˈlʊ]
perguntar (vt)	å spørre	[ɔ ˈspøre]
responder (vt)	å svare	[ɔ ˈsvarə]
ouvir (vt)	å høre	[ɔ ˈhørə]
bem	godt	[ˈgɔt]
mal	dårlig	[ˈdoːli̥]
ruído (m)	støy (m)	[ˈstøj]
auscultador (m)	telefonrør (n)	[teleˈfʊnˌrør]
pegar o telefone	å ta telefonen	[ɔ ˈta teleˈfʊnən]
desligar (vi)	å legge på røret	[ɔ ˈlegə pɔ ˈrøre]
ocupado	opptatt	[ˈɔpˌtat]
tocar (vi)	å ringe	[ɔ ˈriŋə]
lista (f) telefónica	telefonkatalog (m)	[teleˈfʊn kataˈlɔg]
local	lokal-	[lɔˈkal-]
chamada (f) local	lokalsamtale (m)	[lɔˈkal ˈsamˌtalə]
de longa distância	riks-	[ˈriks-]
chamada (f) de longa distância	rikssamtale (m)	[ˈriks ˈsamˌtalə]
internacional	internasjonal	[ˈintɛːŋaṣʊˌnal]
chamada (f) internacional	internasjonal samtale (m)	[ˈintɛːŋaṣʊˌnal ˈsamˌtalə]

99. Telefone móvel

telemóvel (m)	mobiltelefon (m)	[mʊˈbil teleˈfʊn]
ecrã (m)	skjerm (m)	[ˈṣærm]
botão (m)	knapp (m)	[ˈknap]
cartão SIM (m)	SIM-kort (n)	[ˈsimˌkɔːt]
bateria (f)	batteri (n)	[batɛˈri]
descarregar-se	å bli utladet	[ɔ ˈbli ˈʉtˌladət]
carregador (m)	lader (m)	[ˈladər]
menu (m)	meny (m)	[meˈny]
definições (f pl)	innstillinger (m/f pl)	[ˈinˌstiliŋər]
melodia (f)	melodi (m)	[melɔˈdi]
escolher (vt)	å velge	[ɔ ˈvɛlgə]
calculadora (f)	regnemaskin (m)	[ˈrɛjnə maˌṣin]
correio (m) de voz	telefonsvarer (m)	[teleˈfʊnˌsvarər]

| despertador (m) | vekkerklokka (m/f) | ['vɛkər‚klɔka] |
| contatos (m pl) | kontakter (m pl) | [kun'taktər] |

| mensagem (f) de texto | SMS-beskjed (m) | [ɛsɛm'ɛs bɛ‚ʂɛ] |
| assinante (m) | abonnent (m) | [abɔ'nɛnt] |

100. Estacionário

| caneta (f) | kulepenn (m) | ['kuːlə‚pɛn] |
| caneta (f) tinteiro | fyllepenn (m) | ['fʏlə‚pɛn] |

lápis (m)	blyant (m)	['bly‚ant]
marcador (m)	merkepenn (m)	['mærkə‚pɛn]
caneta (f) de feltro	tusjpenn (m)	['tuʂ‚pɛn]

| bloco (m) de notas | notatbok (m/f) | [nu'tat‚buk] |
| agenda (f) | dagbok (m/f) | ['dag‚buk] |

régua (f)	linjal (m)	[li'njal]
calculadora (f)	regnemaskin (m)	['rɛjnə ma‚ʂin]
borracha (f)	viskelær (n)	['viskə‚lær]
pionés (m)	tegnestift (m)	['tæjnə‚stift]
clipe (m)	binders (m)	['bindɛʂ]

cola (f)	lim (n)	['lim]
agrafador (m)	stiftemaskin (m)	['stiftə ma‚ʂin]
furador (m)	hullemaskin (m)	['hulə ma‚ʂin]
afia-lápis (m)	blyantspisser (m)	['blyant‚spisər]

Emprego. Negócios. Parte 2

101. Media

jornal (m)	avis (m/f)	[ɑ'vis]
revista (f)	magasin, tidsskrift (n)	[mɑgɑ'sin], ['tid,skrift]
imprensa (f)	presse (m/f)	['prɛsə]
rádio (m)	radio (m)	['rɑdiʉ]
estação (f) de rádio	radiostasjon (m)	['rɑdiʉ,stɑ'ʂʉn]
televisão (f)	televisjon (m)	['televi,ʂʉn]
apresentador (m)	programleder (m)	[prʉ'grɑm,ledər]
locutor (m)	nyhetsoppleser (m)	['nyhets'ɔp,lesər]
comentador (m)	kommentator (m)	[kʉmən'tɑtʉr]
jornalista (m)	journalist (m)	[ʂuːɳɑ'list]
correspondente (m)	korrespondent (m)	[kʉrespɔn'dɛnt]
repórter (m) fotográfico	pressefotograf (m)	['prɛsə fotoʻgrɑf]
repórter (m)	reporter (m)	[re'pɔːtər]
redator (m)	redaktør (m)	[rɛdɑk'tør]
redator-chefe (m)	sjefredaktør (m)	['ʂɛf rɛdɑk'tør]
assinar a ...	å abonnere	[ɔ abɔ'nerə]
assinatura (f)	abonnement (n)	[abɔnə'mɑŋ]
assinante (m)	abonnent (m)	[abɔ'nɛnt]
ler (vt)	å lese	[ɔ 'lesə]
leitor (m)	leser (m)	['lesər]
tiragem (f)	opplag (n)	['ɔp,lɑg]
mensal	månedlig	['moːnədli]
semanal	ukentlig	['ʉkəntli]
número (jornal, revista)	nummer (n)	['nʉmər]
recente	ny, fersk	['ny], ['fæʂk]
manchete (f)	overskrift (m)	['ɔvə,skrift]
pequeno artigo (m)	notis (m)	[nʉ'tis]
coluna (~ semanal)	rubrikk (m)	[rʉ'brik]
artigo (m)	artikkel (m)	[ɑːʈikəl]
página (f)	side (m/f)	['sidə]
reportagem (f)	reportasje (m)	[repɔ:'ʈɑʂə]
evento (m)	hendelse (m)	['hɛndəlsə]
sensação (f)	sensasjon (m)	[sɛnsɑ'ʂʉn]
escândalo (m)	skandale (m)	[skɑn'dɑlə]
escandaloso	skandaløs	[skɑndɑ'løs]
grande	stor	['stʉr]
programa (m) de TV	program (n)	[prʉ'grɑm]
entrevista (f)	intervju (n)	[intə'vjʉ:]

94

| transmissão (f) em direto | direktesending (m/f) | [di'rɛktə‚sɛniŋ] |
| canal (m) | kanal (m) | [ka'nal] |

102. Agricultura

agricultura (f)	landbruk (n)	['lan‚brʉk]
camponês (m)	bonde (m)	['bɔnə]
camponesa (f)	bondekone (m/f)	['bɔnə‚kʊnə]
agricultor (m)	gårdbruker, bonde (m)	['gɔːr‚brʉkər], ['bɔnə]

| trator (m) | traktor (m) | ['traktʊr] |
| ceifeira-debulhadora (f) | skurtresker (m) | ['skʉː‚trɛskər] |

arado (m)	plog (m)	['plug]
arar (vt)	å pløye	[ɔ 'pløjə]
campo (m) lavrado	pløyemark (m/f)	['pløjə‚mark]
rego (m)	fure (m)	['fʉrə]

semear (vt)	å så	[ɔ 'sɔ]
semeadora (f)	såmaskin (m)	['soːma‚ʂin]
semeadura (f)	såing (m/f)	['soːiŋ]

| gadanha (f) | ljå (m) | ['ljoː] |
| gadanhar (vt) | å meie, å slå | [ɔ 'mæjə], [ɔ 'slɔ] |

| pá (f) | spade (m) | ['spadə] |
| cavar (vt) | å grave | [ɔ 'gravə] |

enxada (f)	hakke (m/f)	['hakə]
carpir (vt)	å hakke	[ɔ 'hakə]
erva (f) daninha	ugras (n)	[ʉ'gras]

regador (m)	vannkanne (f)	['van‚kanə]
regar (vt)	å vanne	[ɔ 'vanə]
rega (f)	vanning (m/f)	['vaniŋ]

| forquilha (f) | greip (m) | ['græjp] |
| ancinho (m) | rive (m/f) | ['rivə] |

fertilizante (m)	gjødsel (m/f)	['jøtsəl]
fertilizar (vt)	å gjødsle	['ɔ 'jøtslə]
estrume (m)	møkk (m/f)	['møk]

campo (m)	åker (m)	['oːker]
prado (m)	eng (m/f)	['ɛŋ]
horta (f)	kjøkkenhage (m)	['çœkən‚hagə]
pomar (m)	frukthage (m)	['frʉkt‚hagə]

pastar (vt)	å beite	[ɔ 'bæjtə]
pastor (m)	gjeter, hyrde (m)	['jetər], ['hyrdə]
pastagem (f)	beite (n), beitemark (m/f)	['bæjtə], ['bæjtə‚mark]

| pecuária (f) | husdyrhold (n) | ['hʉsdyr‚hɔl] |
| criação (f) de ovelhas | sauehold (n) | ['sauə‚hɔl] |

plantação (f)	plantasje (m)	[plɑn'tɑʂə]
canteiro (m)	rad (m/f)	['rɑd]
invernadouro (m)	drivhus (n)	['driv,hʉs]

| seca (f) | tørke (m/f) | ['tœrkə] |
| seco (verão ~) | tørr | ['tœr] |

cereal (m)	korn (n)	['kʉːn]
cereais (m pl)	cerealer (n pl)	[sere'ɑlər]
colher (vt)	å høste	[ɔ 'høstə]

moleiro (m)	møller (m)	['mølər]
moinho (m)	mølle (m/f)	['mølə]
moer (vt)	å male	[ɔ 'mɑlə]
farinha (f)	mel (n)	['mel]
palha (f)	halm (m)	['hɑlm]

103. Construção. Processo de construção

canteiro (m) de obras	byggeplass (m)	['bʏgə,plɑs]
construir (vt)	å bygge	[ɔ 'bʏgə]
construtor (m)	bygningsarbeider (m)	['bʏgniŋs 'ɑr,bæjər]

projeto (m)	prosjekt (n)	[prʉ'ʂɛkt]
arquiteto (m)	arkitekt (m)	[ɑrki'tɛkt]
operário (m)	arbeider (m)	['ɑr,bæjdər]

fundação (f)	fundament (n)	[fʉndɑ'mɛnt]
telhado (m)	tak (n)	['tɑk]
estaca (f)	pæl (m)	['pæl]
parede (f)	mur, vegg (m)	['mʉr], ['vɛg]

| varões (m pl) para betão | armeringsjern (n) | [ɑr'meriŋs'jæːn] |
| andaime (m) | stillas (n) | [sti'lɑs] |

betão (m)	betong (m)	[be'toŋ]
granito (m)	granitt (m)	[grɑ'nit]
pedra (f)	stein (m)	['stæjn]
tijolo (m)	tegl (n), murstein (m)	['tæjl], ['mʉ,stæjn]

areia (f)	sand (m)	['sɑn]
cimento (m)	sement (m)	[se'mɛnt]
emboço (m)	puss (m)	['pʉs]
emboçar (vt)	å pusse	[ɔ 'pʉsə]

tinta (f)	maling (m/f)	['mɑliŋ]
pintar (vt)	å male	[ɔ 'mɑlə]
barril (m)	tønne (m)	['tœnə]

grua (f), guindaste (m)	heisekran (m/f)	['hæjsə,krɑn]
erguer (vt)	å løfte	[ɔ 'lœftə]
baixar (vt)	å heise ned	[ɔ 'hæjsə ne]
buldózer (m)	bulldoser (m)	['bʉl,dʉsər]
escavadora (f)	gravemaskin (m)	['grɑvə mɑ'ʂin]

caçamba (f)	**skuffe** (m/f)	['skʉfə]
escavar (vt)	**å grave**	[ɔ 'grɑvə]
capacete (m) de proteção	**hjelm** (m)	['jɛlm]

Profissões e ocupações

104. Procura de emprego. Demissão

trabalho (m)	arbeid (n), jobb (m)	['arbæj], ['job]
equipa (f)	ansatte (pl)	['an‚satə]
pessoal (m)	personale (n)	[pæşu'nalə]

carreira (f)	karriere (m)	[kari'ɛrə]
perspetivas (f pl)	utsikter (m pl)	['ʉt‚siktər]
mestria (f)	mesterskap (n)	['mɛstæ‚şkap]

seleção (f)	utvelgelse (m)	['ʉt‚vɛlgəlsə]
agência (f) de emprego	rekrutteringsbyrå (n)	['rekrʉ‚teriŋs by‚ro]
CV, currículo (m)	CV (m/n)	['sɛvɛ]
entrevista (f) de emprego	jobbintervju (n)	['job ‚intər'vjʉ]
vaga (f)	vakanse (m)	['vakansə]

salário (m)	lønn (m/f)	['lœn]
salário (m) fixo	fastlønn (m/f)	['fast‚lœn]
pagamento (m)	betaling (m/f)	[be'taliŋ]

posto (m)	stilling (m/f)	['stiliŋ]
dever (do empregado)	plikt (m/f)	['plikt]
gama (f) de deveres	arbeidsplikter (m/f pl)	['arbæjds‚pliktər]
ocupado	opptatt	['ɔp‚tat]

| despedir, demitir (vt) | å avskjedige | [ɔ 'af‚şedigə] |
| demissão (f) | avskjedigelse (m) | ['afşe‚digəlsə] |

desemprego (m)	arbeidsløshet (m)	['arbæjdsløs‚het]
desempregado (m)	arbeidsløs (m)	['arbæjds‚løs]
reforma (f)	pensjon (m)	[pan'şun]
reformar-se	å gå av med pensjon	[ɔ 'gɔ a: me pan'şun]

105. Gente de negócios

diretor (m)	direktør (m)	[dirɛk'tør]
gerente (m)	forstander (m)	[fo'ştandər]
patrão, chefe (m)	boss (m)	['bɔs]

superior (m)	overordnet (m)	['ɔvər‚ordnet]
superiores (m pl)	overordnede (pl)	['ɔvər‚ordnedə]
presidente (m)	president (m)	[prɛsi'dɛnt]
presidente (m) de direção	styreformann (m)	['styrə‚forman]

| substituto (m) | stedfortreder (m) | ['stedfɔ:‚tredər] |
| assistente (m) | assistent (m) | [asi'stɛnt] |

secretário (m)	sekretær (m)	[sɛkrə'tær]
secretário (m) pessoal	privatsekretær (m)	[pri'vɑt sɛkrə'tær]
homem (m) de negócios	forretningsmann (m)	[fɔ'rɛtniŋs‚mɑn]
empresário (m)	entreprenør (m)	[ɛntreprə'nør]
fundador (m)	grunnlegger (m)	['grun‚legər]
fundar (vt)	å grunnlegge, å stifte	[ɔ 'grun‚legə], [ɔ 'stiftə]
fundador, sócio (m)	stifter (m)	['stiftər]
parceiro, sócio (m)	partner (m)	['pɑ:ʈnər]
acionista (m)	aksjonær (m)	[ɑkʂu'nær]
milionário (m)	millionær (m)	[milju'nær]
bilionário (m)	milliardær (m)	[milja:'dær]
proprietário (m)	eier (m)	['æjər]
proprietário (m) de terras	jordeier (m)	['ju:r‚æjər]
cliente (m)	kunde (m)	['kundə]
cliente (m) habitual	fast kunde (m)	[‚fɑst 'kundə]
comprador (m)	kjøper (m)	['çœ:pər]
visitante (m)	besøkende (m)	[be'søkenə]
profissional (m)	yrkesmann (m)	['yrkəs‚mɑn]
perito (m)	ekspert (m)	[ɛks'pæ:ţ]
especialista (m)	spesialist (m)	[spesiɑ'list]
banqueiro (m)	bankier (m)	[bɑnki'e]
corretor (m)	mekler, megler (m)	['mɛklər]
caixa (m, f)	kasserer (m)	[kɑ'serər]
contabilista (m)	regnskapsfører (m)	['rɛjnskɑps‚førər]
guarda (m)	sikkerhetsvakt (m/f)	['sikərhɛts‚vɑkt]
investidor (m)	investor (m)	[in'vɛstur]
devedor (m)	skyldner (m)	['ʂylnər]
credor (m)	kreditor (m)	['krɛditur]
mutuário (m)	låntaker (m)	['lɔn‚tɑkər]
importador (m)	importør (m)	[impɔ:'ţør]
exportador (m)	eksportør (m)	[ɛkspɔ:'ţør]
produtor (m)	produsent (m)	[prudu'sɛnt]
distribuidor (m)	distributør (m)	[distribu'tør]
intermediário (m)	mellommann (m)	['mɛlɔ‚mɑn]
consultor (m)	konsulent (m)	[kunsu'lent]
representante (m)	representant (m)	[represɛn'tɑnt]
agente (m)	agent (m)	[ɑ'gɛnt]
agente (m) de seguros	forsikringsagent (m)	[fɔ'ʂikriŋs ɑ'gɛnt]

106. Profissões de serviços

cozinheiro (m)	kokk (m)	['kʊk]
cozinheiro chefe (m)	sjefkokk (m)	['ʂɛf‚kʊk]

padeiro (m)	baker (m)	['bɑkər]
barman (m)	bartender (m)	['bɑːˌtɛndər]
empregado (m) de mesa	servitør (m)	['særvi'tør]
empregada (f) de mesa	servitrise (m/f)	[særvi'trisə]
advogado (m)	advokat (m)	[ɑdvʊ'kɑt]
jurista (m)	jurist (m)	[jʉ'rist]
notário (m)	notar (m)	[nʊ'tɑr]
eletricista (m)	elektriker (m)	[ɛ'lektrikər]
canalizador (m)	rørlegger (m)	['rørˌlegər]
carpinteiro (m)	tømmermann (m)	['tœmərˌmɑn]
massagista (m)	massør (m)	[mɑ'sør]
massagista (f)	massøse (m)	[mɑ'søsə]
médico (m)	lege (m)	['legə]
taxista (m)	taxisjåfør (m)	['tɑksi ʂɔ'før]
condutor (automobilista)	sjåfør (m)	[ʂɔ'før]
entregador (m)	bud (n)	['bʉd]
camareira (f)	stuepike (m/f)	['stʉəˌpikə]
guarda (m)	sikkerhetsvakt (m/f)	['sikərhɛtsˌvɑkt]
hospedeira (f) de bordo	flyvertinne (m/f)	[flyvɛ:'tinə]
professor (m)	lærer (m)	['lærər]
bibliotecário (m)	bibliotekar (m)	[bibliʊ'tekɑr]
tradutor (m)	oversetter (m)	['ɔvəˌsɛtər]
intérprete (m)	tolk (m)	['tɔlk]
guia (pessoa)	guide (m)	['gɑjd]
cabeleireiro (m)	frisør (m)	[fri'sør]
carteiro (m)	postbud (n)	['pɔstˌbʉd]
vendedor (m)	forselger (m)	[fɔ'ʂɛlər]
jardineiro (m)	gartner (m)	['gɑːtnər]
criado (m)	tjener (m)	['tjenər]
criada (f)	tjenestepike (m/f)	['tjenɛstəˌpikə]
empregada (f) de limpeza	vaskedame (m/f)	['vɑskeˌdɑmə]

107. Profissões militares e postos

soldado (m) raso	menig (m)	['meni]
sargento (m)	sersjant (m)	[sær'ʂɑnt]
tenente (m)	løytnant (m)	['løjtˌnɑnt]
capitão (m)	kaptein (m)	[kɑp'tæjn]
major (m)	major (m)	[mɑ'jɔr]
coronel (m)	oberst (m)	['ʊbɛʂt]
general (m)	general (m)	[gene'rɑl]
marechal (m)	marskalk (m)	['mɑrʂɑl]
almirante (m)	admiral (m)	[ɑdmi'rɑl]
militar (m)	militær (m)	[mili'tær]
soldado (m)	soldat (m)	[sʊl'dɑt]

| oficial (m) | offiser (m) | [ɔfi'sɛr] |
| comandante (m) | befalshaver (m) | [be'fals,havər] |

guarda (m) fronteiriço	grensevakt (m/f)	['grɛnsə,vakt]
operador (m) de rádio	radiooperatør (m)	['radiu upəra'tør]
explorador (m)	oppklaringssoldat (m)	['ɔp,klariŋ sul'dat]
sapador (m)	pioner (m)	[piu'ner]
atirador (m)	skytter (m)	['şytər]
navegador (m)	styrmann (m)	['styr,man]

108. Oficiais. Padres

| rei (m) | konge (m) | ['kuŋə] |
| rainha (f) | dronning (m/f) | ['drɔniŋ] |

| príncipe (m) | prins (m) | ['prins] |
| princesa (f) | prinsesse (m/f) | [prin'sɛsə] |

| czar (m) | tsar (m) | ['tsar] |
| czarina (f) | tsarina (m) | [tsa'rina] |

presidente (m)	president (m)	[prɛsi'dɛnt]
ministro (m)	minister (m)	[mi'nistər]
primeiro-ministro (m)	statsminister (m)	['stats mi'nistər]
senador (m)	senator (m)	[se'natur]

diplomata (m)	diplomat (m)	[diplu'mat]
cônsul (m)	konsul (m)	['kun,sul]
embaixador (m)	ambassadør (m)	[ambasa'dør]
conselheiro (m)	rådgiver (m)	['rɔd,jivər]

funcionário (m)	embetsmann (m)	['ɛmbets,man]
prefeito (m)	prefekt (m)	[prɛ'fɛkt]
Presidente (m) da Câmara	borgermester (m)	[bɔrgər'mɛstər]

| juiz (m) | dommer (m) | ['dɔmər] |
| procurador (m) | anklager (m) | ['an,klagər] |

missionário (m)	misjonær (m)	[mişu'nær]
monge (m)	munk (m)	['munk]
abade (m)	abbed (m)	['abed]
rabino (m)	rabbiner (m)	[ra'binər]

vizir (m)	vesir (m)	[vɛ'sir]
xá (m)	sjah (m)	['şa]
xeque (m)	sjeik (m)	['şæjk]

109. Profissões agrícolas

apicultor (m)	birøkter (m)	['bi,røktər]
pastor (m)	gjeter, hyrde (m)	['jetər], ['hyrdə]
agrónomo (m)	agronom (m)	[agru'num]

| criador (m) de gado | husdyrholder (m) | ['hʉsdyr,hɔldər] |
| veterinário (m) | dyrlege, veterinær (m) | ['dyr,legə], [vetəri'nær] |

agricultor (m)	gårdbruker, bonde (m)	['gɔːr,brʉkər], ['bɔnə]
vinicultor (m)	vinmaker (m)	['vin,makər]
zoólogo (m)	zoolog (m)	[sʉː'lɔg]
cowboy (m)	cowboy (m)	['kaw,bɔj]

110. Profissões artísticas

| ator (m) | skuespiller (m) | ['skʉə,spilər] |
| atriz (f) | skuespillerinne (m/f) | ['skʉə,spilə'rinə] |

| cantor (m) | sanger (m) | ['saŋər] |
| cantora (f) | sangerinne (m/f) | [saŋə'rinə] |

| bailarino (m) | danser (m) | ['dansər] |
| bailarina (f) | danserinne (m/f) | [danse'rinə] |

| artista (m) | skuespiller (m) | ['skʉə,spilər] |
| artista (f) | skuespillerinne (m/f) | ['skʉə,spilə'rinə] |

músico (m)	musiker (m)	['mʉsikər]
pianista (m)	pianist (m)	[pia'nist]
guitarrista (m)	gitarspiller (m)	[gi'tar,spilər]

maestro (m)	dirigent (m)	[diri'gɛnt]
compositor (m)	komponist (m)	[kʉmpʉ'nist]
empresário (m)	impresario (m)	[impre'sariʉ]

realizador (m)	regissør (m)	[rɛʂi'sør]
produtor (m)	produsent (m)	[prʉdʉ'sɛnt]
argumentista (m)	manusforfatter (m)	['manʉs fɔr'fatər]
crítico (m)	kritiker (m)	['kritikər]

escritor (m)	forfatter (m)	[fɔr'fatər]
poeta (m)	poet, dikter (m)	['pɔɛt], ['diktər]
escultor (m)	skulptør (m)	[skʉlp'tør]
pintor (m)	kunstner (m)	['kʉnstnər]

malabarista (m)	sjonglør (m)	[ʂɔŋ'lør]
palhaço (m)	klovn (m)	['klɔvn]
acrobata (m)	akrobat (m)	[akrʉ'bat]
mágico (m)	tryllekunstner (m)	['trʏlə,kʉnstnər]

111. Várias profissões

médico (m)	lege (m)	['legə]
enfermeira (f)	sykepleierske (m/f)	['sykə,plæjeʂkə]
psiquiatra (m)	psykiater (m)	[syki'atər]
estomatologista (m)	tannlege (m)	['tan,legə]
cirurgião (m)	kirurg (m)	[çi'rʉrg]

astronauta (m)	astronaut (m)	[astrʊ'naʊt]
astrónomo (m)	astronom (m)	[astrʊ'nʊm]
motorista (m)	fører (m)	['førər]
maquinista (m)	lokfører (m)	['lʊk,førər]
mecânico (m)	mekaniker (m)	[me'kanikər]
mineiro (m)	gruvearbeider (m)	['grʊvə'ar,bæjdər]
operário (m)	arbeider (m)	['ar,bæjdər]
serralheiro (m)	låsesmed (m)	['lo:sə,sme]
marceneiro (m)	snekker (m)	['snɛkər]
torneiro (m)	dreier (m)	['dræjər]
construtor (m)	bygningsarbeider (m)	['bʏgniŋs 'ar,bæjər]
soldador (m)	sveiser (m)	['svæjsər]
professor (m) catedrático	professor (m)	[prʊ'fɛsʊr]
arquiteto (m)	arkitekt (m)	[arki'tɛkt]
historiador (m)	historiker (m)	[hi'stʊrikər]
cientista (m)	vitenskapsmann (m)	['vitən,skaps man]
físico (m)	fysiker (m)	['fysikər]
químico (m)	kjemiker (m)	['çemikər]
arqueólogo (m)	arkeolog (m)	[,arkeʊ'lɔg]
geólogo (m)	geolog (m)	[geʊ'lɔg]
pesquisador (cientista)	forsker (m)	['fɔşkər]
babysitter (f)	babysitter (m)	['bɛby,sitər]
professor (m)	lærer, pedagog (m)	[lærər], [peda'gɔg]
redator (m)	redaktør (m)	[rɛdak'tør]
redator-chefe (m)	sjefredaktør (m)	['şɛf rɛdak'tør]
correspondente (m)	korrespondent (m)	[kʊrespɔn'dɛnt]
datilógrafa (f)	maskinskriverske (m)	[ma'şin ,skrivɛşkə]
designer (m)	designer (m)	[de'sajnər]
especialista (m)	dataekspert (m)	['data ɛks'pɛ:ț]
em informática		
programador (m)	programmerer (m)	[prʊgra'merər]
engenheiro (m)	ingeniør (m)	[inşə'njør]
marujo (m)	sjømann (m)	['şø,man]
marinheiro (m)	matros (m)	[ma'trʊs]
salvador (m)	redningsmann (m)	['rɛdniŋs,man]
bombeiro (m)	brannmann (m)	['bran,man]
polícia (m)	politi (m)	[pʊli'ti]
guarda-noturno (m)	nattvakt (m)	['nat,vakt]
detetive (m)	detektiv (m)	[detɛk'tiv]
funcionário (m) da alfândega	tollbetjent (m)	['tɔlbe,tjɛnt]
guarda-costas (m)	livvakt (m/f)	['liv,vakt]
guarda (m) prisional	fangevokter (m)	['faŋe,vɔktər]
inspetor (m)	inspektør (m)	[inspɛk'tør]
desportista (m)	idrettsmann (m)	['idrɛts,man]
treinador (m)	trener (m)	['trenər]

talhante (m)	slakter (m)	['ṣlaktər]
sapateiro (m)	skomaker (m)	['skʊ͵makər]
comerciante (m)	handelsmann (m)	['handəls͵man]
carregador (m)	lastearbeider (m)	['lastə'ar͵bæjdər]

estilista (m)	moteskaper (m)	['mʊtə͵skapər]
modelo (f)	modell (m)	[mʊ'dɛl]

112. Ocupações. Estatuto social

aluno, escolar (m)	skolegutt (m)	['skʊlə͵gʉt]
estudante (~ universitária)	student (m)	[stʉ'dɛnt]

filósofo (m)	filosof (m)	[filu'sʊf]
economista (m)	økonom (m)	[økʊ'nʊm]
inventor (m)	oppfinner (m)	['ɔp͵finər]

desempregado (m)	arbeidsløs (m)	['arbæjds͵løs]
reformado (m)	pensjonist (m)	[panṣʉ'nist]
espião (m)	spion (m)	[spi'un]

preso (m)	fange (m)	['faŋə]
grevista (m)	streiker (m)	['stræjkər]
burocrata (m)	byråkrat (m)	[byrɔ'krat]
viajante (m)	reisende (m)	['ræjsenə]

homossexual (m)	homofil (m)	['hʊmʊ͵fil]
hacker (m)	hacker (m)	['hakər]
hippie	hippie (m)	['hipi]

bandido (m)	banditt (m)	[ban'dit]
assassino (m) a soldo	leiemorder (m)	['læjə͵mʊrdər]
toxicodependente (m)	narkoman (m)	[narkʊ'man]
traficante (m)	narkolanger (m)	['narkɔ͵laŋər]
prostituta (f)	prostituert (m)	[prʊstitʉ'e:t]
chulo (m)	hallik (m)	['halik]

bruxo (m)	trollmann (m)	['trɔl͵man]
bruxa (f)	trollkjerring (m/f)	['trɔl͵çæriŋ]
pirata (m)	pirat, sjørøver (m)	['pi'rat], ['ṣø͵røvər]
escravo (m)	slave (m)	['slavə]
samurai (m)	samurai (m)	[samʉ'raj]
selvagem (m)	villmann (m)	['vil͵man]

Desportos

113. Tipos de desportos. Desportistas

desportista (m)	idrettsmann (m)	['idrɛts‚man]
tipo (m) de desporto	idrettsgren (m/f)	['idrɛts‚gren]
basquetebol (m)	basketball (m)	['basketbal]
jogador (m) de basquetebol	basketballspiller (m)	['basketbal‚spilər]
beisebol (m)	baseball (m)	['bɛjsbɔl]
jogador (m) de beisebol	baseballspiller (m)	['bɛjsbɔl‚spilər]
futebol (m)	fotball (m)	['futbal]
futebolista (m)	fotballspiller (m)	['futbal‚spilər]
guarda-redes (m)	målmann (m)	['moːl‚man]
hóquei (m)	ishockey (m)	['is‚hɔki]
jogador (m) de hóquei	ishockeyspiller (m)	['is‚hɔki 'spilər]
voleibol (m)	volleyball (m)	['vɔlibal]
jogador (m) de voleibol	volleyballspiller (m)	['vɔlibal‚spilər]
boxe (m)	boksing (m)	['bɔksiŋ]
boxeador, pugilista (m)	bokser (m)	['bɔksər]
luta (f)	bryting (m/f)	['brytiŋ]
lutador (m)	bryter (m)	['brytər]
karaté (m)	karate (m)	[ka'rate]
karateca (m)	karateutøver (m)	[ka'ratə 'ʉ‚tøvər]
judo (m)	judo (m)	['jʉdɔ]
judoca (m)	judobryter (m)	['jʉdɔ‚brytər]
ténis (m)	tennis (m)	['tɛnis]
tenista (m)	tennisspiller (m)	['tɛnis‚spilər]
natação (f)	svømming (m/f)	['svœmiŋ]
nadador (m)	svømmer (m)	['svœmər]
esgrima (f)	fekting (m)	['fɛktiŋ]
esgrimista (m)	fekter (m)	['fɛktər]
xadrez (m)	sjakk (m)	['ʂak]
xadrezista (m)	sjakkspiller (m)	['ʂak‚spilər]
alpinismo (m)	alpinisme (m)	[alpi'nismə]
alpinista (m)	alpinist (m)	[alpi'nist]
corrida (f)	løp (n)	['løp]

corredor (m)	løper (m)	['løpər]
atletismo (m)	friidrett (m)	['fri: 'i͵drɛt]
atleta (m)	atlet (m)	[at'let]

| hipismo (m) | ridesport (m) | ['ridə͵spɔːt] |
| cavaleiro (m) | rytter (m) | ['rʏtər] |

patinagem (f) artística	kunstløp (n)	['kʉnst͵løp]
patinador (m)	kunstløper (m)	['kʉnst͵løpər]
patinadora (f)	kunstløperske (m/f)	['kʉnst͵løpəʂkə]

| halterofilismo (m) | vektløfting (m/f) | ['vɛkt͵lœftiŋ] |
| halterofilista (m) | vektløfter (m) | ['vɛkt͵lœftər] |

| corrida (f) de carros | billøp (m), bilrace (n) | ['bil͵løp], ['bil͵ras] |
| piloto (m) | racerfører (m) | ['resə͵førər] |

| ciclismo (m) | sykkelsport (m) | ['sʏkəl͵spɔːt] |
| ciclista (m) | syklist (m) | [sʏk'list] |

salto (m) em comprimento	lengdehopp (n pl)	['leŋdə͵hɔp]
salto (m) à vara	stavhopp (n)	['stav͵hɔp]
atleta (m) de saltos	hopper (m)	['hɔpər]

114. Tipos de desportos. Diversos

futebol (m) americano	amerikansk fotball (m)	[ameri'kansk 'futbal]
badminton (m)	badminton (m)	['bɛdmintɔn]
biatlo (m)	skiskyting (m/f)	['ʂi͵sytiŋ]
bilhar (m)	biljard (m)	[bil'jaːɖ]

bobsled (m)	bobsleigh (m)	['bɔbslej]
musculação (f)	kroppsbygging (m/f)	['krɔps͵bʏgiŋ]
polo (m) aquático	vannpolo (m)	['van͵pulu]
andebol (m)	håndball (m)	['hɔn͵bal]
golfe (m)	golf (m)	['gɔlf]

remo (m)	roing (m/f)	['ruiŋ]
mergulho (m)	dykking (m/f)	['dʏkiŋ]
corrida (f) de esqui	langrenn (n), skirenn (n)	['laŋ͵rɛn], ['ʂi͵rɛn]
ténis (m) de mesa	bordtennis (m)	['bur͵tɛnis]

vela (f)	seiling (m/f)	['sæjliŋ]
rali (m)	rally (n)	['rɛli]
râguebi (m)	rugby (m)	['rygbi]
snowboard (m)	snøbrett (n)	['snø͵brɛt]
tiro (m) com arco	bueskyting (m/f)	['bʉːə͵sytiŋ]

115. Ginásio

| barra (f) | vektstang (m/f) | ['vɛkt͵staŋ] |
| halteres (m pl) | manualer (m pl) | ['manʉ͵alər] |

aparelho (m) de musculaçao	treningsapparat (n)	['treniŋs apaˈrat]
bicicleta (f) ergométrica	trimsykkel (m)	['trimˌsʏkəl]
passadeira (f) de corrida	løpebånd (n)	['løpəˌbɔːn]
barra (f) fixa	svingstang (m/f)	['sviŋstaŋ]
barras (f) paralelas	barre (m)	['barə]
cavalo (m)	hest (m)	['hɛst]
tapete (m) de ginástica	matte (m/f)	['matə]
corda (f) de saltar	hoppetau (n)	['hɔpəˌtaʊ]
aeróbica (f)	aerobic (m)	[aɛˈrɔbik]
ioga (f)	yoga (m)	['joga]

116. Desportos. Diversos

Jogos (m pl) Olímpicos	de olympiske leker	[de uˈlʏmpiskə 'lekər]
vencedor (m)	seierherre (m)	['sæjərˌhɛrə]
vencer (vi)	å vinne, å seire	[ɔ 'vinə], [ɔ 'sæjrə]
vencer, ganhar (vi)	å vinne	[ɔ 'vinə]
líder (m)	leder (m)	['ledər]
liderar (vt)	å lede	[ɔ 'ledə]
primeiro lugar (m)	førsteplass (m)	['fœɛʂtəˌplas]
segundo lugar (m)	annenplass (m)	['anənˌplas]
terceiro lugar (m)	tredjeplass (m)	['trɛdjəˌplas]
medalha (f)	medalje (m)	[meˈdaljə]
troféu (m)	trofé (m/n)	[trɔˈfe]
taça (f)	pokal (m)	[pɔˈkal]
prémio (m)	pris (m)	['pris]
prémio (m) principal	hovedpris (m)	['huvədˌpris]
recorde (m)	rekord (m)	[reˈkɔrd]
estabelecer um recorde	å sette rekord	[ɔ 'sɛtə reˈkɔrd]
final (m)	finale (m)	[fiˈnalə]
final	finale-	[fiˈnalə-]
campeão (m)	mester (m)	['mɛstər]
campeonato (m)	mesterskap (n)	['mɛstæˌskap]
estádio (m)	stadion (m/n)	['stadiɔn]
bancadas (f pl)	tribune (m)	[triˈbunə]
fã, adepto (m)	fan (m)	['fæn]
adversário (m)	motstander (m)	['mutˌstanər]
partida (f)	start (m)	['staːt]
chegada, meta (f)	mål (n), målstrek (m)	['moːl], ['moːlˌstrek]
derrota (f)	nederlag (n)	['nedəˌlag]
perder (vt)	å tape	[ɔ 'tapə]
árbitro (m)	dommer (m)	['dɔmər]
júri (m)	jury (m)	['jury]

resultado (m)	resultat (n)	[resɵl'tɑt]
empate (m)	uavgjort (m)	[ʉ:av'jɔ:t]
empatar (vi)	å spille uavgjort	[ɔ 'spilə ʉ:av'jɔ:t]
ponto (m)	poeng (n)	[pɔ'ɛŋ]
resultado (m) final	resultat (n)	[resɵl'tɑt]
tempo, período (m)	periode (m)	[pæri'ʊdə]
intervalo (m)	halvtid (m)	['hɑl,tid]
doping (m)	doping (m)	['dʊpiŋ]
penalizar (vt)	å straffe	[ɔ 'strafə]
desqualificar (vt)	å diskvalifisere	[ɔ 'diskvɑlifi,serə]
aparelho (m)	redskap (m/n)	['rɛd,skɑp]
dardo (m)	spyd (n)	['spyd]
peso (m)	kule (m/f)	['kʉ:lə]
bola (f)	kule (m/f), ball (m)	['kʉ:lə], ['bɑl]
alvo, objetivo (m)	mål (n)	['mol]
alvo (~ de papel)	målskive (m/f)	['mo:l,ʂivə]
atirar, disparar (vi)	å skyte	[ɔ 'ʂytə]
preciso (tiro ~)	fulltreffer	['fʉl,trɛfər]
treinador (m)	trener (m)	['trenər]
treinar (vt)	å trene	[ɔ 'trenə]
treinar-se (vr)	å trene	[ɔ 'trenə]
treino (m)	trening (m/f)	['treniŋ]
ginásio (m)	idrettssal (m)	['idrɛts,sɑl]
exercício (m)	øvelse (m)	['øvəlsə]
aquecimento (m)	oppvarming (m/f)	['ɔp,varmiŋ]

Educação

117. Escola

| escola (f) | skole (m/f) | ['skʉlə] |
| diretor (m) de escola | rektor (m) | ['rektʊr] |

aluno (m)	elev (m)	[eˈlev]
aluna (f)	elev (m)	[eˈlev]
escolar (m)	skolegutt (m)	['skʉlə,gʉt]
escolar (f)	skolepike (m)	['skʉlə,pikə]

ensinar (vt)	å undervise	[ɔ 'ʉnər,visə]
aprender (vt)	å lære	[ɔ 'lærə]
aprender de cor	å lære utenat	[ɔ 'lærə 'ʉtənat]

estudar (vi)	å lære	[ɔ 'lærə]
andar na escola	å gå på skolen	[ɔ 'gɔ pɔ 'skʉlən]
ir à escola	å gå på skolen	[ɔ 'gɔ pɔ 'skʉlən]

| alfabeto (m) | alfabet (n) | [alfɑ'bet] |
| disciplina (f) | fag (n) | ['fɑg] |

sala (f) de aula	klasserom (m/f)	['klɑsə,rʊm]
lição (f)	time (m)	['timə]
recreio (m)	frikvarter (n)	['frikvɑ:,ʈər]
toque (m)	skoleklokke (m/f)	['skʉlə,klɔkə]
carteira (f)	skolepult (m)	['skʉlə,pʉlt]
quadro (m) negro	tavle (m/f)	['tɑvlə]

nota (f)	karakter (m)	[kɑrɑk'ter]
boa nota (f)	god karakter (m)	['gʊ kɑrɑk'ter]
nota (f) baixa	dårlig karakter (m)	['do:ʃi kɑrɑk'ter]
dar uma nota	å gi en karakter	[ɔ 'ji en kɑrɑk'ter]

erro (m)	feil (m)	['fæjl]
fazer erros	å gjøre feil	[ɔ 'jørə ,fæjl]
corrigir (vt)	å rette	[ɔ 'rɛtə]
cábula (f)	fuskelapp (m)	['fʉskə,lɑp]

| dever (m) de casa | lekser (m/f pl) | ['leksər] |
| exercício (m) | øvelse (m) | ['øvəlsə] |

estar presente	å være til stede	[ɔ 'værə til 'stedə]
estar ausente	å være fraværende	[ɔ 'værə 'frɑ,værənə]
faltar às aulas	å skulke skolen	[ɔ 'skʉlkə 'skʉlən]

punir (vt)	å straffe	[ɔ 'strɑfə]
punição (f)	straff, avstraffelse (m)	['strɑf], ['ɑf,strɑfəlsə]
comportamento (m)	oppførsel (m)	['ɔp,fœʂəl]

boletim (m) escolar	karakterbok (m/f)	[karak'ter,bʉk]
lápis (m)	blyant (m)	['bly,ant]
borracha (f)	viskelær (n)	['viskə,lær]
giz (m)	kritt (n)	['krit]
estojo (m)	pennal (n)	[pɛ'nal]
pasta (f) escolar	skoleveske (m/f)	['skʉlə,vɛskə]
caneta (f)	penn (m)	['pɛn]
caderno (m)	skrivebok (m/f)	['skrivə,bʉk]
manual (m) escolar	lærebok (m/f)	['lærə,bʉk]
compasso (m)	passer (m)	['pasər]
traçar (vt)	å tegne	[ɔ 'tæjnə]
desenho (m) técnico	teknisk tegning (m/f)	['tɛknisk ,tæjniŋ]
poesia (f)	dikt (n)	['dikt]
de cor	utenat	['ʉtən,at]
aprender de cor	å lære utenat	[ɔ 'lærə 'ʉtənat]
férias (f pl)	skoleferie (m)	['skʉlə,fɛriə]
estar de férias	å være på ferie	[ɔ 'værə pɔ 'fɛriə]
passar as férias	å tilbringe ferien	[ɔ 'til,briŋə 'fɛriən]
teste (m)	prøve (m/f)	['prøvə]
composição, redação (f)	essay (n)	[ɛ'sɛj]
ditado (m)	diktat (m)	[dik'tat]
exame (m)	eksamen (m)	[ɛk'samən]
fazer exame	å ta eksamen	[ɔ 'ta ɛk'samən]
experiência (~ química)	forsøk (n)	['fɔ'søk]

118. Colégio. Universidade

academia (f)	akademi (n)	[akade'mi]
universidade (f)	universitet (n)	[ʉnivæşi'tet]
faculdade (f)	fakultet (n)	[fakʉl'tet]
estudante (m)	student (m)	[stʉ'dɛnt]
estudante (f)	kvinnelig student (m)	['kvinəli stʉ'dɛnt]
professor (m)	lærer, foreleser (m)	['lærər], ['fʉrə,lesər]
sala (f) de palestras	auditorium (n)	[,aʉdi'tʉrium]
graduado (m)	alumn (m)	[a'lʉmn]
diploma (m)	diplom (n)	[di'plʉm]
tese (f)	avhandling (m/f)	['av,handliŋ]
estudo (obra)	studie (m)	['stʉdiə]
laboratório (m)	laboratorium (n)	[labʉra'tɔrium]
palestra (f)	forelesning (m)	['fɔrə,lesniŋ]
colega (m) de curso	studiekamerat (m)	['stʉdiə kame,rat]
bolsa (f) de estudos	stipendium (n)	[sti'pɛndium]
grau (m) académico	akademisk grad (m)	[aka'demisk ,grad]

119. Ciências. Disciplinas

matemática (f)	matematikk (m)	[matəma'tik]
álgebra (f)	algebra (m)	['algə,bra]
geometria (f)	geometri (m)	[geʊme'tri]
astronomia (f)	astronomi (m)	[astrʊnʊ'mi]
biologia (f)	biologi (m)	[biʊlʊ'gi]
geografia (f)	geografi (m)	[geʊgra'fi]
geologia (f)	geologi (m)	[geʊlʊ'gi]
história (f)	historie (m/f)	[hi'stʊriə]
medicina (f)	medisin (m)	[medi'sin]
pedagogia (f)	pedagogikk (m)	[pedagʊ'gik]
direito (m)	rett (m)	['rɛt]
física (f)	fysikk (m)	[fy'sik]
química (f)	kjemi (m)	[çe'mi]
filosofia (f)	filosofi (m)	[filʊsʊ'fi]
psicologia (f)	psykologi (m)	[sikʊlʊ'gi]

120. Sistema de escrita. Ortografia

gramática (f)	grammatikk (m)	[grama'tik]
vocabulário (m)	ordforråd (n)	['u:rfʊ,rɔd]
fonética (f)	fonetikk (m)	[fʊne'tik]
substantivo (m)	substantiv (n)	['sʊbstan,tiv]
adjetivo (m)	adjektiv (n)	['adjɛk,tiv]
verbo (m)	verb (n)	['værb]
advérbio (m)	adverb (n)	[ad'væ:b]
pronome (m)	pronomen (n)	[prʊ'nʊmən]
interjeição (f)	interjeksjon (m)	[interjɛk'ʂʊn]
preposição (f)	preposisjon (m)	[prɛpʊsi'ʂʊn]
raiz (f) da palavra	rot (m/f)	['rʊt]
terminação (f)	endelse (m)	['ɛnəlsə]
prefixo (m)	prefiks (n)	[prɛ'fiks]
sílaba (f)	stavelse (m)	['stavəlsə]
sufixo (m)	suffiks (n)	[sʉ'fiks]
acento (m)	betoning (m), trykk (n)	['be'tɔniŋ], ['trʏk]
apóstrofo (m)	apostrof (m)	[apʊ'strɔf]
ponto (m)	punktum (n)	['pʉnktum]
vírgula (f)	komma (n)	['kɔma]
ponto e vírgula (m)	semikolon (n)	[,semikʊ'lɔn]
dois pontos (m pl)	kolon (n)	['kʊlɔn]
reticências (f pl)	tre prikker (m pl)	['tre 'prikər]
ponto (m) de interrogação	spørsmålstegn (n)	['spœʂmols,tæjn]
ponto (m) de exclamação	utropstegn (n)	['ʉtrʊps,tæjn]

aspas (f pl)	anførselstegn (n pl)	[ɑnˈfœşɛlsˌtejn]
entre aspas	i anførselstegn	[i ɑnˈfœşɛlsˌtejn]
parênteses (m pl)	parentes (m)	[pɑrɛnˈtes]
entre parênteses	i parentes	[i pɑrɛnˈtes]

hífen (m)	bindestrek (m)	[ˈbinəˌstrek]
travessão (m)	tankestrek (m)	[ˈtɑnkəˌstrek]
espaço (m)	mellomrom (n)	[ˈmɛlɔmˌrʊm]

| letra (f) | bokstav (m) | [ˈbʊkstɑv] |
| letra (f) maiúscula | stor bokstav (m) | [ˈstʊr ˈbʊkstɑv] |

| vogal (f) | vokal (m) | [vʊˈkɑl] |
| consoante (f) | konsonant (m) | [kʊnsʊˈnɑnt] |

frase (f)	setning (m)	[ˈsɛtniŋ]
sujeito (m)	subjekt (n)	[sʉbˈjɛkt]
predicado (m)	predikat (n)	[prɛdiˈkɑt]

linha (f)	linje (m)	[ˈlinjə]
em uma nova linha	på ny linje	[pɔ ny ˈlinjə]
parágrafo (m)	avsnitt (n)	[ˈɑfˌsnit]

palavra (f)	ord (n)	[ˈuːr]
grupo (m) de palavras	ordgruppe (m/f)	[ˈuːrˌgrʉpə]
expressão (f)	uttrykk (n)	[ˈʉtˌtrʏk]
sinónimo (m)	synonym (n)	[synʉˈnym]
antónimo (m)	antonym (n)	[ɑntʉˈnym]

regra (f)	regel (m)	[ˈrɛgəl]
exceção (f)	unntak (n)	[ˈʉnˌtak]
correto	riktig	[ˈrikti]

conjugação (f)	bøyning (m/f)	[ˈbøjniŋ]
declinação (f)	bøyning (m/f)	[ˈbøjniŋ]
caso (m)	kasus (m)	[ˈkasʉs]
pergunta (f)	spørsmål (n)	[ˈspœşˌmol]
sublinhar (vt)	å understreke	[ɔ ˈʉnəˌstrekə]
linha (f) pontilhada	prikket linje (m)	[ˈprikət ˈlinjə]

121. Línguas estrangeiras

língua (f)	språk (n)	[ˈsprɔk]
estrangeiro	fremmed-	[ˈfremə-]
língua (f) estrangeira	fremmedspråk (n)	[ˈfremedˌsprɔk]
estudar (vt)	å studere	[ɔ stʉˈderə]
aprender (vt)	å lære	[ɔ ˈlærə]

ler (vt)	å lese	[ɔ ˈlesə]
falar (vi)	å tale	[ɔ ˈtalə]
compreender (vt)	å forstå	[ɔ fɔˈştɔ]
escrever (vt)	å skrive	[ɔ ˈskrivə]
rapidamente	fort	[ˈfuːt]
devagar	langsomt	[ˈlaŋsɔmt]

fluentemente	flytende	['flytnə]
regras (f pl)	regler (m pl)	['rɛglər]
gramática (f)	grammatikk (m)	[gramɑ'tik]
vocabulário (m)	ordforråd (n)	['uːrfʊˌrɔd]
fonética (f)	fonetikk (m)	[fʊne'tik]

manual (m) escolar	lærebok (m/f)	['læːrəˌbʊk]
dicionário (m)	ordbok (m/f)	['uːrˌbʊk]
manual (m)	lærebok (m/f)	['læːrəˌbʊk
de autoaprendizagem	for selvstudium	fɔ 'selˌstʉdium]
guia (m) de conversação	parlør (m)	[pɑː'lør]

cassete (f)	kassett (m)	[kɑ'sɛt]
vídeo cassete (m)	videokassett (m)	['videʊ kɑ'sɛt]
CD (m)	CD-rom (m)	['sɛdɛˌrʊm]
DVD (m)	DVD (m)	[deve'de]

alfabeto (m)	alfabet (n)	[alfɑ'bet]
soletrar (vt)	å stave	[ɔ 'stavə]
pronúncia (f)	uttale (m)	['ʉtˌtalə]

sotaque (m)	aksent (m)	[ak'saŋ]
com sotaque	med aksent	[me ak'saŋ]
sem sotaque	uten aksent	['ʉtən ak'saŋ]

| palavra (f) | ord (n) | ['uːr] |
| sentido (m) | betydning (m) | [be'tʏdniŋ] |

cursos (m pl)	kurs (n)	['kʉʂ]
inscrever-se (vr)	å anmelde seg	[ɔ 'anˌmɛlə sæj]
professor (m)	lærer (m)	['læːrər]

tradução (processo)	oversettelse (m)	['ɔvəˌʂɛtəlsə]
tradução (texto)	oversettelse (m)	['ɔvəˌʂɛtəlsə]
tradutor (m)	oversetter (m)	['ɔvəˌʂɛtər]
intérprete (m)	tolk (m)	['tɔlk]

| poliglota (m) | polyglott (m) | [pʊlʏ'glɔt] |
| memória (f) | minne (n), hukommelse (m) | ['minə], [hʉ'kɔməlsə] |

122. Personagens de contos de fadas

Pai (m) Natal	Julenissen	['jʉləˌnisən]
Cinderela (f)	Askepott	['askəˌpɔt]
sereia (f)	havfrue (m/f)	['havˌfrʉə]
Neptuno (m)	Neptun	[nɛp'tʉn]

mago (m)	trollmann (m)	['trɔlˌman]
fada (f)	fe (m)	['fe]
mágico	trylle-	['trʏlə-]
varinha (f) mágica	tryllestav (m)	['trʏləˌstav]

| conto (m) de fadas | eventyr (n) | ['ɛvənˌtyr] |
| milagre (m) | mirakel (n) | [mi'rakəl] |

| anão (m) | gnom, dverg (m) | ['gnʊm], ['dvɛrg] |
| transformar-se em … | å forvandle seg til … | [ɔ fɔr'vandlə sæj til …] |

fantasma (m)	fantom (m)	[fɑn'tɔm]
espetro (m)	spøkelse (n)	['spøkəlsə]
monstro (m)	monster (n)	['mɔnstər]
dragão (m)	drage (m)	['drɑgə]
gigante (m)	gigant (m)	[gi'gɑnt]

123. Signos do Zodíaco

Carneiro	Væren (m)	['værən]
Touro	Tyren (m)	['tyrən]
Gémeos	Tvillingene (m pl)	['tviliŋənə]
Caranguejo	Krepsen (m)	['krɛpsən]
Leão	Løven (m)	['løvən]
Virgem (f)	Jomfruen (m)	['ʉmfrʉən]

Balança	Vekten (m)	['vɛktən]
Escorpião	Skorpionen	[skɔrpi'ʊnən]
Sagitário	Skytten (m)	['ʂytən]
Capricórnio	Steinbukken (m)	['stæjn,bʉkən]
Aquário	Vannmannen (m)	['van,manən]
Peixes	Fiskene (pl)	['fiskenə]

caráter (m)	karakter (m)	[kɑrɑk'ter]
traços (m pl) do caráter	karaktertrekk (n pl)	[kɑrɑk'ter,trɛk]
comportamento (m)	oppførsel (m)	['ɔp,fœʂəl]
predizer (vt)	å spå	[ɔ 'spɔ]
adivinha (f)	spåkone (m/f)	['spo:,kɔnə]
horóscopo (m)	horoskop (n)	[hʊrʊ'skɔp]

Artes

124. Teatro

teatro (m)	teater (n)	[te'atər]
ópera (f)	opera (m)	['ʊpera]
opereta (f)	operette (m)	[ʊpe'rɛtə]
balé (m)	ballett (m)	[ba'let]

cartaz (m)	plakat (m)	[pla'kat]
companhia (f) teatral	teatertrupp (m)	[te'atər‚trʊp]
turné (digressão)	turné (m)	[tʉr'ne:]
estar em turné	å være på turné	[ɔ 'værə pɔ tʉr'ne:]
ensaiar (vt)	å repetere	[ɔ repe'terə]
ensaio (m)	repetisjon (m)	[repeti'ʂʊn]
repertório (m)	repertoar (n)	[repæ:tʉ'ar]

apresentação (f)	forestilling (m/f)	['fɔrə‚stiliŋ]
espetáculo (m)	teaterstykke (n)	[te'atər‚stʏkə]
peça (f)	skuespill (n)	['skʉə‚spil]

bilhete (m)	billett (m)	[bi'let]
bilheteira (f)	billettluke (m/f)	[bi'let‚lʉkə]
hall (m)	lobby, foajé (m)	['lɔbi], [fʊa'je]
guarda-roupa (m)	garderobe (m)	[ga:də'rʊbə]
senha (f) numerada	garderobemerke (n)	[ga:də'rʊbə 'mærkə]
binóculo (m)	kikkert (m)	['çikɛ:t]
lanterninha (m)	plassanviser (m)	['plas an‚visər]

plateia (f)	parkett (m)	[par'kɛt]
balcão (m)	balkong (m)	[bal'kɔŋ]
primeiro balcão (m)	første losjerad (m)	['fœʂtə ‚lʊʂɛrad]
camarote (m)	losje (m)	['lʊʂə]
fila (f)	rad (m/f)	['rad]
assento (m)	plass (m)	['plas]

público (m)	publikum (n)	['pʉblikum]
espetador (m)	tilskuer (m)	['til‚skʉər]
aplaudir (vt)	å klappe	[ɔ 'klapə]
aplausos (m pl)	applaus (m)	[a'plaʊs]
ovação (f)	bifall (n)	['bi‚fal]

palco (m)	scene (m)	['se:nə]
pano (m) de boca	teppe (n)	['tɛpə]
cenário (m)	dekorasjon (m)	[dekʊra'ʂʊn]
bastidores (m pl)	kulisser (m pl)	[kʉ'lisər]

cena (f)	scene (m)	['se:nə]
ato (m)	akt (m)	['akt]
entreato (m)	mellomakt (m)	['mɛlɔm‚akt]

125. Cinema

ator (m)	skuespiller (m)	['skʉəˌspilər]
atriz (f)	skuespillerinne (m/f)	['skʉəˌspilə'rinə]
cinema (m)	filmindustri (m)	['film indʉ'stri]
filme (m)	film (m)	['film]
episódio (m)	del (m)	['del]
filme (m) policial	kriminalfilm (m)	[krimi'nalˌfilm]
filme (m) de ação	actionfilm (m)	['ɛkʂənˌfilm]
filme (m) de aventuras	eventyrfilm (m)	['ɛvəntyrˌfilm]
filme (m) de ficção científica	Sci-Fi film (m)	['sajˌfaj film]
filme (m) de terror	skrekkfilm (m)	['skrɛkˌfilm]
comédia (f)	komedie (m)	['kʉ'mediə]
melodrama (m)	melodrama (n)	[melɔ'drama]
drama (m)	drama (n)	['drama]
filme (m) ficcional	spillefilm (m)	['spiləˌfilm]
documentário (m)	dokumentarfilm (m)	[dɔkʉmɛn'tar ˌfilm]
desenho (m) animado	tegnefilm (m)	['tæjnəˌfilm]
cinema (m) mudo	stumfilm (m)	['stʉmˌfilm]
papel (m)	rolle (m/f)	['rɔlə]
papel (m) principal	hovedrolle (m)	['hʉvədˌrɔle]
representar (vt)	å spille	[ɔ 'spilə]
estrela (f) de cinema	filmstjerne (m)	['filmˌstjæːɳə]
conhecido	kjent	['çɛnt]
famoso	berømt	[be'rømt]
popular	populær	[pʉpʉ'lær]
argumento (m)	manus (n)	['manʉs]
argumentista (m)	manusforfatter (m)	['manʉs fɔr'fatər]
realizador (m)	regissør (m)	[rɛʂi'sør]
produtor (m)	produsent (m)	[prʉdʉ'sɛnt]
assistente (m)	assistent (m)	[asi'stɛnt]
diretor (m) de fotografia	kameramann (m)	['kameraˌman]
duplo (m)	stuntmann (m)	['stantˌman]
duplo (m) de corpo	stand-in (m)	[ˌstand'in]
filmar (vt)	å spille inn en film	[ɔ 'spilə in en 'film]
audição (f)	prøve (m/f)	['prøvə]
filmagem (f)	opptak (n)	['ɔpˌtak]
equipe (f) de filmagem	filmteam (n)	['filmˌtim]
set (m) de filmagem	opptaksplass (m)	['ɔptaksˌplas]
câmara (f)	filmkamera (n)	['filmˌkamera]
cinema (m)	kino (m)	['çinʉ]
ecrã (m), tela (f)	filmduk (m)	['filmˌdʉk]
exibir um filme	å vise en film	[ɔ 'visə en 'film]
pista (f) sonora	lydspor (n)	['lydˌspʉr]
efeitos (m pl) especiais	spesialeffekter (m pl)	['spesi'al e'fɛktər]

legendas (f pl)	undertekster (m/f)	['ʉnə‚tɛkstər]
crédito (m)	rulletekst (m)	['rʉlə‚tɛkst]
tradução (f)	oversettelse (m)	['ɔvə‚sɛtəlsə]

126. Pintura

arte (f)	kunst (m)	['kʉnst]
belas-artes (f pl)	de skjønne kunster	[de 'ʂønə 'kʉnstər]
galeria (f) de arte	kunstgalleri (n)	['kʉnst gale'ri]
exposição (f) de arte	maleriutstilling (m/f)	[‚male'ri ʉt‚stiliŋ]

pintura (f)	malerkunst (m)	['malər‚kʉnst]
arte (f) gráfica	grafikk (m)	[gra'fik]
arte (f) abstrata	abstrakt kunst (m)	[ab'strakt 'kʉnst]
impressionismo (m)	impresjonisme (m)	[imprɛʂʉ'nisme]

pintura (f), quadro (m)	maleri (m/f)	[‚male'ri]
desenho (m)	tegning (m/f)	['tæjniŋ]
cartaz, póster (m)	plakat, poster (m)	['pla‚kat], ['pɔstər]

ilustração (f)	illustrasjon (m)	[ilʉstra'ʂʉn]
miniatura (f)	miniatyr (m)	[minia'tyr]
cópia (f)	kopi (m)	[kʉ'pi]
reprodução (f)	reproduksjon (m)	[reprʉdʉk'ʂʉn]

mosaico (m)	mosaikk (m)	[mʉsa'ik]
vitral (m)	glassmaleri (n)	['glas‚male'ri]
fresco (m)	freske (m)	['frɛskə]
gravura (f)	gravyr (m)	[gra'vyr]

busto (m)	byste (m)	['bʏstə]
escultura (f)	skulptur (m)	[skʉlp'tʉr]
estátua (f)	statue (m)	['statʉə]
gesso (m)	gips (m)	['jips]
em gesso	gips-	['jips-]

retrato (m)	portrett (n)	[pɔ:'ʈrɛt]
autorretrato (m)	selvportrett (n)	['sɛl‚pɔ:'ʈrɛt]
paisagem (f)	landskapsmaleri (n)	['lanskaps‚male'ri]
natureza (f) morta	stilleben (n)	['stil‚lebən]
caricatura (f)	karikatur (m)	[karika'tʉr]
esboço (m)	skisse (m/f)	['ʂisə]

tinta (f)	maling (m/f)	['maliŋ]
aguarela (f)	akvarell (m)	[akva'rɛl]
óleo (m)	olje (m)	['ɔljə]
lápis (m)	blyant (m)	['bly‚ant]
tinta da China (f)	tusj (m/n)	['tʉʂ]
carvão (m)	kull (n)	['kʉl]

desenhar (vt)	å tegne	[ɔ 'tæjnə]
pintar (vt)	å male	[ɔ 'malə]
posar (vi)	å posere	[ɔ pɔ'serə]
modelo (m)	modell (m)	[mʉ'dɛl]

modelo (f)	modell (m)	[muˈdɛl]
pintor (m)	kunstner (m)	[ˈkʉnstnər]
obra (f)	kunstverk (n)	[ˈkʉnstˌværk]
obra-prima (f)	mesterverk (n)	[ˈmɛstɛrˌværk]
estúdio (m)	atelier (n)	[ateˈlje]

tela (f)	kanvas (m/n), lerret (n)	[ˈkanvas], [ˈleret]
cavalete (m)	staffeli (n)	[stafeˈli]
paleta (f)	palett (m)	[paˈlet]

moldura (f)	ramme (m/f)	[ˈramə]
restauração (f)	restaurering (m)	[rɛstauˈreriŋ]
restaurar (vt)	å restaurere	[ɔ rɛstauˈrerə]

127. Literatura & Poesia

literatura (f)	litteratur (m)	[litəraˈtʉr]
autor (m)	forfatter (m)	[fɔrˈfatər]
pseudónimo (m)	pseudonym (n)	[sewdʉˈnym]

livro (m)	bok (m/f)	[ˈbʉk]
volume (m)	bind (n)	[ˈbin]
índice (m)	innholdsfortegnelse (m)	[ˈinhɔls fɔːˈʈæjnəlsə]
página (f)	side (m/f)	[ˈsidə]
protagonista (m)	hovedperson (m)	[ˈhʉvəd pæˈʂʉn]
autógrafo (m)	autograf (m)	[autʉˈgraf]

conto (m)	novelle (m/f)	[nʉˈvɛlə]
novela (f)	kortroman (m)	[ˈkuːʈ rʉˌman]
romance (m)	roman (m)	[rʉˈman]
obra (f)	verk (n)	[ˈværk]
fábula (m)	fabel (m)	[ˈfabəl]
romance (m) policial	kriminalroman (m)	[krimiˈnal rʉˌman]

poesia (obra)	dikt (n)	[ˈdikt]
poesia (arte)	poesi (m)	[pɔɛˈsi]
poema (m)	epos (n)	[ˈɛpɔs]
poeta (m)	poet, dikter (m)	[ˈpɔɛt], [ˈdiktər]

ficção (f)	skjønnlitteratur (m)	[ˈʂøn litəraˈtʉr]
ficção (f) científica	science fiction (m)	[ˈsajəns ˌfikʂn]
aventuras (f pl)	eventyr (n pl)	[ˈɛvənˌtyr]
literatura (f) didática	undervisningslitteratur (m)	[ˈʉnərˌvisniŋs litəraˈtʉr]
literatura (f) infantil	barnelitteratur (m)	[ˈbaːŋə litəraˈtʉr]

128. Circo

circo (m)	sirkus (m/n)	[ˈsirkʉs]
circo (m) ambulante	ambulerende sirkus (n)	[ˈambʉˌlerɛnə ˈsirkʉs]
programa (m)	program (n)	[prʉˈgram]
apresentação (f)	forestilling (m/f)	[ˈfɔrəˌstiliŋ]
número (m)	nummer (n)	[ˈnʉmər]

arena (f)	manesje, arena (m)	[mɑ'neʂə], [ɑ'renɑ]
pantomima (f)	pantomime (m)	[pɑntu'mimə]
palhaço (m)	klovn (m)	['klɔvn]

acrobata (m)	akrobat (m)	[ɑkru'bɑt]
acrobacia (f)	akrobatikk (m)	[ɑkrubɑ'tik]
ginasta (m)	gymnast (m)	[gʏm'nɑst]
ginástica (f)	gymnastikk (m)	[gʏmnɑ'stik]
salto (m) mortal	salto (m)	['sɑltʉ]

homem forte (m)	atlet (m)	[ɑt'let]
domador (m)	dyretemmer (m)	['dʏrəˌtɛmər]
cavaleiro (m) equilibrista	rytter (m)	['rʏtər]

truque (m)	trikk, triks (n)	['trik], ['triks]
truque (m) de mágica	trylletriks (n)	['trʏləˌtriks]
mágico (m)	tryllekunstner (m)	['trʏləˌkunstnər]

malabarista (m)	sjonglør (m)	[ʂɔŋ'lør]
fazer malabarismos	å sjonglere	[ɔ 'ʂɔŋˌlerə]
domador (m)	dressør (m)	[drɛ'sør]
adestramento (m)	dressur (m)	[drɛ'sʉr]
adestrar (vt)	å dressere	[ɔ drɛ'serə]

129. Música. Música popular

música (f)	musikk (m)	[mʉ'sik]
músico (m)	musiker (m)	['mʉsikər]
instrumento (m) musical	musikkinstrument (n)	[mʉ'sik instrʉ'mɛnt]
tocar ...	å spille ...	[ɔ 'spilə ...]

guitarra (f)	gitar (m)	['giˌtɑr]
violino (m)	fiolin (m)	[fiʊ'lin]
violoncelo (m)	cello (m)	['sɛlʉ]
contrabaixo (m)	kontrabass (m)	['kuntrɑˌbɑs]
harpa (f)	harpe (m)	['hɑrpə]

piano (m)	piano (n)	[pi'ɑnʉ]
piano (m) de cauda	flygel (n)	['flʏgəl]
órgão (m)	orgel (n)	['ɔrgəl]

instrumentos (m pl) de sopro	blåseinstrumenter (n pl)	['blo:sə instrʉ'mɛntər]
oboé (m)	obo (m)	[ʊ'bʊ]
saxofone (m)	saksofon (m)	[sɑksʊ'fʊn]
clarinete (m)	klarinett (m)	[klɑri'nɛt]
flauta (f)	fløyte (m)	['fløjtə]
trompete (m)	trompet (m)	[trʊm'pet]

| acordeão (m) | trekkspill (n) | ['trɛkˌspil] |
| tambor (m) | tromme (m) | ['trʊmə] |

duo, dueto (m)	duett (m)	[dʉ'ɛt]
trio (m)	trio (m)	['triʊ]
quarteto (m)	kvartett (m)	[kvɑ.'tɛt]

| coro (m) | kor (n) | ['kʊr] |
| orquestra (f) | orkester (n) | [ɔr'kɛstər] |

música (f) pop	popmusikk (m)	['pɔp mʉ'sik]
música (f) rock	rockmusikk (m)	['rɔk mʉ'sik]
grupo (m) de rock	rockeband (n)	['rɔkə,bɛnd]
jazz (m)	jazz (m)	['jas]

| ídolo (m) | idol (n) | [i'dʊl] |
| fã, admirador (m) | beundrer (m) | [be'ʉndrər] |

concerto (m)	konsert (m)	[kʊn'sæ:t]
sinfonia (f)	symfoni (m)	[sʏmfʉ'ni]
composição (f)	komposisjon (m)	[kʊmpʊzi'ʂʊn]
compor (vt)	å komponere	[ɔ kʊmpʉ'nerə]

canto (m)	synging (m/f)	['sʏŋiŋ]
canção (f)	sang (m)	['saŋ]
melodia (f)	melodi (m)	[melɔ'di]
ritmo (m)	rytme (m)	['rʏtmə]
blues (m)	blues (m)	['blʉs]

notas (f pl)	noter (m pl)	['nʊtər]
batuta (f)	taktstokk (m)	['takt,stɔk]
arco (m)	bue, boge (m)	['bʉ:ə], ['bɔgə]
corda (f)	streng (m)	['strɛŋ]
estojo (m)	futteral (n), kasse (m/f)	['fʉte'ral], ['kɑsə]

Descanso. Entretenimento. Viagens

130. Viagens

turismo (m)	turisme (m)	[tʉ'rismə]
turista (m)	turist (m)	[tʉ'rist]
viagem (f)	reise (m/f)	['ræjsə]
aventura (f)	eventyr (n)	['ɛvənˌtyr]
viagem (f)	tripp (m)	['trip]
férias (f pl)	ferie (m)	['fɛriə]
estar de férias	å være på ferie	[ɔ 'værə pɔ 'fɛriə]
descanso (m)	hvile (m/f)	['vilə]
comboio (m)	tog (n)	['tɔg]
de comboio (chegar ~)	med tog	[me 'tɔg]
avião (m)	fly (n)	['fly]
de avião	med fly	[me 'fly]
de carro	med bil	[me 'bil]
de navio	med skip	[me 'ʂip]
bagagem (f)	bagasje (m)	[ba'gaʂə]
mala (f)	koffert (m)	['kʊfɛːt]
carrinho (m)	bagasjetralle (m/f)	[ba'gaʂəˌtralə]
passaporte (m)	pass (n)	['pas]
visto (m)	visum (n)	['visʉm]
bilhete (m)	billett (m)	[bi'let]
bilhete (m) de avião	flybillett (m)	['fly bi'let]
guia (m) de viagem	reisehåndbok (m/f)	['ræjsəˌhɔnbʊk]
mapa (m)	kart (n)	['kaːt]
local (m), area (f)	område (n)	['ɔmˌroːdə]
lugar, sítio (m)	sted (n)	['sted]
exótico	eksotisk	[ɛk'sʊtisk]
surpreendente	forunderlig	[fɔ'rʉndeːˌli]
grupo (m)	gruppe (m)	['grʉpə]
excursão (f)	utflukt (m/f)	['ʉtˌflʉkt]
guia (m)	guide (m)	['gajd]

131. Hotel

hotel (m)	hotell (n)	[hʊ'tɛl]
motel (m)	motell (n)	[mʊ'tɛl]
tres estrelas	trestjernet	['treˌstjæːˌŋə]
cinco estrelas	femstjernet	['fɛmˌstjæːˌŋə]

ficar (~ num hotel)	å bo	[ɔ 'buː]
quarto (m)	rom (n)	['rʊm]
quarto (m) individual	enkeltrom (n)	['ɛnkelt,rʊm]
quarto (m) duplo	dobbeltrom (n)	['dɔbəlt,rʊm]
reservar um quarto	å reservere rom	[ɔ resɛr'verə 'rʊm]

meia pensão (f)	halvpensjon (m)	['hɑl pɑn,sʊn]
pensão (f) completa	fullpensjon (m)	['fʉl pɑn,sʊn]

com banheira	med badekar	[me 'bɑdə,kɑr]
com duche	med dusj	[me 'dʉʃ]
televisão (m) satélite	satellitt-TV (m)	[sɑtɛ'lit 'tɛvɛ]
ar (m) condicionado	klimaanlegg (n)	['klimɑ'ɑn,leg]
toalha (f)	håndkle (n)	['hɔn,kle]
chave (f)	nøkkel (m)	['nøkəl]

administrador (m)	administrator (m)	[admini'strɑːtʊr]
camareira (f)	stuepike (m/f)	['stʉə,pikə]
bagageiro (m)	pikkolo (m)	['pikɔlɔ]
porteiro (m)	portier (m)	[pɔː'tje]

restaurante (m)	restaurant (m)	[rɛstʊ'rɑŋ]
bar (m)	bar (m)	['bɑr]
pequeno-almoço (m)	frokost (m)	['frʊkɔst]
jantar (m)	middag (m)	['mi,dɑ]
buffet (m)	buffet (m)	[bʉ'fɛ]

hall (m) de entrada	hall, lobby (m)	['hɑl], ['lɔbi]
elevador (m)	heis (m)	['hæjs]

NÃO PERTURBE	VENNLIGST IKKE FORSTYRR!	['vɛnligt ikə fɔ'styr]
PROIBIDO FUMAR!	RØYKING FORBUDT	['røjkiŋ fɔr'bʉt]

132. Livros. Leitura

livro (m)	bok (m/f)	['bʊk]
autor (m)	forfatter (m)	[fɔr'fɑtər]
escritor (m)	forfatter (m)	[fɔr'fɑtər]
escrever (vt)	å skrive	[ɔ 'skrivə]

leitor (m)	leser (m)	['lesər]
ler (vt)	å lese	[ɔ 'lesə]
leitura (f)	lesning (m/f)	['lesniŋ]

para si	for seg selv	[fɔr sæj 'sɛl]
em voz alta	høyt	['højt]

publicar (vt)	å publisere	[ɔ pʉbli'serə]
publicação (f)	publisering (m/f)	[pʉbli'seriŋ]
editor (m)	forlegger (m)	['fɔː,legər]
editora (f)	forlag (n)	['fɔː,lag]
sair (vi)	å komme ut	[ɔ 'kɔmə ʉt]
lançamento (m)	utgivelse (m)	['ʉt,jivəlsə]

tiragem (f)	opplag (n)	['ɔpˌlɑg]
livraria (f)	bokhandel (m)	['bʊkˌhɑndəl]
biblioteca (f)	bibliotek (n)	[biblɪʊ'tek]

novela (f)	kortroman (m)	['kʊːʈ rʊˌmɑn]
conto (m)	novelle (m/f)	[nʊ'vɛlə]
romance (m)	roman (m)	[rʊ'mɑn]
romance (m) policial	kriminalroman (m)	[krimi'nɑl rʊˌmɑn]

memórias (f pl)	memoarer (pl)	[memʊ'ɑrər]
lenda (f)	legende (m)	['le'gɛndə]
mito (m)	myte (m)	['myːtə]

poesia (f)	dikt (n pl)	['dikt]
autobiografia (f)	selvbiografi (m)	['sɛlˌbiʊgrɑ'fi]
obras (f pl) escolhidas	utvalgte verker (n pl)	['ʉtˌvɑlgtə 'værkər]
ficção (f) científica	science fiction (m)	['sɑjəns ˌfikʂn]
título (m)	tittel (m)	['titəl]
introdução (f)	innledning (m)	['inˌlednɪŋ]
folha (f) de rosto	tittelblad (n)	['titəlˌblɑ]

capítulo (m)	kapitel (n)	[kɑ'pitəl]
excerto (m)	utdrag (n)	['ʉtˌdrɑg]
episódio (m)	episode (m)	[ɛpi'sʊdə]

tema (m)	handling (m/f)	['hɑndlɪŋ]
conteúdo (m)	innhold (n)	['inˌhɔl]
índice (m)	innholdsfortegnelse (m)	['inhɔls fɔː'ʈæjnəlsə]
protagonista (m)	hovedperson (m)	['hʊvəd pæ'ʂʊn]

tomo, volume (m)	bind (n)	['bin]
capa (f)	omslag (n)	['ɔmˌslɑg]
encadernação (f)	bokbind (n)	['bʊkˌbin]
marcador (m) de livro	bokmerke (n)	['bʊkˌmærkə]

página (f)	side (m/f)	['sidə]
folhear (vt)	å bla	[ɔ 'blɑ]
margem (f)	marger (m pl)	['mɑrgər]
anotação (f)	annotering (n)	[ɑnʊ'tɛrɪŋ]
nota (f) de rodapé	anmerkning (m)	['ɑnˌmærknɪŋ]

texto (m)	tekst (m/f)	['tɛkst]
fonte (f)	skrift, font (m)	['skrift], ['fɔnt]
gralha (f)	trykkfeil (m)	['trʏkˌfæjl]

tradução (f)	oversettelse (m)	['ʊvəˌʂɛtəlsə]
traduzir (vt)	å oversette	[ɔ 'ʊvəˌʂɛtə]
original (m)	original (m)	[ɔrigi'nɑl]

famoso	berømt	[be'rømt]
desconhecido	ukjent	['ʉˌçɛnt]
interessante	interessant	[intere'sɑn]
best-seller (m)	bestselger (m)	['bɛstˌsɛlər]
dicionário (m)	ordbok (m/f)	['uːrˌbʊk]
manual (m) escolar	lærebok (m/f)	['lærəˌbʊk]
enciclopédia (f)	encyklopedi (m)	[ɛnsʏklʊpe'di]

133. Caça. Pesca

caça (f)	jakt (m/f)	['jakt]
caçar (vi)	å jage	[ɔ 'jagə]
caçador (m)	jeger (m)	['jɛːgər]
atirar (vi)	å skyte	[ɔ 'ʂytə]
caçadeira (f)	gevær (n)	[ge'vær]
cartucho (m)	patron (m)	[pɑ'trʊn]
chumbo (m) de caça	hagl (n)	['hɑgl]
armadilha (f)	saks (m/f)	['sɑks]
armadilha (com corda)	felle (m/f)	['fɛlə]
cair na armadilha	å fanges i felle	[ɔ 'fɑŋəs i 'fɛlə]
pôr a armadilha	å sette opp felle	[ɔ 'sɛtə ɔp 'fɛlə]
caçador (m) furtivo	tyvskytter (m)	['tyf,ʂytər]
caça (f)	vilt (n)	['vilt]
cão (m) de caça	jakthund (m)	['jakt,hʉn]
safári (m)	safari (m)	[sɑ'fɑri]
animal (m) empalhado	utstoppet dyr (n)	['ʉt,stɔpet ,dyr]
pescador (m)	fisker (m)	['fiskər]
pesca (f)	fiske (n)	['fiskə]
pescar (vt)	å fiske	[ɔ 'fiskə]
cana (f) de pesca	fiskestang (m/f)	['fiskə,stɑŋ]
linha (f) de pesca	fiskesnøre (n)	['fiskə,snøre]
anzol (m)	krok (m)	['krʊk]
boia (f)	dupp (m)	['dʉp]
isca (f)	agn (m)	['ɑŋn]
lançar a linha	å kaste ut	[ɔ 'kɑstə ʉt]
morder (vt)	å bite	[ɔ 'bitə]
pesca (f)	fangst (m)	['fɑŋst]
buraco (m) no gelo	hull (n) i isen	['hʉl i ,isən]
rede (f)	nett (n)	['nɛt]
barco (m)	båt (m)	['bɔt]
pescar com rede	å fiske med nett	[ɔ 'fiskə me 'nɛt]
lançar a rede	å kaste nettet	[ɔ 'kɑstə 'nɛtə]
puxar a rede	å hale opp nettet	[ɔ 'hɑlə ɔp 'nɛtə]
cair nas malhas	å bli fanget i nett	[ɔ 'bli 'fɑŋət i 'nɛt]
baleeiro (m)	hvalfanger (m)	['vɑl,fɑŋər]
baleeira (f)	hvalbåt (m)	['vɑl,bɔt]
arpão (m)	harpun (m)	[hɑr'pʉn]

134. Jogos. Bilhar

bilhar (m)	biljard (m)	[bil'jɑːɖ]
sala (f) de bilhar	biljardsalong (m)	[bil'jɑːɖsɑ,lɔŋ]
bola (f) de bilhar	biljardkule (m/f)	[bil'jɑːɖ,kʉːlə]

embolsar uma bola | å støte en kule | [ɔ 'støtə en 'kʉːlə]
taco (m) | kø (m) | ['kø]
caçapa (f) | hull (n) | ['hʉl]

135. Jogos. Jogar cartas

ouros (m pl) | ruter (m pl) | ['rʉtər]
espadas (f pl) | spar (m pl) | ['spɑr]
copas (f pl) | hjerter (m) | ['jæːʈər]
paus (m pl) | kløver (m) | ['kløvər]

ás (m) | ess (n) | ['ɛs]
rei (m) | konge (m) | ['kʊŋə]
dama (f) | dame (m/f) | ['dɑmə]
valete (m) | knekt (m) | ['knɛkt]

carta (f) de jogar | kort (n) | ['kɔːʈ]
cartas (f pl) | kort (n pl) | ['kɔːʈ]
trunfo (m) | trumf (m) | ['trʉmf]
baralho (m) | kortstokk (m) | ['kɔːʈˌstɔk]

ponto (m) | poeng (n) | [pɔ'ɛŋ]
dar, distribuir (vt) | å gi, å dele ut | [ɔ 'jiː], [ɔ 'delə ʉt]
embaralhar (vt) | å blande | [ɔ 'blɑnə]
vez, jogada (f) | trekk (n) | ['trɛk]
batoteiro (m) | falskspiller (m) | ['fɑlskˌspilər]

136. Descanso. Jogos. Diversos

passear (vi) | å spasere | [ɔ spɑ'serə]
passeio (m) | spasertur (m) | [spɑ'sɛːˌʈʉr]
viagem (f) de carro | kjøretur (m) | ['çœːrəˌʈʉr]
aventura (f) | eventyr (n) | ['ɛvənˌtyr]
piquenique (m) | piknik (m) | ['piknik]

jogo (m) | spill (n) | ['spil]
jogador (m) | spiller (m) | ['spilər]
partida (f) | parti (n) | [pɑ:'ʈi]

colecionador (m) | samler (m) | ['sɑmlər]
colecionar (vt) | å samle | [ɔ 'sɑmlə]
coleção (f) | samling (m/f) | ['sɑmliŋ]

palavras (f pl) cruzadas | kryssord (n) | ['krʏsˌʉːr]
hipódromo (m) | travbane (m) | ['trɑvˌbɑnə]
discoteca (f) | diskotek (n) | [diskʊ'tek]

sauna (f) | sauna (m) | ['sɑʊnɑ]
lotaria (f) | lotteri (n) | [lɔte'ri]

campismo (m) | campingtur (m) | ['kɑmpiŋˌʈʉr]
acampamento (m) | leir (m) | ['læjr]

tenda (f)	telt (n)	['tɛlt]
bússola (f)	kompass (m/n)	[kʊm'pɑs]
campista (m)	camper (m)	['kampər]

ver (vt), assistir à ...	å se på	[ɔ 'se pɔ]
telespectador (m)	TV-seer (m)	['tɛvɛ ˌse:ər]
programa (m) de TV	TV-show (n)	['tɛvɛ ˌɕɔ:w]

137. Fotografia

máquina (f) fotográfica	kamera (n)	['kamera]
foto, fotografia (f)	foto, fotografi (n)	['fɔtɔ], ['fɔtɔgra'fi]

fotógrafo (m)	fotograf (m)	[fɔtɔ'graf]
estúdio (m) fotográfico	fotostudio (n)	['fɔtɔˌstʉdiɔ]
álbum (m) de fotografias	fotoalbum (n)	['fɔtɔˌalbʉm]

objetiva (f)	objektiv (n)	[ɔbjɛk'tiv]
teleobjetiva (f)	teleobjektiv (n)	['teleɔbjek'tiv]
filtro (m)	filter (n)	['filtər]
lente (f)	linse (m/f)	['linsə]

ótica (f)	optikk (m)	[ɔp'tik]
abertura (f)	blender (m)	['blenər]
exposição (f)	eksponeringstid (m/f)	[ɛkspʊ'neriŋsˌtid]
visor (m)	søker (m)	['søkər]

câmara (f) digital	digitalkamera (n)	[digi'tal ˌkamera]
tripé (m)	stativ (m)	[sta'tiv]
flash (m)	blits (m)	['blits]
fotografar (vt)	å fotografere	[ɔ fɔtɔgra'ferə]
tirar fotos	å ta bilder	[ɔ 'ta 'bildər]
fotografar-se	å bli fotografert	[ɔ 'bli fɔtɔgra'fɛ:t]

foco (m)	fokus (n)	['fɔkʉs]
focar (vt)	å stille skarphet	[ɔ 'stilə 'skarpˌhet]
nítido	skarp	['skarp]
nitidez (f)	skarphet (m)	['skarpˌhet]

contraste (m)	kontrast (m)	[kʊn'trast]
contrastante	kontrast-	[kʊn'trast-]

retrato (m)	bilde (n)	['bildə]
negativo (m)	negativ (m/n)	['negaˌtiv]
filme (m)	film (m)	['film]
fotograma (m)	bilde (n)	['bildə]
imprimir (vt)	å skrive ut	[ɔ skrivə ʉt]

138. Praia. Natação

praia (f)	badestrand (m/f)	['badəˌstran]
areia (f)	sand (m)	['san]

deserto	øde	['ødə]
bronzeado (m)	solbrenthet (m)	['sʊlbrɛntˌhet]
bronzear-se (vr)	å sole seg	[ɔ 'sʊlə sæj]
bronzeado	solbrent	['sʊlˌbrɛnt]
protetor (m) solar	solkrem (m)	['sʊlˌkrɛm]

biquíni (m)	bikini (m)	[bi'kini]
fato (m) de banho	badedrakt (m/f)	['badəˌdrakt]
calção (m) de banho	badebukser (m/f)	['badəˌbʉksər]

piscina (f)	svømmebasseng (n)	['svœməˌba'sɛŋ]
nadar (vi)	å svømme	[ɔ 'svœmə]
duche (m)	dusj (m)	['dʉʂ]
mudar de roupa	å kle seg om	[ɔ 'kle sæj ˌɔm]
toalha (f)	håndkle (n)	['hɔnˌkle]

barco (m)	båt (m)	['bɔt]
lancha (f)	motorbåt (m)	['mɔtʉrˌbɔt]

esqui (m) aquático	vannski (m pl)	['vanˌʂi]
barco (m) de pedais	pedalbåt (m)	['pe'dalˌbɔt]
surf (m)	surfing (m/f)	['sørfiŋ]
surfista (m)	surfer (m)	['sørfər]

equipamento (m) de mergulho	scuba (n)	['skʉba]
barbatanas (f pl)	svømmeføtter (m pl)	['svœməˌfœtər]
máscara (f)	maske (m/f)	['maskə]
mergulhador (m)	dykker (m)	['dɤkər]
mergulhar (vi)	å dykke	[ɔ 'dɤkə]
debaixo d'água	under vannet	['ʉnər 'vanə]

guarda-sol (m)	parasoll (m)	[para'sɔl]
espreguiçadeira (f)	liggestol (m)	['ligəˌstʉl]
óculos (m pl) de sol	solbriller (m pl)	['sʊlˌbrilər]
colchão (m) de ar	luftmadrass (m)	['lʉftmaˌdras]

brincar (vi)	å leke	[ɔ 'lekə]
ir nadar	å bade	[ɔ 'badə]

bola (f) de praia	ball (m)	['bal]
encher (vt)	å blåse opp	[ɔ 'blɔ:sə ɔp]
inflável, de ar	luft-, oppblåsbar	['lʉft-], [ɔp'blɔ:sbar]

onda (f)	bølge (m)	['bølgə]
boia (f)	bøye (m)	['bøjə]
afogar-se (pessoa)	å drukne	[ɔ 'druknə]

salvar (vt)	å redde	[ɔ 'rɛdə]
colete (m) salva-vidas	redningsvest (m)	['rɛdniŋsˌvɛst]
observar (vt)	å observere	[ɔ ɔbsɛr'verə]
nadador-salvador (m)	badevakt (m/f)	['badəˌvakt]

EQUIPAMENTO TÉCNICO. TRANSPORTES

Equipamento técnico. Transportes

139. Computador

computador (m)	datamaskin (m)	['data ma͵ʂin]
portátil (m)	bærbar, laptop (m)	['bær͵bar], ['laptɔp]
ligar (vt)	å slå på	[ɔ 'ʂlɔ pɔ]
desligar (vt)	å slå av	[ɔ 'ʂlɔ aː]
teclado (m)	tastatur (n)	[tasta'tʉr]
tecla (f)	tast (m)	['tast]
rato (m)	mus (m/f)	['mʉs]
tapete (m) de rato	musematte (m/f)	['mʉsə͵matə]
botão (m)	knapp (m)	['knap]
cursor (m)	markør (m)	[mar'kør]
monitor (m)	monitor (m)	['mɔnitɔr]
ecrã (m)	skjerm (m)	['ʂærm]
disco (m) rígido	harddisk (m)	['har͵disk]
capacidade (f) do disco rígido	harddiskkapasitet (m)	['har͵disk kapasi'tet]
memória (f)	minne (n)	['minə]
memória RAM (f)	hovedminne (n)	['hɔvəd͵minə]
ficheiro (m)	fil (m)	['fil]
pasta (f)	mappe (m/f)	['mapə]
abrir (vt)	å åpne	[ɔ 'ɔpnə]
fechar (vt)	å lukke	[ɔ 'lʉkə]
guardar (vt)	å lagre	[ɔ 'lagrə]
apagar, eliminar (vt)	å slette, å fjerne	[ɔ 'ʂletə], [ɔ 'fjæːɳə]
copiar (vt)	å kopiere	[ɔ kʉ'pjerə]
ordenar (vt)	å sortere	[ɔ sɔː'ʈerə]
copiar (vt)	å overføre	[ɔ 'ɔvər͵førə]
programa (m)	program (n)	[prʉ'gram]
software (m)	programvare (m/f)	[prʉ'gram͵varə]
programador (m)	programmerer (m)	[prʉgra'merər]
programar (vt)	å programmere	[ɔ prʉgra'merə]
hacker (m)	hacker (m)	['hakər]
senha (f)	passord (n)	['pas͵uːr]
vírus (m)	virus (m)	['virʉs]
detetar (vt)	å oppdage	[ɔ 'ɔp͵dagə]
byte (m)	byte (m)	['bajt]

megabyte (m)	megabyte (m)	['mega,bajt]
dados (m pl)	data (m pl)	['data]
base (f) de dados	database (m)	['data,basə]

cabo (m)	kabel (m)	['kabəl]
desconectar (vt)	å koble fra	[ɔ 'koblə fra]
conetar (vt)	å koble	[ɔ 'koblə]

140. Internet. E-mail

internet (f)	Internett	['intə,nɛt]
browser (m)	nettleser (m)	['nɛt,lesər]
motor (m) de busca	søkemotor (m)	['søkə,mɔtʊr]
provedor (m)	leverandør (m)	[levəran'dør]

webmaster (m)	webmaster (m)	['vɛb,mastər]
website, sítio web (m)	webside, hjemmeside (m/f)	['vɛb,sidə], ['jɛmə,sidə]
página (f) web	nettside (m)	['nɛt,sidə]

| endereço (m) | adresse (m) | [a'drɛsə] |
| livro (m) de endereços | adressebok (f) | [a'drɛsə,bʊk] |

caixa (f) de correio	postkasse (m/f)	['pɔst,kasə]
correio (m)	post (m)	['pɔst]
cheia (caixa de correio)	full	['fʊl]

mensagem (f)	melding (m/f)	['mɛliŋ]
mensagens (f pl) recebidas	innkommende meldinger	['in,kɔmənə 'mɛliŋər]
mensagens (f pl) enviadas	utgående meldinger	['ʊt,gɔənə 'mɛliŋər]
remetente (m)	avsender (m)	['af,sɛnər]
enviar (vt)	å sende	[ɔ 'sɛnə]
envio (m)	avsending (m)	['af,sɛniŋ]
destinatário (m)	mottaker (m)	['mɔt,takər]
receber (vt)	å motta	[ɔ 'mɔta]

| correspondência (f) | korrespondanse (m) | [kʊrespɔn'dansə] |
| corresponder-se (vr) | å brevveksle | [ɔ 'bʁɛv,vɛkslə] |

ficheiro (m)	fil (m)	['fil]
fazer download, baixar	å laste ned	[ɔ 'lastə 'ne]
criar (vt)	å opprette	[ɔ 'ɔp,rɛtə]
apagar, eliminar (vt)	å slette, å fjerne	[ɔ 'ʂletə], [ɔ 'fjæ:ŋə]
eliminado	slettet	['ʂletət]

conexão (f)	forbindelse (m)	[fɔr'binəlsə]
velocidade (f)	hastighet (m/f)	['hasti,het]
modem (m)	modem (n)	['mʊ'dɛm]
acesso (m)	tilgang (m)	['til,gaŋ]
porta (f)	port (m)	['pɔ:t]

conexão (f)	tilkobling (m/f)	['til,kɔbliŋ]
conetar (vi)	å koble	[ɔ 'kɔblə]
escolhor (vt)	å velge	[ɔ 'vɛlgə]
buscar (vt)	å søke etter ...	[ɔ 'søkə ,ɛtər ...]

Transportes

141. Avião

avião (m)	fly (n)	['fly]
bilhete (m) de avião	flybillett (m)	['fly bi'let]
companhia (f) aérea	flyselskap (n)	['flysel‚skap]
aeroporto (m)	flyplass (m)	['fly‚plas]
supersónico	overlyds-	['ɔvə‚lyds-]
comandante (m) do avião	kaptein (m)	[kap'tæjn]
tripulação (f)	besetning (m/f)	[be'sɛtniŋ]
piloto (m)	pilot (m)	[pi'lɔt]
hospedeira (f) de bordo	flyvertinne (m/f)	[flyvɛ:'ṭinə]
copiloto (m)	styrmann (m)	['styr‚man]
asas (f pl)	vinger (m pl)	['viŋər]
cauda (f)	hale (m)	['halə]
cabine (f) de pilotagem	cockpit, førerkabin (m)	['kɔkpit], ['førərka‚bin]
motor (m)	motor (m)	['mɔtʊr]
trem (m) de aterragem	landingshjul (n)	['laniŋsjʉl]
turbina (f)	turbin (m)	[tʊr'bin]
hélice (f)	propell (m)	[prʊ'pɛl]
caixa-preta (f)	svart boks (m)	['sva:ṭ bɔks]
coluna (f) de controlo	ratt (n)	['rat]
combustível (m)	brensel (n)	['brɛnsəl]
instruções (f pl) de segurança	sikkerhetsbrosjyre (m)	['sikərhɛts‚brɔ'ʂyrə]
máscara (f) de oxigénio	oksygenmaske (m/f)	['ɔksygən‚maskə]
uniforme (m)	uniform (m)	[ʉni'fɔrm]
colete (m) salva-vidas	redningsvest (m)	['rɛdniŋs‚vɛst]
paraquedas (m)	fallskjerm (m)	['fal‚ʂærm]
descolagem (f)	start (m)	['sta:ṭ]
descolar (vi)	å løfte	[ɔ 'lœftə]
pista (f) de descolagem	startbane (m)	['sta:ṭ‚banə]
visibilidade (f)	siktbarhet (m)	['siktbar‚het]
voo (m)	flyging (m/f)	['flygiŋ]
altura (f)	høyde (m)	['højdə]
poço (m) de ar	lufthull (n)	['lʊft‚hʉl]
assento (m)	plass (m)	['plas]
auscultadores (m pl)	hodetelefoner (n pl)	['hɔdətelə‚fʊnər]
mesa (f) rebatível	klappbord (n)	['klap‚bʊr]
vigia (f)	vindu (n)	['vindʉ]
passagem (f)	midtgang (m)	['mit‚gaŋ]

142. Comboio

comboio (m)	tog (n)	['tɔg]
comboio (m) suburbano	lokaltog (n)	[lɔ'kal͵tɔg]
comboio (m) rápido	ekspresstog (n)	[ɛks'prɛs͵tɔg]
locomotiva (f) diesel	diesellokomotiv (n)	['disəl lʊkɔmɔ'tiv]
locomotiva (f) a vapor	damplokomotiv (n)	['damp lʊkɔmɔ'tiv]
carruagem (f)	vogn (m)	['vɔŋn]
carruagem restaurante (f)	restaurantvogn (m/f)	[rɛstʊ'raŋ͵vɔŋn]
carris (m pl)	skinner (m/f pl)	['ʂinər]
caminho de ferro (m)	jernbane (m)	['jæːɳ͵banə]
travessa (f)	sville (m/f)	['svilə]
plataforma (f)	perrong, plattform (m/f)	[pɛ'rɔŋ], ['platfɔrm]
linha (f)	spor (n)	['spʊr]
semáforo (m)	semafor (m)	[sema'fʊr]
estação (f)	stasjon (m)	[sta'ʂʊn]
maquinista (m)	lokfører (m)	['lʊk͵førər]
bagageiro (m)	bærer (m)	['bærər]
hospedeiro, -a (da carruagem)	betjent (m)	['be'tjɛnt]
passageiro (m)	passasjer (m)	[pasa'ʂɛr]
revisor (m)	billett inspektør (m)	[bi'let inspɛk'tør]
corredor (m)	korridor (m)	[kʊri'dɔr]
freio (m) de emergência	nødbrems (m)	['nød͵brɛms]
compartimento (m)	kupé (m)	[kʉ'pe]
cama (f)	køye (m/f)	['køjə]
cama (f) de cima	overkøye (m/f)	['ɔvər͵køjə]
cama (f) de baixo	underkøye (m/f)	['ʉnər͵køjə]
roupa (f) de cama	sengetøy (n)	['sɛŋə͵tøj]
bilhete (m)	billett (m)	[bi'let]
horário (m)	rutetabell (m)	['rʉtə͵ta'bɛl]
painel (m) de informação	informasjonstavle (m/f)	[infɔrma'ʂʊns ͵tavlə]
partir (vt)	å avgå	[ɔ 'avgɔ]
partida (f)	avgang (m)	['av͵gaŋ]
chegar (vi)	å ankomme	[ɔ 'an͵kɔmə]
chegada (f)	ankomst (m)	['an͵kɔmst]
chegar de comboio	å ankomme med toget	[ɔ 'an͵kɔmə me 'tɔge]
apanhar o comboio	å gå på toget	[ɔ 'gɔ pɔ 'tɔge]
sair do comboio	å gå av toget	[ɔ 'gɔ a: 'tɔge]
acidente (m) ferroviário	togulykke (m/n)	['tɔg ʉ'lʏkə]
descarrilar (vi)	å spore av	[ɔ 'spʉrə a:]
locomotiva (f) a vapor	damplokomotiv (n)	['damp lʊkɔmɔ'tiv]
fogueiro (m)	fyrbøter (m)	['fyr͵bøtər]
fornalha (f)	fyrrom (n)	['fyr͵rʊm]
carvão (m)	kull (n)	['kʉl]

143. Barco

navio (m)	skip (n)	['ʂip]
embarcação (f)	fartøy (n)	['faː͵tøj]
vapor (m)	dampskip (n)	['damp͵ʂip]
navio (m)	elvebåt (m)	['ɛlvə͵bɔt]
transatlântico (m)	cruiseskip (n)	['krʉs͵ʂip]
cruzador (m)	krysser (m)	['krʏsər]
iate (m)	jakt (m/f)	['jakt]
rebocador (m)	bukserbåt (m)	[bʉk'ser͵bɔt]
barcaça (f)	lastepram (m)	['lɑstə͵prɑm]
ferry (m)	ferje, ferge (m/f)	['færjə], ['færgə]
veleiro (m)	seilbåt (n)	['sæjl͵bɔt]
bergantim (m)	brigantin (m)	[brigɑn'tin]
quebra-gelo (m)	isbryter (m)	['is͵brytər]
submarino (m)	ubåt (m)	['ʉː͵bɔt]
bote, barco (m)	båt (m)	['bɔt]
bote, dingue (m)	jolle (m/f)	['jɔlə]
bote (m) salva-vidas	livbåt (m)	['liv͵bɔt]
lancha (f)	motorbåt (m)	['mɔtʉr͵bɔt]
capitão (m)	kaptein (m)	[kɑp'tæjn]
marinheiro (m)	matros (m)	[mɑ'trʉs]
marujo (m)	sjømann (m)	['ʂø͵mɑn]
tripulação (f)	besetning (m/f)	[be'sɛtniŋ]
contramestre (m)	båtsmann (m)	['bɔs͵mɑn]
grumete (m)	skipsgutt, jungmann (m)	['ʂips͵gʉt], ['jʉŋ͵mɑn]
cozinheiro (m) de bordo	kokk (m)	['kʉk]
médico (m) de bordo	skipslege (m)	['ʂips͵legə]
convés (m)	dekk (n)	['dɛk]
mastro (m)	mast (m/f)	['mɑst]
vela (f)	seil (n)	['sæjl]
porão (m)	lasterom (n)	['lɑstə͵rʉm]
proa (f)	baug (m)	['bæu]
popa (f)	akterende (m)	['ɑktə͵rɛnə]
remo (m)	åre (m)	['oːrə]
hélice (f)	propell (m)	[prʉ'pɛl]
camarote (m)	hytte (m)	['hʏte]
sala (f) dos oficiais	offisersmesse (m/f)	[ɔfi'sɛrs͵mɛsə]
sala (f) das máquinas	maskinrom (n)	[mɑ'ʂin͵rʉm]
ponte (m) de comando	kommandobro (m/f)	[kɔ'mɑndʉ͵brʉ]
sala (f) de comunicações	radiorom (m)	['rɑdiʉ͵rʉm]
onda (f) de rádio	bølge (m)	['bølgə]
diário (m) de bordo	loggbok (m/f)	['lɔg͵bʉk]
luneta (f)	langkikkert (m)	['lɑŋ͵kike:t]
sino (m)	klokke (m/f)	['klɔkə]

bandeira (f)	flagg (n)	['flɑg]
cabo (m)	trosse (m/f)	['trʊsə]
nó (m)	knute (m)	['knʉtə]

| corrimão (m) | rekkverk (n) | ['rɛk͜værk] |
| prancha (f) de embarque | landgang (m) | ['lan͜gɑŋ] |

âncora (f)	anker (n)	['ɑnkər]
recolher a âncora	å lette anker	[ɔ 'letə 'ɑnkər]
lançar a âncora	å kaste anker	[ɔ 'kɑstə 'ɑnkər]
amarra (f)	ankerkjetting (m)	['ɑnkər͜çɛtiŋ]

porto (m)	havn (m/f)	['hɑvn]
cais, amarradouro (m)	kai (m/f)	['kɑj]
atracar (vi)	å fortøye	[ɔ fɔ:'tøjə]
desatracar (vi)	å kaste loss	[ɔ 'kɑstə lɔs]

viagem (f)	reise (m/f)	['ræjsə]
cruzeiro (m)	cruise (n)	['krʉs]
rumo (m), rota (f)	kurs (m)	['kʉʂ]
itinerário (m)	rute (m/f)	['rʉtə]

canal (m) navegável	seilrende (m)	['sæjl͜rɛnə]
banco (m) de areia	grunne (m/f)	['grʉnə]
encalhar (vt)	å gå på grunn	[ɔ 'gɔ pɔ 'grʉn]

tempestade (f)	storm (m)	['stɔrm]
sinal (m)	signal (n)	[siŋ'nɑl]
afundar-se (vr)	å synke	[ɔ 'sʏnkə]
Homem ao mar!	Mann over bord!	['mɑn ͜ɔvər 'bʊr]
SOS	SOS (n)	[ɛsʊ'ɛs]
boia (f) salva-vidas	livbøye (m/f)	['liv͜bøjə]

144. Aeroporto

aeroporto (m)	flyplass (m)	['fly͜plɑs]
avião (m)	fly (n)	['fly]
companhia (f) aérea	flyselskap (n)	['flysəl͜skɑp]
controlador (m) de tráfego aéreo	flygeleder (m)	['flygə͜ledər]

partida (f)	avgang (m)	['ɑv͜gɑŋ]
chegada (f)	ankomst (m)	['ɑn͜kɔmst]
chegar (~ de avião)	å ankomme	[ɔ 'ɑn͜kɔmə]

| hora (f) de partida | avgangstid (m/f) | ['ɑvgɑŋs͜tid] |
| hora (f) de chegada | ankomsttid (m/f) | [ɑn'kɔms͜tid] |

| estar atrasado | å bli forsinket | [ɔ 'bli fɔ'sinkət] |
| atraso (m) de voo | avgangsforsinkelse (m) | ['ɑvgɑŋs fɔ'sinkəlsə] |

painel (m) de informação	informasjonstavle (m/f)	[informɑ'ʂuns ͜tɑvlə]
informação (f)	informasjon (m)	[informɑ'ʂun]
anunciar (vt)	å meddele	[ɔ 'mɛd͜delə]

voo (m)	fly (n)	['fly]
alfândega (f)	toll (m)	['tɔl]
funcionário (m) da alfândega	tollbetjent (m)	['tɔlbe͵tjɛnt]

declaração (f) alfandegária	tolldeklarasjon (m)	['tɔldɛklara'ʂʊn]
preencher (vt)	å utfylle	[ɔ 'ʉt͵fʏlə]
preencher a declaração	å utfylle en tolldeklarasjon	[ɔ 'ʉt͵fʏlə en 'tɔldɛklara͵ʂʊn]
controlo (m) de passaportes	passkontroll (m)	['paskʊn͵trɔl]

bagagem (f)	bagasje (m)	[ba'gaʂə]
bagagem (f) de mão	håndbagasje (m)	['hɔn͵ba'gaʂə]
carrinho (m)	bagasjetralle (m/f)	[ba'gaʂə͵tralə]

aterragem (f)	landing (m)	['laniŋ]
pista (f) de aterragem	landingsbane (m)	['laniŋs͵banə]
aterrar (vi)	å lande	[ɔ 'lanə]
escada (f) de avião	trapp (m/f)	['trap]

check-in (m)	innsjekking (m/f)	['in͵ʂɛkiŋ]
balcão (m) do check-in	innsjekkingsskranke (m)	['in͵ʂɛkiŋs ͵skrankə]
fazer o check-in	å sjekke inn	[ɔ 'ʂɛkə in]
cartão (m) de embarque	boardingkort (n)	['bɔːdiŋ͵kɔːt]
porta (f) de embarque	gate (m/f)	['gejt]

trânsito (m)	transitt (m)	[tran'sit]
esperar (vi, vt)	å vente	[ɔ 'vɛntə]
sala (f) de espera	ventehall (m)	['vɛntə͵hal]
despedir-se de …	å ta avskjed	[ɔ 'ta 'af͵ʂɛd]
despedir-se (vr)	å si farvel	[ɔ 'si far'vɛl]

145. Bicicleta. Motocicleta

bicicleta (f)	sykkel (m)	['sʏkəl]
scotter, lambreta (f)	skooter (m)	['skutər]
mota (f)	motorsykkel (m)	['mɔtʊr͵sʏkəl]

ir de bicicleta	å sykle	[ɔ 'sʏklə]
guiador (m)	styre (n)	['styrə]
pedal (m)	pedal (m)	[pe'dal]
travões (m pl)	bremser (m pl)	['brɛmsər]
selim (m)	sete (n)	['setə]

bomba (f) de ar	pumpe (m/f)	['pʉmpə]
porta-bagagens (m)	bagasjebrett (n)	[ba'gaʂə͵brɛt]
lanterna (f)	lykt (m/f)	['lʏkt]
capacete (m)	hjelm (m)	['jɛlm]

roda (f)	hjul (n)	['jʉl]
guarda-lamas (m)	skjerm (m)	['ʂærm]
aro (m)	felg (m)	['fɛlg]
raio (m)	eik (m/f)	['æjk]

Carros

146. Tipos de carros

carro, automóvel (m)	**bil** (m)	['bil]
carro (m) desportivo	**sportsbil** (m)	['spɔ:ʦˌbil]
limusine (f)	**limousin** (m)	[limʉ'sin]
todo o terreno (m)	**terrengbil** (m)	[tɛ'rɛŋˌbil]
descapotável (m)	**kabriolet** (m)	[kabriʉ'le]
minibus (m)	**minibuss** (m)	['miniˌbʉs]
ambulância (f)	**ambulanse** (m)	[ambʉ'lansə]
limpa-neve (m)	**snøplog** (m)	['snøˌplɔg]
camião (m)	**lastebil** (m)	['lastəˌbil]
camião-cisterna (m)	**tankbil** (m)	['tankˌbil]
carrinha (f)	**skapbil** (m)	['skapˌbil]
camião-trator (m)	**trekkvogn** (m/f)	['trɛkˌvɔŋn]
atrelado (m)	**tilhenger** (m)	['tilˌhɛŋər]
confortável	**komfortabel**	[kʊmfɔ:'tabəl]
usado	**brukt**	['brʉkt]

147. Carros. Carroçaria

capô (m)	**panser** (n)	['pansər]
guarda-lamas (m)	**skjerm** (m)	['ʂærm]
tejadilho (m)	**tak** (n)	['tak]
para-brisa (m)	**frontrute** (m/f)	['frɔntˌrʉtə]
espelho (m) retrovisor	**bakspeil** (n)	['bakˌspæjl]
lavador (m)	**vindusspyler** (m)	['vindʉsˌspylər]
limpa-para-brisas (m)	**viskerblader** (n pl)	['viskəblaər]
vidro (m) lateral	**siderute** (m/f)	['sidəˌrʉtə]
elevador (m) do vidro	**vindusheis** (m)	['vindʉsˌhæjs]
antena (f)	**antenne** (m)	[an'tɛnə]
teto solar (m)	**takluke** (m/f), **soltak** (n)	['takˌlʉkə], ['sʊlˌtak]
para-choques (m pl)	**støtfanger** (m)	['støtˌfaŋər]
bagageira (f)	**bagasjerom** (n)	[ba'gaʂəˌrʊm]
bagageira (f) de tejadilho	**takgrind** (m/f)	['takˌgrin]
porta (f)	**dør** (m/f)	['dœr]
maçaneta (f)	**dørhåndtak** (n)	['dœrˌhɔntak]
fechadura (f)	**dørlås** (m/n)	['dœrˌlɔs]
matrícula (f)	**nummerskilt** (n)	['nʉmərˌʂilt]
silenciador (m)	**lyddemper** (m)	[ˈlydˌdɛmpər]

tanque (m) de gasolina	bensintank (m)	[bɛn'sin,tank]
tubo (m) de escape	eksosrør (n)	['ɛksʉs,rør]

acelerador (m)	gass (m)	['gas]
pedal (m)	pedal (m)	[pe'dal]
pedal (m) do acelerador	gasspedal (m)	['gas pe'dal]

travão (m)	brems (m)	['brɛms]
pedal (m) do travão	bremsepedal (m)	['brɛmsə pe'dal]
travar (vt)	å bremse	[ɔ 'brɛmsə]
travão (m) de mão	håndbrekk (n)	['hɔn,brɛk]

embraiagem (f)	koppling (m)	['kɔpliŋ]
pedal (m) da embraiagem	kopplingspedal (m)	['kɔpliŋs pe'dal]
disco (m) de embraiagem	koplingsskive (m/f)	['kɔpliŋs,ʂivə]
amortecedor (m)	støtdemper (m)	['støt,dɛmpər]

roda (f)	hjul (n)	['jʉl]
pneu (m) sobresselente	reservehjul (n)	[re'sɛrvə,jʉl]
pneu (m)	dekk (n)	['dɛk]
tampão (m) de roda	hjulkapsel (m)	['jʉl,kapsəl]

rodas (f pl) motrizes	drivhjul (n pl)	['driv,jʉl]
de tração dianteira	forhjulsdrevet	['fɔrjʉls,drevət]
de tração traseira	bakhjulsdrevet	['bakjʉls,drevət]
de tração às 4 rodas	firehjulsdrevet	['firəjʉls,drevət]

caixa (f) de mudanças	girkasse (m/f)	['gir,kasə]
automático	automatisk	[aʉtʉ'matisk]
mecânico	mekanisk	[me'kanisk]
alavanca (f) das mudanças	girspak (m)	['gi,spak]

farol (m)	lyskaster (m)	['lys,kastər]
faróis, luzes	lyskastere (m pl)	['lys,kastərə]

médios (m pl)	nærlys (n)	['nær,lys]
máximos (m pl)	fjernlys (n)	['fjæ:r̩,lys]
luzes (f pl) de stop	stopplys, bremselys (n)	['stɔp,lys], ['brɛmsə,lys]

mínimos (m pl)	parkeringslys (n)	[par'keriŋs,lys]
luzes (f pl) de emergência	varselblinklys (n)	['vaʂəl,blink lys]
faróis (m pl) antinevoeiro	tåkelys (n)	['to:kə,lys]
pisca-pisca (m)	blinklys (n)	['blink,lys]
luz (f) de marcha atrás	baklys (n)	['bak,lys]

148. Carros. Habitáculo

interior (m) do carro	interiør (n), innredning (m/f)	[inter'jør], ['in,rɛdniŋ]
de couro, de pele	lær-	['lær-]
de veludo	velur	[ve'lʉr]
estofos (m pl)	trekk (n)	['trɛk]

indicador (m)	instrument (n)	[instrʉ'mɛnt]
painel (m) de instrumentos	dashbord (n)	['daʂbɔ:d]

| velocímetro (m) | speedometer (n) | [spidʊ'metər] |
| ponteiro (m) | viser (m) | ['visər] |

conta-quilómetros (m)	kilometerteller (m)	[çilu'metər‚tɛlər]
sensor (m)	indikator (m)	[indi'katʊr]
nível (m)	nivå (n)	[ni'vo]
luz (f) avisadora	varsellampe (m/f)	['vaʂəl‚lampə]

volante (m)	ratt (n)	['rat]
buzina (f)	horn (n)	['hʊːɳ]
botão (m)	knapp (m)	['knap]
interruptor (m)	bryter (m)	['brytər]

assento (m)	sete (n)	['setə]
costas (f pl) do assento	seterygg (m)	['setə‚rʏg]
cabeceira (f)	nakkestøtte (m/f)	['nakə‚stœtə]
cinto (m) de segurança	sikkerhetsbelte (m)	['sikərhɛts‚bɛltə]
apertar o cinto	å spenne fast sikkerhetsbeltet	[ɔ 'spɛnə fast 'sikərhets‚bɛltə]
regulação (f)	justering (m/f)	[jʊ'steriŋ]

| airbag (m) | kollisjonspute (m/f) | ['kʊliʂʊns‚pʉtə] |
| ar (m) condicionado | klimaanlegg (n) | ['klima'an‚leg] |

rádio (m)	radio (m)	['radiʊ]
leitor (m) de CD	CD-spiller (m)	['sɛdɛ ‚spilər]
ligar (vt)	å slå på	[ɔ 'ʂlɔ pɔ]
antena (f)	antenne (m)	[an'tɛnə]
porta-luvas (m)	hanskerom (n)	['hanskə‚rʊm]
cinzeiro (m)	askebeger (n)	['askə‚begər]

149. Carros. Motor

motor (m)	motor (m)	['mɔtʊr]
diesel	diesel-	['disəl-]
a gasolina	bensin-	[bɛn'sin-]

cilindrada (f)	motorvolum (n)	['mɔtʊr vɔ'lʉm]
potência (f)	styrke (m)	['styrkə]
cavalo-vapor (m)	hestekraft (m/f)	['hɛstə‚kraft]
pistão (m)	stempel (n)	['stɛmpəl]
cilindro (m)	sylinder (m)	[sy'lindər]
válvula (f)	ventil (m)	[vɛn'til]

injetor (m)	injektor (m)	[i'njɛktʊr]
gerador (m)	generator (m)	[gene'ratʊr]
carburador (m)	forgasser (m)	[fɔr'gasər]
óleo (m) para motor	motorolje (m)	['mɔtʊr‚ɔljə]

radiador (m)	radiator (m)	[radi'atʊr]
refrigerante (m)	kjølevæske (m/f)	['çœlə‚væskə]
ventilador (m)	vifte (m/f)	['viftə]
bateria (f)	batteri (n)	[batɛ'ri]
dispositivo (m) de arranque	starter (m)	['staːʈər]

ignição (f)	tenning (m/f)	['tɛniŋ]
vela (f) de ignição	tennplugg (m)	['tɛn,plʉg]

borne (m)	klemme (m/f)	['klemə]
borne (m) positivo	plussklemme (m/f)	['plʉs,klemə]
borne (m) negativo	minusklemme (m/f)	['minʉs,klemə]
fusível (m)	sikring (m)	['sikriŋ]

filtro (m) de ar	luftfilter (n)	['lʉft,filtər]
filtro (m) de óleo	oljefilter (n)	['ɔljə,filtər]
filtro (m) de combustível	brenselsfilter (n)	['brɛnsəls,filtər]

150. Carros. Batidas. Reparação

acidente (m) de carro	bilulykke (m/f)	['bil ʉ'lʏkə]
acidente (m) rodoviário	trafikkulykke (m/f)	[tra'fik ʉ'lʏkə]
ir contra ...	å kjøre inn i ...	[ɔ 'çœːrə in i ...]
sofrer um acidente	å havarere	[ɔ hava'rerə]
danos (m pl)	skade (m)	['skadə]
intato	uskadd	['ʉ,skad]

avaria (no motor, etc.)	havari (n)	[hava'ri]
avariar (vi)	å bryte sammen	[ɔ 'brytə 'samən]
cabo (m) de reboque	slepetau (n)	['ʂlepə,taʉ]

furo (m)	punktering (m)	[pʉn'teriŋ]
estar furado	å være punktert	[ɔ 'værə pʉnk'tɛːt]
encher (vt)	å pumpe opp	[ɔ 'pʉmpə ɔp]
pressão (f)	trykk (n)	['trʏk]
verificar (vt)	å sjekke	[ɔ 'ʂɛkə]

reparação (f)	reparasjon (m)	[repara'ʂʉn]
oficina (f)	bilverksted (n)	['bil 'værk,sted]
de reparação de carros		
peça (f) sobresselente	reservedel (m)	[re'sɛrvə,del]
peça (f)	del (m)	['del]

parafuso (m)	bolt (m)	['bɔlt]
parafuso (m)	skrue (m)	['skrʉə]
porca (f)	mutter (m)	['mʉtər]
anilha (f)	skive (m/f)	['ʂivə]
rolamento (m)	lager (n)	['lagər]

tubo (m)	rør (m)	['rør]
junta (f)	pakning (m/f)	['pakniŋ]
fio, cabo (m)	ledning (m)	['ledniŋ]

macaco (m)	jekk (m), donkraft (m/f)	['jɛk], ['dɔn,kraft]
chave (f) de boca	skrunøkkel (m)	['skrʉ,nøkəl]
martelo (m)	hammer (m)	['hamər]
bomba (f)	pumpe (m/f)	['pʉmpə]
chave (f) de fendas	skrutrekker (m)	['skrʉ,trɛkər]
extintor (m)	brannslukker (n)	['bran,ʂlʉkər]
triângulo (m) de emergência	varseltrekant (m)	['vaʂəl 'trɛ,kant]

parar (vi) (motor)	å skjære	[ɔ ˈʂæːrə]
paragem (f)	stans (m), stopp (m/n)	[ˈstɑns], [ˈstɔp]
estar quebrado	å være ødelagt	[ɔ ˈværə ˈødəˌlɑkt]
superaquecer-se (vr)	å bli overopphetet	[ɔ ˈbli ˈɔvərɔpˌhetət]
entupir-se (vr)	å bli tilstoppet	[ɔ ˈbli tilˈstɔpət]
congelar-se (vr)	å fryse	[ɔ ˈfrysə]
rebentar (vi)	å sprekke, å briste	[ɔ ˈsprɛkə], [ɔ ˈbristə]
pressão (f)	trykk (n)	[ˈtrʏk]
nível (m)	nivå (n)	[niˈvo]
frouxo	slakk	[ˈʂlɑk]
mossa (f)	bulk (m)	[ˈbʉlk]
ruído (m)	bankelyd (m), dunk (m/n)	[ˈbɑnkəˌlyd], [ˈdʉnk]
fissura (f)	sprekk (m)	[ˈsprɛk]
arranhão (m)	ripe (m/f)	[ˈripə]

151. Carros. Estrada

estrada (f)	vei (m)	[ˈvæj]
autoestrada (f)	hovedvei (m)	[ˈhʉvədˌvæj]
rodovia (f)	motorvei (m)	[ˈmɔtʉrˌvæj]
direção (f)	retning (m/f)	[ˈrɛtniŋ]
distância (f)	avstand (m)	[ˈɑfˌstɑn]
ponte (f)	bro (m/f)	[ˈbrʉ]
parque (m) de estacionamento	parkeringsplass (m)	[parˈkeriŋsˌplɑs]
praça (f)	torg (n)	[ˈtɔr]
nó (m) rodoviário	trafikkmaskin (m)	[traˈfik mɑˌʂin]
túnel (m)	tunnel (m)	[ˈtʉnəl]
posto (m) de gasolina	bensinstasjon (m)	[bɛnˈsinˌstaˈʂʉn]
parque (m) de estacionamento	parkeringsplass (m)	[parˈkeriŋsˌplɑs]
bomba (f) de gasolina	bensinpumpe (m/f)	[bɛnˈsinˌpʉmpə]
oficina (f) de reparação de carros	bilverksted (n)	[ˈbil ˈværkˌsted]
abastecer (vt)	å tanke opp	[ɔ ˈtankə ɔp]
combustível (m)	brensel (n)	[ˈbrɛnsəl]
bidão (m) de gasolina	bensinkanne (m/f)	[bɛnˈsinˌkanə]
asfalto (m)	asfalt (m)	[ˈɑsˌfalt]
marcação (f) de estradas	vegoppmerking (m/f)	[ˈveg ˈɔpˌmærkiŋ]
lancil (m)	fortauskant (m)	[ˈfɔːʈaʉsˌkant]
proteção (f) guard-rail	autovern, veirekkverk (n)	[ˈaʉtoˌvæːn], [ˈvæjˌrekværk]
valeta (f)	veigrøft (m/f)	[ˈvæjˌgrœft]
berma (f) da estrada	veikant (m)	[ˈvæjˌkant]
poste (m) de luz	lyktestolpe (m)	[ˈlʏktəˌstɔlpə]
conduzir, guiar (vt)	å kjøre	[ɔ ˈçœːrə]
virar (ex. ~ à direita)	å svinge	[ɔ ˈsviŋə]
dar retorno	å ta en U-sving	[ɔ ˈta en ˈʉːˌsviŋ]
marcha-atrás (f)	revers (m)	[reˈvæʂ]
buzinar (vi)	å tute	[ɔ ˈtʉtə]

buzina (f)	tut (n)	['tʉt]
atolar-se (vr)	å kjøre seg fast	[ɔ 'çœːrə sæj 'fɑst]
patinar (na lama)	å spinne	[ɔ 'spinə]
desligar (vt)	å stanse	[ɔ 'stɑnsə]

velocidade (f)	hastighet (m/f)	['hɑstiˌhet]
exceder a velocidade	å overskride fartsgrensen	[ɔ 'ɔvəˌskridə 'faːʈsˌgrɛnsən]
multar (vt)	å gi bot	[ɔ 'ji 'bʉt]
semáforo (m)	trafikklys (n)	[trɑ'fikˌlys]
carta (f) de condução	førerkort (n)	['førərˌkɔːʈ]

passagem (f) de nível	planovergang (m)	['plɑn 'ɔvərˌgɑŋ]
cruzamento (m)	veikryss (n)	['væjkrʏs]
passadeira (f)	fotgjengerovergang (m)	['fʉtˌjɛŋər 'ɔvərˌgɑŋ]
curva (f)	kurve (m)	['kʉrvə]
zona (f) pedonal	gågate (m/f)	['goːˌgɑtə]

PESSOAS. EVENTOS

Eventos

152. Férias. Evento

festa (f)	fest (m)	['fɛst]
festa (f) nacional	nasjonaldag (m)	[naʂu'nal̩ˌda]
feriado (m)	festdag (m)	['fɛstˌda]
festejar (vt)	å feire	[ɔ 'fæjrə]
evento (festa, etc.)	begivenhet (m/f)	[be'jivenˌhet]
evento (banquete, etc.)	evenement (n)	[ɛvenə'maŋ]
banquete (m)	bankett (m)	[ban'kɛt]
receção (f)	resepsjon (m)	[resɛp'ʂʊn]
festim (m)	fest (n)	['fɛst]
aniversário (m)	årsdag (m)	['oːʂˌda]
jubileu (m)	jubileum (n)	[jʉbi'leʉm]
celebrar (vt)	å feire	[ɔ 'fæjrə]
Ano (m) Novo	nytt år (n)	['nʏt ˌoːr]
Feliz Ano Novo!	Godt nytt år!	['gɔt nʏt ˌoːr]
Pai (m) Natal	Julenissen	['jʉləˌnisən]
Natal (m)	Jul (m/f)	['jʉl]
Feliz Natal!	Gledelig jul!	['gledəli 'jʉl]
árvore (f) de Natal	juletre (n)	['jʉləˌtrɛ]
fogo (m) de artifício	fyrverkeri (n)	[ˌfyrværkə'ri]
boda (f)	bryllup (n)	['brʏlʉp]
noivo (m)	brudgom (m)	['brʉdˌgɔm]
noiva (f)	brud (m/f)	['brʉd]
convidar (vt)	å innby, å invitere	[ɔ 'inby], [ɔ invi'terə]
convite (m)	innbydelse (m)	[in'bydəlse]
convidado (m)	gjest (m)	['jɛst]
visitar (vt)	å besøke	[ɔ be'søkə]
receber os hóspedes	å hilse på gjestene	[ɔ 'hilsə pɔ 'jɛstenə]
presente (m)	gave (m/f)	['gavə]
oferecer (vt)	å gi	[ɔ 'ji]
receber presentes	å få gaver	[ɔ 'fɔ 'gavər]
ramo (m) de flores	bukett (m)	[bʉ'kɛt]
felicitações (f pl)	lykkønskning (m/f)	['lʏkˌønskniŋ]
felicitar (dar os parabéns)	å gratulere	[ɔ gratʉ'lerə]
cartão (m) de parabéns	gratulasjonskort (n)	[gratʉla'ʂʊnəˌkoːt]

| enviar um postal | å sende postkort | [ɔ 'sɛnə 'pɔstˌkɔːt] |
| receber um postal | å få postkort | [ɔ 'fɔ 'pɔstˌkɔːt] |

brinde (m)	skål (m/f)	['skɔl]
oferecer (vt)	å tilby	[ɔ 'tilby]
champanhe (m)	champagne (m)	[şam'panjə]

divertir-se (vr)	å more seg	[ɔ 'mʊrə sæj]
diversão (f)	munterhet (m)	['mʊntərˌhet]
alegria (f)	glede (m/f)	['gledə]

| dança (f) | dans (m) | ['dɑns] |
| dançar (vi) | å danse | [ɔ 'dɑnsə] |

| valsa (f) | vals (m) | ['vɑls] |
| tango (m) | tango (m) | ['taŋgʊ] |

153. Funerais. Enterro

cemitério (m)	gravplass, kirkegård (m)	['grɑvˌplɑs], ['çirkəˌgɔːr]
sepultura (f), túmulo (m)	grav (m)	['grɑv]
cruz (f)	kors (n)	['kɔːş]
lápide (f)	gravstein (m)	['grɑfˌstæjn]
cerca (f)	gjerde (n)	['jærə]
capela (f)	kapell (n)	[kɑ'pɛl]

morte (f)	død (m)	['dø]
morrer (vi)	å dø	[ɔ 'dø]
defunto (m)	den avdøde	[den 'ɑvˌdødə]
luto (m)	sorg (m/f)	['sɔr]

enterrar, sepultar (vt)	å begrave	[ɔ be'grɑvə]
agência (f) funerária	begravelsesbyrå (n)	[be'grɑvəlsəs byˌro]
funeral (m)	begravelse (m)	[be'grɑvəlsə]

coroa (f) de flores	krans (m)	['krɑns]
caixão (m)	likkiste (m/f)	['likˌçistə]
carro (m) funerário	likbil (m)	['likˌbil]
mortalha (f)	likklede (n)	['likˌkledə]

procissão (f) funerária	gravfølge (n)	['grɑvˌfølgə]
urna (f) funerária	askeurne (m/f)	['askəˌʉːŋə]
crematório (m)	krematorium (n)	[krɛmɑ'tʉrium]

obituário (m), necrologia (f)	nekrolog (m)	[nekrʊ'lɔg]
chorar (vi)	å gråte	[ɔ 'groːtə]
soluçar (vi)	å hulke	[ɔ 'hʉlkə]

154. Guerra. Soldados

| pelotão (m) | tropp (m) | ['trɔp] |
| companhia (f) | kompani (n) | [kʊmpɑ'ni] |

regimento (m)	regiment (n)	[rɛgi'mɛnt]
exército (m)	hær (m)	['hær]
divisão (f)	divisjon (m)	[divi'ʂʊn]
destacamento (m)	tropp (m)	['trɔp]
hoste (f)	hær (m)	['hær]
soldado (m)	soldat (m)	[sʊl'dɑt]
oficial (m)	offiser (m)	[ɔfi'sɛr]
soldado (m) raso	menig (m)	['meni]
sargento (m)	sersjant (m)	[sær'ʂant]
tenente (m)	løytnant (m)	['løjt‚nant]
capitão (m)	kaptein (m)	[kap'tæjn]
major (m)	major (m)	[ma'jɔr]
coronel (m)	oberst (m)	['ʊbɛʂt]
general (m)	general (m)	[gene'ral]
marujo (m)	sjømann (m)	['ʂø‚man]
capitão (m)	kaptein (m)	[kap'tæjn]
contramestre (m)	båtsmann (m)	['bɔs‚man]
artilheiro (m)	artillerist (m)	[‚aːʈile'rist]
soldado (m) paraquedista	fallskjermjeger (m)	['fal‚særm 'jɛːgər]
piloto (m)	flyger, flyver (m)	['flygər], ['flyvər]
navegador (m)	styrmann (m)	['styr‚man]
mecânico (m)	mekaniker (m)	[me'kanikər]
sapador (m)	pioner (m)	[piʊ'ner]
paraquedista (m)	fallskjermhopper (m)	['fal‚særm 'hɔpər]
explorador (m)	oppklaringssoldat (m)	['ɔp‚klariŋ sʊl'dat]
franco-atirador (m)	skarpskytte (m)	['skarp‚ʂʏtə]
patrulha (f)	patrulje (m)	[pa'trʉlje]
patrulhar (vt)	å patruljere	[ɔ patrʉ'ljerə]
sentinela (f)	vakt (m)	['vakt]
guerreiro (m)	kriger (m)	['krigər]
patriota (m)	patriot (m)	[patri'ɔt]
herói (m)	helt (m)	['hɛlt]
heroína (f)	heltinne (m)	['hɛlt‚inə]
traidor (m)	forræder (m)	[fɔ'rædər]
trair (vt)	å forråde	[ɔ fɔ'rɔːdə]
desertor (m)	desertør (m)	[desæː'ʈør]
desertar (vt)	å desertere	[ɔ desæː'ʈerə]
mercenário (m)	leiesoldat (m)	['læjəsʊl‚dat]
recruta (m)	rekrutt (m)	[re'krʉt]
voluntário (m)	frivillig (m)	['fri‚vili]
morto (m)	drept (m)	['drɛpt]
ferido (m)	såret (m)	['soːrə]
prisioneiro (m) de guerra	fange (m)	['faɳə]

155. Guerra. Ações militares. Parte 1

guerra (f)	krig (m)	['krig]
guerrear (vt)	å være i krig	[ɔ 'værə i ˌkrig]
guerra (f) civil	borgerkrig (m)	['bɔrgərˌkrig]
perfidamente	lumsk, forræderisk	['lʉmsk], [fɔ'rædərisk]
declaração (f) de guerra	krigserklæring (m)	['krigs ærˌklæriŋ]
declarar (vt) guerra	å erklære	[ɔ ær'klærə]
agressão (f)	aggresjon (m)	[agre'ʂʉn]
atacar (vt)	å angripe	[ɔ 'anˌgripə]
invadir (vt)	å invadere	[ɔ inva'derə]
invasor (m)	angriper (m)	['anˌgripər]
conquistador (m)	erobrer (m)	[ɛ'rʉbrər]
defesa (f)	forsvar (n)	['fʉˌsvar]
defender (vt)	å forsvare	[ɔ fɔ'ʂvarə]
defender-se (vr)	å forsvare seg	[ɔ fɔ'ʂvarə sæj]
inimigo (m)	fiende (m)	['fiɛndə]
adversário (m)	motstander (m)	['mʉtˌstanər]
inimigo	fiendtlig	['fjɛntli]
estratégia (f)	strategi (m)	[strate'gi]
tática (f)	taktikk (m)	[tak'tik]
ordem (f)	ordre (m)	['ɔrdrə]
comando (m)	ordre, kommando (m/f)	['ɔrdrə], ['kʉ'mandʉ]
ordenar (vt)	å beordre	[ɔ be'ɔrdrə]
missão (f)	oppdrag (m)	['ɔpdrag]
secreto	hemmelig	['hɛməli]
batalha (f), combate (m)	slag (n)	['ʂlag]
batalha (f)	batalje (m)	[ba'taljə]
combate (m)	kamp (m)	['kamp]
ataque (m)	angrep (n)	['anˌgrɛp]
assalto (m)	storm (m)	['stɔrm]
assaltar (vt)	å storme	[ɔ 'stɔrmə]
assédio, sítio (m)	beleiring (m/f)	[be'læjriŋ]
ofensiva (f)	offensiv (m), angrep (n)	['ɔfenˌsif], ['anˌgrɛp]
passar à ofensiva	å angripe	[ɔ 'anˌgripə]
retirada (f)	retrett (m)	[rɛ'trɛt]
retirar-se (vr)	å retirere	[ɔ reti'rerə]
cerco (m)	omringing (m/f)	['ɔmˌriŋiŋ]
cercar (vt)	å omringe	[ɔ 'ɔmˌriŋə]
bombardeio (m)	bombing (m/f)	['bʉmbiŋ]
lançar uma bomba	å slippe bombe	[ɔ 'ʂlipə 'bʉmbə]
bombardear (vt)	å bombardere	[ɔ bʉmba:'dʲerə]
explosão (f)	eksplosjon (m)	[ɛksplʉ'ʂʉn]

tiro (m)	skudd (n)	['skʉd]
disparar um tiro	å skyte av	[ɔ 'ʂytə ɑ:]
tiroteio (m)	skytning (m/f)	['ʂytniŋ]
apontar para ...	å sikte på ...	[ɔ 'siktə pɔ ...]
apontar (vt)	å rette	[ɔ 'rɛtə]
acertar (vt)	å treffe	[ɔ 'trɛfə]
afundar (um navio)	å senke	[ɔ 'sɛnkə]
brecha (f)	hull (n)	['hʉl]
afundar-se (vr)	å synke	[ɔ 'synkə]
frente (m)	front (m)	['frɔnt]
evacuação (f)	evakuering (m/f)	[ɛvɑkʉ'eriŋ]
evacuar (vt)	å evakuere	[ɔ ɛvɑkʉ'erə]
trincheira (f)	skyttergrav (m)	['ʂytə‚grɑv]
arame (m) farpado	piggtråd (m)	['pig‚trɔd]
obstáculo (m) anticarro	hinder (n), sperring (m/f)	['hindər], ['spɛriŋ]
torre (f) de vigia	vakttårn (n)	['vɑkt‚tɔ:n]
hospital (m)	militærsykehus (n)	[mili'tær‚sykə'hʉs]
ferir (vt)	å såre	[ɔ 'so:rə]
ferida (f)	sår (n)	['sor]
ferido (m)	såret (n)	['so:rə]
ficar ferido	å bli såret	[ɔ 'bli 'so:rət]
grave (ferida ~)	alvorlig	[ɑl'vɔ:[i]

156. Armas

arma (f)	våpen (n)	['vɔpən]
arma (f) de fogo	skytevåpen (n)	['ʂytə‚vɔpən]
arma (f) branca	blankvåpen (n)	['blɑnk‚vɔpən]
arma (f) química	kjemisk våpen (n)	['çemisk ‚vɔpen]
nuclear	kjerne-	['çæ:ŋə-]
arma (f) nuclear	kjernevåpen (n)	['çæ:ŋə‚vɔpən]
bomba (f)	bombe (m)	['bʉmbə]
bomba (f) atómica	atombombe (m)	[ɑ'tʉm‚bʉmbə]
pistola (f)	pistol (m)	[pi'stʉl]
caçadeira (f)	gevær (n)	[ge'vær]
pistola-metralhadora (f)	maskinpistol (m)	[mɑ'ʂin pi‚stʉl]
metralhadora (f)	maskingevær (n)	[mɑ'ʂin ge‚vær]
boca (f)	munning (m)	['mʉniŋ]
cano (m)	løp (n)	['løp]
calibre (m)	kaliber (m/n)	[kɑ'libər]
gatilho (m)	avtrekker (m)	['ɑv‚trɛkər]
mira (f)	sikte (n)	['siktə]
carregador (m)	magasin (n)	[mɑgɑ'sin]
coronha (f)	kolbe (m)	['kʉlbə]

145

| granada (f) de mão | håndgranat (m) | ['hɔn,gra'nɑt] |
| explosivo (m) | sprengstoff (n) | ['sprɛŋ,stɔf] |

bala (f)	kule (m/f)	['kʉːlə]
cartucho (m)	patron (m)	[pɑ'trʊn]
carga (f)	ladning (m)	['lɑdniŋ]
munições (f pl)	ammunisjon (m)	[ɑmʉni'ʂʊn]

bombardeiro (m)	bombefly (n)	['bʊmbə,fly]
avião (m) de caça	jagerfly (n)	['jagər,fly]
helicóptero (m)	helikopter (n)	[heli'kɔptər]

canhão (m) antiaéreo	luftvernkanon (m)	['lʉftvɛːn̩ ka'nʊn]
tanque (m)	stridsvogn (m/f)	['strids,vɔŋn]
canhão (de um tanque)	kanon (m)	[ka'nʊn]

artilharia (f)	artilleri (n)	[,ɑːṭile'ri]
canhão (m)	kanon (m)	[ka'nʊn]
fazer a pontaria	å rette	[ɔ 'rɛtə]

obus (m)	projektil (m)	[prʊek'til]
granada (f) de morteiro	granat (m/f)	[gra'nɑt]
morteiro (m)	granatkaster (m)	[gra'nɑt,kɑstər]
estilhaço (m)	splint (m)	['splint]

submarino (m)	ubåt (m)	['ʉː,bɔt]
torpedo (m)	torpedo (m)	[tʊr'pedʉ]
míssil (m)	rakett (m)	[ra'kɛt]

carregar (uma arma)	å lade	[ɔ 'lɑdə]
atirar, disparar (vi)	å skyte	[ɔ 'ʂytə]
apontar para ...	å sikte på ...	[ɔ 'siktə pɔ ...]
baioneta (f)	bajonett (m)	[bajo'nɛt]

espada (f)	kårde (m)	['koːrdə]
sabre (m)	sabel (m)	['sɑbəl]
lança (f)	spyd (n)	['spyd]
arco (m)	bue (m)	['bʉːə]
flecha (f)	pil (m/f)	['pil]
mosquete (m)	muskett (m)	[mʉ'skɛt]
besta (f)	armbrøst (m)	['arm,brøst]

157. Povos da antiguidade

primitivo	ur-	['ʉr-]
pré-histórico	forhistorisk	['fɔrhi,stʉrisk]
antigo	oldtidens, antikkens	['ɔl,tidəns], [an'tikəns]

Idade (f) da Pedra	Steinalderen	['stæjn,ɑldərən]
Idade (f) do Bronze	bronsealder (m)	['brɔnsə,aldər]
período (m) glacial	istid (m/f)	['is,tid]

| tribo (f) | stamme (m) | ['stamə] |
| canibal (m) | kannibal (m) | [kani'bɑl] |

caçador (m)	jeger (m)	['jɛːgər]
caçar (vi)	å jage	[ɔ 'jagə]
mamute (m)	mammut (m)	['mɑmʉt]

caverna (f)	grotte (m/f)	['grɔtə]
fogo (m)	ild (m)	['il]
fogueira (f)	bål (n)	['bɔl]
pintura (f) rupestre	helleristning (m/f)	['hɛləˌristniŋ]

ferramenta (f)	redskap (m/n)	['rɛdˌskɑp]
lança (f)	spyd (n)	['spyd]
machado (m) de pedra	steinøks (m/f)	['stæjnˌøks]
guerrear (vt)	å være i krig	[ɔ 'værə i ˌkrig]
domesticar (vt)	å temme	[ɔ 'tɛmə]

ídolo (m)	idol (n)	[i'dʉl]
adorar, venerar (vt)	å dyrke	[ɔ 'dyrkə]
superstição (f)	overtro (m)	['ɔvəˌtrʉ]
ritual (m)	ritual (n)	[ritʉ'ɑl]

evolução (f)	evolusjon (m)	[ɛvɔlʉ'ʂʉn]
desenvolvimento (m)	utvikling (m/f)	['ʉtˌvikliŋ]
desaparecimento (m)	forsvinning (m/f)	[fɔ'ʂviniŋ]
adaptar-se (vr)	å tilpasse seg	[ɔ 'tilˌpasə sæj]

arqueologia (f)	arkeologi (m)	[ˌɑrkeʉlʉ'gi]
arqueólogo (m)	arkeolog (m)	[ˌɑrkeʉ'lɔg]
arqueológico	arkeologisk	[ˌɑrkeʉ'lɔgisk]

local (m) das escavações	utgravingssted (n)	['ʉtˌgraviŋs ˌsted]
escavações (f pl)	utgravinger (m/f pl)	['ʉtˌgraviŋər]
achado (m)	funn (n)	['fʉn]
fragmento (m)	fragment (n)	[frɑg'mɛnt]

158. Idade média

povo (m)	folk (n)	['fɔlk]
povos (m pl)	folk (n pl)	['fɔlk]
tribo (f)	stamme (m)	['stɑmə]
tribos (f pl)	stammer (m pl)	['stɑmər]

bárbaros (m pl)	barbarer (m pl)	[bɑr'bɑrər]
gauleses (m pl)	gallere (m pl)	['gɑlere]
godos (m pl)	gotere (m pl)	['gɔterə]
eslavos (m pl)	slavere (m pl)	['slɑvɛrə]
víquingues (m pl)	vikinger (m pl)	['vikiŋər]

| romanos (m pl) | romere (m pl) | ['rʉmerə] |
| romano | romersk | ['rʉmæʂk] |

bizantinos (m pl)	bysantiner (m pl)	[bysɑn'tinər]
Bizâncio	Bysants	[by'sɑnts]
bizantino	bysantinsk	[bysɑn'tinsk]
imperador (m)	keiser (m)	['kæjsər]

líder (m)	høvding (m)	['høvdiŋ]
poderoso	mektig	['mɛkti]
rei (m)	konge (m)	['kuŋə]
governante (m)	hersker (m)	['hæʂkər]

cavaleiro (m)	ridder (m)	['ridər]
senhor feudal (m)	føydalherre (m)	['føjdɑlˌhɛrə]
feudal	føydal	['føjdɑl]
vassalo (m)	vasall (m)	[vɑ'sɑl]

duque (m)	hertug (m)	['hæːʈʉg]
conde (m)	greve (m)	['grevə]
barão (m)	baron (m)	[bɑ'rʊn]
bispo (m)	biskop (m)	['biskɔp]

armadura (f)	rustning (m/f)	['rʉstniŋ]
escudo (m)	skjold (n)	['ʂɔl]
espada (f)	sverd (n)	['sværd]
viseira (f)	visir (n)	[vi'sir]
cota (f) de malha	ringbrynje (m/f)	['riŋˌbrynje]

cruzada (f)	korstog (n)	['kɔːʂˌtɔg]
cruzado (m)	korsfarer (m)	['kɔːʂˌfɑrər]

território (m)	territorium (n)	[tɛri'tʊrium]
atacar (vt)	å angripe	[ɔ 'ɑnˌgripə]
conquistar (vt)	å erobre	[ɔ ɛ'rʊbrə]
ocupar, invadir (vt)	å okkupere	[ɔ ɔkʉ'perə]

assédio, sítio (m)	beleiring (m/f)	[be'læjriŋ]
sitiado	beleiret	[be'læjrət]
assediar, sitiar (vt)	å beleire	[ɔ be'læjre]

inquisição (f)	inkvisisjon (m)	[inkvisi'ʂʊn]
inquisidor (m)	inkvisitor (m)	[inkvi'sitʊr]
tortura (f)	tortur (m)	[tɔː'ʈʉr]
cruel	brutal	[brʉ'tɑl]
herege (m)	kjetter (m)	['çɛtər]
heresia (f)	kjetteri (n)	[çɛtə'ri]

navegação (f) marítima	sjøfart (m)	['ʂøˌfɑːt]
pirata (m)	pirat, sjørøver (m)	['pi'rɑt], ['ʂøˌrøvər]
pirataria (f)	sjørøveri (n)	['ʂø røvɛ'ri]
abordagem (f)	entring (m/f)	['ɛntriŋ]

presa (f), butim (m)	bytte (n)	['bytə]
tesouros (m pl)	skatter (m pl)	['skatər]

descobrimento (m)	oppdagelse (m)	['ɔpˌdagəlsə]
descobrir (novas terras)	å oppdage	[ɔ 'ɔpˌdage]
expedição (f)	ekspedisjon (m)	[ɛkspedi'ʂʊn]

mosqueteiro (m)	musketer (m)	[mʉskə'ter]
cardeal (m)	kardinal (m)	[kɑːɖi'nɑl]
heráldica (f)	heraldikk (m)	[herɑl'dik]
heráldico	heraldisk	[he'rɑldisk]

159. Líder. Chefe. Autoridades

rei (m)	konge (m)	['kʊŋə]
rainha (f)	dronning (m/f)	['drɔniŋ]
real	kongelig	['kʊŋəli]
reino (m)	kongerike (n)	['kʊŋəˌrikə]

| príncipe (m) | prins (m) | ['prins] |
| princesa (f) | prinsesse (m/f) | [prin'sɛsə] |

presidente (m)	president (m)	[prɛsi'dɛnt]
vice-presidente (m)	visepresident (m)	['visə prɛsi'dɛnt]
senador (m)	senator (m)	[se'natʊr]

monarca (m)	monark (m)	[mʊ'nark]
governante (m)	hersker (m)	['hæʂkər]
ditador (m)	diktator (m)	[dik'tatʊr]
tirano (m)	tyrann (m)	[ty'ran]
magnata (m)	magnat (m)	[maŋ'nat]

diretor (m)	direktør (m)	[dirɛk'tør]
chefe (m)	sjef (m)	['ʂɛf]
dirigente (m)	forstander (m)	[fɔ'ʂtandər]
patrão (m)	boss (m)	['bɔs]
dono (m)	eier (m)	['æjər]

líder, chefe (m)	leder (m)	['ledər]
chefe (~ de delegação)	leder (m)	['ledər]
autoridades (f pl)	myndigheter (m pl)	['mʏndiˌhetər]
superiores (m pl)	overordnede (pl)	['ɔvərˌɔrdnedə]

governador (m)	guvernør (m)	[gʊver'nør]
cônsul (m)	konsul (m)	['kʊnˌsʉl]
diplomata (m)	diplomat (m)	[diplʉ'mat]
Presidente (m) da Câmara	borgermester (m)	[bɔrgər'mɛstər]
xerife (m)	sheriff (m)	[ʂɛ'rif]

imperador (m)	keiser (m)	['kæjsər]
czar (m)	tsar (m)	['tsɑr]
faraó (m)	farao (m)	['fɑrɑu]
cã (m)	khan (m)	['kɑn]

160. Viloação da lei. Criminosos. Parte 1

bandido (m)	banditt (m)	[ban'dit]
crime (m)	forbrytelse (m)	[fɔr'brytəlsə]
criminoso (m)	forbryter (m)	[fɔr'brytər]

| ladrão (m) | tyv (m) | ['tyv] |
| roubar (vt) | å stjele | [ɔ 'stjelə] |

| raptar (ex. ~ uma criança) | å kidnappe | [ɔ 'kidˌnɛpə] |
| rapto (m) | kidnapping (m) | ['kidˌnɛpiŋ] |

raptor (m)	kidnapper (m)	['kid,nɛpər]
resgate (m)	løsepenger (m pl)	['løsə,pɛŋər]
pedir resgate	å kreve løsepenger	[ɔ 'krevə 'løsə,pɛŋər]

roubar (vt)	å rane	[ɔ 'ranə]
assalto, roubo (m)	ran (n)	['ran]
assaltante (m)	raner (m)	['ranər]

extorquir (vt)	å presse ut	[ɔ 'prɛsə ʉt]
extorsionário (m)	utpresser (m)	['ʉt,prɛsər]
extorsão (f)	utpressing (m/f)	['ʉt,prɛsiŋ]

matar, assassinar (vt)	å myrde	[ɔ 'mʏ:də]
homicídio (m)	mord (n)	['mʊr]
homicida, assassino (m)	morder (m)	['mʊrdər]
tiro (m)	skudd (n)	['skʉd]
dar um tiro	å skyte av	[ɔ 'ʂʏtə a:]
matar a tiro	å skyte ned	[ɔ 'ʂʏtə ne]
atirar, disparar (vi)	å skyte	[ɔ 'ʂʏtə]
tiroteio (m)	skyting, skytning (m/f)	['ʂʏtiŋ], ['ʂʏtniŋ]

incidente (m)	hendelse (m)	['hɛndəlsə]
briga (~ de rua)	slagsmål (n)	['ʂlaks,mol]
Socorro!	Hjelp!	['jɛlp]
vítima (f)	offer (n)	['ɔfər]

danificar (vt)	å skade	[ɔ 'skadə]
dano (m)	skade (m)	['skadə]
cadáver (m)	lik (n)	['lik]
grave	alvorlig	[al'vɔ:[i]

atacar (vt)	å anfalle	[ɔ 'an,falə]
bater (espancar)	å slå	[ɔ 'ʂlɔ]
espancar (vt)	å klå opp	[ɔ 'klɔ ɔp]
tirar, roubar (dinheiro)	å berøve	[ɔ be'røvə]
esfaquear (vt)	å stikke i hjel	[ɔ 'stikə i 'jel]
mutilar (vt)	å lemleste	[ɔ 'lem,lestə]
ferir (vt)	å såre	[ɔ 'so:rə]

chantagem (f)	utpressing (m/f)	['ʉt,prɛsiŋ]
chantagear (vt)	å utpresse	[ɔ 'ʉt,prɛsə]
chantagista (m)	utpresser (m)	['ʉt,prɛsər]

extorsão (em troca de proteção)	utpressing (m/f)	['ʉt,prɛsiŋ]
extorsionário (m)	utpresser (m)	['ʉt,prɛsər]
gângster (m)	gangster (m)	['gɛŋstər]
máfia (f)	mafia (m)	['mafia]

carteirista (m)	lommetyv (m)	['lʊmə,tyv]
assaltante, ladrão (m)	innbruddstyv (m)	['inbrʉds,tyv]
contrabando (m)	smugling (m/f)	['smʉgliŋ]
contrabandista (m)	smugler (m)	['smʉglər]
falsificação (f)	forfalskning (m/f)	[fɔr'falskniŋ]
falsificar (vt)	å forfalske	[ɔ fɔr'falskə]
falsificado	falsk	['falsk]

161. Viloação da lei. Criminosos. Parte 2

violação (f)	voldtekt (m)	['vɔl̩tɛkt]
violar (vt)	å voldta	[ɔ 'vɔl̩ta]
violador (m)	voldtektsmann (m)	['vɔl̩tɛkts man]
maníaco (m)	maniker (m)	['manikər]
prostituta (f)	prostituert (m)	[prʊstitu'eːt]
prostituição (f)	prostitusjon (m)	[prʊstitu'ʂʊn]
chulo (m)	hallik (m)	['halik]
toxicodependente (m)	narkoman (m)	[narkʊ'man]
traficante (m)	narkolanger (m)	['narkɔˌlaŋər]
explodir (vt)	å sprenge	[ɔ 'sprɛŋə]
explosão (f)	eksplosjon (m)	[ɛksplʊ'ʂʊn]
incendiar (vt)	å sette fyr	[ɔ 'sɛtə ˌfyr]
incendiário (m)	brannstifter (m)	['branˌstiftər]
terrorismo (m)	terrorisme (m)	[tɛrʊ'rismə]
terrorista (m)	terrorist (m)	[tɛrʊ'rist]
refém (m)	gissel (m)	['jisəl]
enganar (vt)	å bedra	[ɔ be'dra]
engano (m)	bedrag (n)	[be'drag]
vigarista (m)	bedrager, svindler (m)	[be'dragər], ['svindlər]
subornar (vt)	å bestikke	[ɔ be'stikə]
suborno (atividade)	bestikkelse (m)	[be'stikəlsə]
suborno (dinheiro)	bestikkelse (m)	[be'stikəlsə]
veneno (m)	gift (m/f)	['jift]
envenenar (vt)	å forgifte	[ɔ fɔr'jiftə]
envenenar-se (vr)	å forgifte seg selv	[ɔ fɔr'jiftə sæj sɛl]
suicídio (m)	selvmord (n)	['sɛlˌmʊr]
suicida (m)	selvmorder (m)	['sɛlˌmʊrdər]
ameaçar (vt)	å true	[ɔ 'trʉə]
ameaça (f)	trussel (m)	['trʉsəl]
atentar contra a vida de ...	å begå mordforsøk	[ɔ be'gɔ 'mʊrdfɔˌʂøk]
atentado (m)	mordforsøk (n)	['mʊrdfɔˌʂøk]
roubar (o carro)	å stjele	[ɔ 'stjelə]
desviar (o avião)	å kapre	[ɔ 'kaprə]
vingança (f)	hevn (m)	['hɛvn]
vingar (vt)	å hevne	[ɔ 'hɛvnə]
torturar (vt)	å torturere	[ɔ tɔːtʉ'rerə]
tortura (f)	tortur (m)	[tɔː'tʉr]
atormentar (vt)	å plage	[ɔ 'plagə]
pirata (m)	pirat, sjørøver (m)	['pi'rat], ['ʂøˌrøvər]
desordeiro (m)	bølle (m)	['bølə]

armado	bevæpnet	[be'væpnət]
violência (f)	vold (m)	['vɔl]
ilegal	illegal	['ile‚gal]

espionagem (f)	spionasje (m)	[spiʉ'naʂə]
espionar (vi)	å spionere	[ɔ spiʉ'nerə]

162. Polícia. Lei. Parte 1

justiça (f)	justis (m), rettspleie (m/f)	['jʉ'stis], ['rɛts‚plæje]
tribunal (m)	rettssal (m)	['rɛts‚sal]

juiz (m)	dommer (m)	['dɔmər]
jurados (m pl)	lagrettemedlemmer (n pl)	['lag‚rɛtə medle'mer]
tribunal (m) do júri	lagrette, juryordning (m)	['lag‚rɛtə], ['jʉri‚ɔrdniŋ]
julgar (vt)	å dømme	[ɔ 'dœmə]

advogado (m)	advokat (m)	[advʉ'kat]
réu (m)	anklaget (m)	['an‚klaget]
banco (m) dos réus	anklagebenk (m)	[an'klagə‚bɛnk]

acusação (f)	anklage (m)	['an‚klagə]
acusado (m)	anklagede (m)	['an‚klagedə]

sentença (f)	dom (m)	['dɔm]
sentenciar (vt)	å dømme	[ɔ 'dœmə]

culpado (m)	skyldige (m)	['ʂyldiə]
punir (vt)	å straffe	[ɔ 'strafə]
punição (f)	straff, avstraffelse (m)	['straf], ['af‚strafəlsə]

multa (f)	bot (m/f)	['bʉt]
prisão (f) perpétua	livsvarig fengsel (n)	['lifs‚vari 'fɛŋsəl]
pena (f) de morte	dødsstraff (m/f)	['død‚straf]
cadeira (f) elétrica	elektrisk stol (m)	[ɛ'lektrisk ‚stʉl]
forca (f)	galge (m)	['galgə]

executar (vt)	å henrette	[ɔ 'hɛn‚rɛtə]
execução (f)	henrettelse (m)	['hɛn‚rɛtəlsə]

prisão (f)	fengsel (n)	['fɛŋsəl]
cela (f) de prisão	celle (m)	['sɛlə]

escolta (f)	eskorte (m)	[ɛs'kɔ:tə]
guarda (m) prisional	fangevokter (m)	['faŋə‚vɔktər]
preso (m)	fange (m)	['faŋə]

algemas (f pl)	håndjern (n pl)	['hɔn‚jæ:ņ]
algemar (vt)	å sette håndjern	[ɔ 'sɛtə 'hɔn‚jæ:ņ]

fuga, evasão (f)	flykt (m/f)	['flʏkt]
fugir (vi)	å flykte, å rømme	[ɔ 'flʏktə], [ɔ 'rœmə]
desaparecer (vi)	å forsvinne	[ɔ fo'ʂvinə]
soltar, libertar (vt)	å løslate	[ɔ 'løs‚latə]

amnistia (f)	amnesti (m)	[amnɛ'sti]
polícia (instituição)	politi (n)	[pʊli'ti]
polícia (m)	politi (m)	[pʊli'ti]
esquadra (f) de polícia	politistasjon (m)	[pʊli'ti‚sta'ʂʊn]
cassetete (m)	gummikølle (m/f)	['gʉmi‚kølə]
megafone (m)	megafon (m)	[mega'fʊn]

carro (m) de patrulha	patruljebil (m)	[pa'trʉljə‚bil]
sirene (f)	sirene (m/f)	[si'renə]
ligar a sirene	å slå på sirenen	[ɔ 'ʂlɔ pɔ si'renən]
toque (m) da sirene	sirene hyl (n)	[si'renə ‚hyl]

cena (f) do crime	åsted (n)	['ɔsted]
testemunha (f)	vitne (n)	['vitnə]
liberdade (f)	frihet (m)	['fri‚het]
cúmplice (m)	medskyldig (m)	['mɛ‚syldi]
escapar (vi)	å flykte	[ɔ 'flʏktə]
traço (não deixar ~s)	spor (n)	['spʊr]

163. Polícia. Lei. Parte 2

procura (f)	ettersøking (m/f)	['ɛtə‚søkiŋ]
procurar (vt)	å søke etter ...	[ɔ 'søkə ‚ɛtər ...]
suspeita (f)	mistanke (m)	['mis‚tankə]
suspeito	mistenkelig	[mis'tɛnkəli]
parar (vt)	å stoppe	[ɔ 'stɔpə]
deter (vt)	å anholde	[ɔ 'an‚hɔlə]

caso (criminal)	sak (m/f)	['sak]
investigação (f)	etterforskning (m/f)	['ɛtər‚fɔʂkniŋ]
detetive (m)	detektiv (m)	[detɛk'tiv]
investigador (m)	etterforsker (m)	['ɛtər‚fɔʂkər]
versão (f)	versjon (m)	[væ'ʂʊn]

motivo (m)	motiv (n)	[mʊ'tiv]
interrogatório (m)	forhør (n)	[for'hør]
interrogar (vt)	å forhøre	[ɔ for'hørə]
questionar (vt)	å avhøre	[ɔ 'av‚hørə]
verificação (f)	sjekking (m/f)	['ʂɛkiŋ]

batida (f) policial	rassia, razzia (m)	['rasia]
busca (f)	ransakelse (m)	['ran‚sakəlsə]
perseguição (f)	jakt (m/f)	['jakt]
perseguir (vt)	å forfølge	[ɔ for'følə]
seguir (vt)	å spore	[ɔ 'spʊrə]

prisão (f)	arrest (m)	[a'rɛst]
prender (vt)	å arrestere	[ɔ arɛ'sterə]
pegar, capturar (vt)	å fange	[ɔ 'faŋə]
captura (f)	pågripelse (m)	['pɔ‚gripəlsə]

documento (m)	dokument (n)	[dokʉ'mɛnt]
prova (f)	bevis (n)	[be'vis]
provar (vt)	å bevise	[ɔ be'visɔ]

pegada (f)	fotspor (n)	['fʊtˌspʊr]
impressões (f pl) digitais	fingeravtrykk (n pl)	['fiŋərˌavtrʏk]
prova (f)	bevis (n)	[be'vis]

álibi (m)	alibi (n)	['alibi]
inocente	uskyldig	[ʉ'ʂyldi]
injustiça (f)	urettferdighet (m)	['ʉrɛtfærdiˌhet]
injusto	urettferdig	['ʉrɛtˌfærdi]

criminal	kriminell	[krimi'nɛl]
confiscar (vt)	å konfiskere	[ɔ kʊnfi'skerə]
droga (f)	narkotika (m)	[nɑr'kɔtikɑ]
arma (f)	våpen (n)	['vɔpən]
desarmar (vt)	å avvæpne	[ɔ 'avˌvæpnə]
ordenar (vt)	å befale	[ɔ be'falə]
desaparecer (vi)	å forsvinne	[ɔ fɔ'ʂvinə]

lei (f)	lov (m)	['lɔv]
legal	lovlig	['lɔvli]
ilegal	ulovlig	[ʉ'lɔvli]

| responsabilidade (f) | ansvar (n) | ['anˌsvɑr] |
| responsável | ansvarlig | [ans'vɑːˌli] |

NATUREZA

A Terra. Parte 1

164. Espaço sideral

cosmos (m)	rommet, kosmos (n)	['rumə], ['kɔsmɔs]
cósmico	rom-	['rum-]
espaço (m) cósmico	ytre rom (n)	['ytrə ˌrum]
mundo (m)	verden (m)	['værdən]
universo (m)	univers (n)	[uni'væʂ]
galáxia (f)	galakse (m)	[ga'laksə]
estrela (f)	stjerne (m/f)	['stjæːŋə]
constelação (f)	stjernebilde (n)	['stjæːŋəˌbildə]
planeta (m)	planet (m)	[pla'net]
satélite (m)	satellitt (m)	[satɛ'lit]
meteorito (m)	meteoritt (m)	[meteu'rit]
cometa (m)	komet (m)	[ku'met]
asteroide (m)	asteroide (n)	[asteru'idə]
órbita (f)	bane (m)	['banə]
girar (vi)	å rotere	[ɔ rɔ'terə]
atmosfera (f)	atmosfære (m)	[atmu'sfærə]
Sol (m)	Solen	['sulən]
Sistema (m) Solar	solsystem (n)	['sul sʏ'stem]
eclipse (m) solar	solformørkelse (m)	['sul fɔr'mœrkəlsə]
Terra (f)	Jorden	['juːrən]
Lua (f)	Månen	['moːnən]
Marte (m)	Mars	['maʂ]
Vénus (f)	Venus	['venus]
Júpiter (m)	Jupiter	['jupitər]
Saturno (m)	Saturn	['saˌtuːn]
Mercúrio (m)	Merkur	[mær'kur]
Urano (m)	Uranus	[u'ranus]
Neptuno (m)	Neptun	[nɛp'tun]
Plutão (m)	Pluto	['plutu]
Via Láctea (f)	Melkeveien	['mɛlkəˌvæjən]
Ursa Maior (f)	den Store Bjørn	['dən 'sturə ˌbjœːn]
Estrela Polar (f)	Nordstjernen, Polaris	['nuːrˌstjæːŋən], [pɔ'laris]
marciano (m)	marsbeboer (m)	['maʂˌbebuər]
extraterrestre (m)	utenomjordisk vesen (n)	['utənɔmjuːrdisk 'vesən]

| alienígena (m) | romvesen (n) | ['rʊmˌvesən] |
| disco (m) voador | flygende tallerken (m) | ['flygenə taˈlærkən] |

nave (f) espacial	romskip (n)	['rʊmˌsip]
estação (f) orbital	romstasjon (m)	['rʊmˌstaˈʂʊn]
lançamento (m)	start (m), oppskyting (m/f)	['staːt̺], ['ɔpˌsytiŋ]

motor (m)	motor (m)	['mɔtʊr]
bocal (m)	dyse (m)	['dysə]
combustível (m)	brensel (n), drivstoff (n)	['brɛnsəl], ['drifˌstɔf]

cabine (f)	cockpit (m), flydekk (n)	['kɔkpit], ['flyˌdɛk]
antena (f)	antenne (m)	[anˈtɛnə]
vigia (f)	koøye (n)	['kʊˌøjə]
bateria (f) solar	solbatteri (n)	['sʊl batɛˈri]
traje (m) espacial	romdrakt (m/f)	['rʊmˌdrakt]

| imponderabilidade (f) | vektløshet (m/f) | ['vɛktløsˌhet] |
| oxigénio (m) | oksygen (n) | ['ɔksy'gen] |

| acoplagem (f) | dokking (m/f) | ['dɔkiŋ] |
| fazer uma acoplagem | å dokke | [ɔ 'dɔkə] |

observatório (m)	observatorium (n)	[ɔbsərvaˈtʊrium]
telescópio (m)	teleskop (n)	[teleˈskʊp]
observar (vt)	å observere	[ɔ ɔbsɛr'verə]
explorar (vt)	å utforske	[ɔ 'ʉtˌfɔʂkə]

165. A Terra

Terra (f)	Jorden	['juːrən]
globo terrestre (Terra)	jordklode (m)	['juːrˌklɔdə]
planeta (m)	planet (m)	[plaˈnet]

atmosfera (f)	atmosfære (m)	[atmʊ'sfærə]
geografia (f)	geografi (m)	[geʊgraˈfi]
natureza (f)	natur (m)	[naˈtʉr]

globo (mapa esférico)	globus (m)	['glɔbʉs]
mapa (m)	kart (n)	['kaːt̺]
atlas (m)	atlas (n)	['atlas]

| Europa (f) | Europa | [ɛʉˈrʊpa] |
| Ásia (f) | Asia | ['asia] |

| África (f) | Afrika | ['afrika] |
| Austrália (f) | Australia | [aʉ'stralia] |

América (f)	Amerika	[aˈmerika]
América (f) do Norte	Nord-Amerika	['nuːr aˈmerika]
América (f) do Sul	Sør-Amerika	['sør aˈmerika]

| Antártida (f) | Antarktis | [anˈtarktis] |
| Ártico (m) | Arktis | ['arktis] |

166. Pontos cardeais

norte (m)	nord (n)	['nu:r]
para norte	mot nord	[mʉt 'nu:r]
no norte	i nord	[i 'nu:r]
do norte	nordlig	['nu:rli]

sul (m)	syd, sør	['syd], ['sør]
para sul	mot sør	[mʉt 'sør]
no sul	i sør	[i 'sør]
do sul	sydlig, sørlig	['sydli], ['sø:[i]

oeste, ocidente (m)	vest (m)	['vɛst]
para oeste	mot vest	[mʉt 'vɛst]
no oeste	i vest	[i 'vɛst]
ocidental	vestlig, vest-	['vɛstli]

leste, oriente (m)	øst (m)	['øst]
para leste	mot øst	[mʉt 'øst]
no leste	i øst	[i 'øst]
oriental	østlig	['østli]

167. Mar. Oceano

mar (m)	hav (n)	['hɑv]
oceano (m)	verdenshav (n)	[værdəns'hɑv]
golfo (m)	bukt (m/f)	['bʉkt]
estreito (m)	sund (n)	['sʉn]

terra (f) firme	fastland (n)	['fɑst,lɑn]
continente (m)	fastland, kontinent (n)	['fɑst,lɑn], [kʉnti'nɛnt]
ilha (f)	øy (m/f)	['øj]
península (f)	halvøy (m/f)	['hɑl,ø:j]
arquipélago (m)	skjærgård (m), arkipelag (n)	['ṣær,gɔr], [ɑrkipe'lɑg]

baía (f)	bukt (m/f)	['bʉkt]
porto (m)	havn (m/f)	['hɑvn]
lagoa (f)	lagune (m)	[lɑ'gʉnə]
cabo (m)	nes (n), kapp (n)	['nes], ['kɑp]

atol (m)	atoll (m)	[ɑ'tɔl]
recife (m)	rev (n)	['rev]
coral (m)	korall (m)	[kʉ'rɑl]
recife (m) de coral	korallrev (n)	[kʉ'rɑl,rɛv]

profundo	dyp	['dyp]
profundidade (f)	dybde (m)	['dʏbdə]
abismo (m)	avgrunn (m)	['ɑv,grʉn]
fossa (f) oceânica	dyphavsgrop (m/f)	['dyphɑfs,grɔp]

corrente (f)	strøm (m)	['strøm]
banhar (vt)	å omgi	[ɔ 'ɔmˌji]
litoral (m)	kyst (m)	['çyst]

costa (f)	kyst (m)	['çyst]
maré (f) alta	flo (m/f)	['flʊ]
refluxo (m), maré (f) baixa	ebbe (m), fjære (m/f)	['ɛbə], ['fjærə]
restinga (f)	sandbanke (m)	['san͵bankə]
fundo (m)	bunn (m)	['bʉn]
onda (f)	bølge (m)	['bølgə]
crista (f) da onda	bølgekam (m)	['bølgə͵kam]
espuma (f)	skum (n)	['skʉm]
tempestade (f)	storm (m)	['stɔrm]
furacão (m)	orkan (m)	[ɔr'kan]
tsunami (m)	tsunami (m)	[tsʉ'nami]
calmaria (f)	stille (m/f)	['stilə]
calmo	stille	['stilə]
polo (m)	pol (m)	['pʊl]
polar	pol-, polar	['pʊl-], [pʊ'lɑr]
latitude (f)	bredde, latitude (m)	['brɛdə], ['lɑti͵tʉdə]
longitude (f)	lengde (m/f)	['leŋdə]
paralela (f)	breddegrad (m)	['brɛdə͵grad]
equador (m)	ekvator (m)	[ɛ'kvatʊr]
céu (m)	himmel (m)	['himəl]
horizonte (m)	horisont (m)	[hʊri'sɔnt]
ar (m)	luft (f)	['lʉft]
farol (m)	fyr (n)	['fyr]
mergulhar (vi)	å dykke	[ɔ 'dʏkə]
afundar-se (vr)	å synke	[ɔ 'sʏnkə]
tesouros (m pl)	skatter (m pl)	['skatər]

168. Montanhas

montanha (f)	fjell (n)	['fjɛl]
cordilheira (f)	fjellkjede (m)	['fjɛl͵çɛ:də]
serra (f)	fjellrygg (m)	['fjɛl͵rʏg]
cume (m)	topp (m)	['tɔp]
pico (m)	tind (m)	['tin]
sopé (m)	fot (m)	['fʊt]
declive (m)	skråning (m)	['skrɔniŋ]
vulcão (m)	vulkan (m)	[vʉl'kan]
vulcão (m) ativo	virksom vulkan (m)	['virksɔm vʉl'kan]
vulcão (m) extinto	utslukt vulkan (m)	['ʉt͵slʉkt vʉl'kan]
erupção (f)	utbrudd (n)	['ʉt͵brʉd]
cratera (f)	krater (n)	['kratər]
magma (m)	magma (m/n)	['magma]
lava (f)	lava (m)	['lava]
fundido (lava ~a)	glødende	['glødenə]
desfiladeiro (m)	canyon (m)	['kanjən]

garganta (f)	gjel (n), kløft (m)	['jel], ['klœft]
fenda (f)	renne (m/f)	['rɛnə]
precipício (m)	avgrunn (m)	['av‚grʉn]
passo, colo (m)	pass (n)	['pɑs]
planalto (m)	platå (n)	[plɑ'to]
falésia (f)	klippe (m)	['klipə]
colina (f)	ås (m)	['ɔs]
glaciar (m)	bre, jøkel (m)	['bre], ['jøkəl]
queda (f) d'água	foss (m)	['fɔs]
géiser (m)	geysir (m)	['gɛjsir]
lago (m)	innsjø (m)	['in'ʂø]
planície (f)	slette (m/f)	['ʂletə]
paisagem (f)	landskap (n)	['lɑn‚skɑp]
eco (m)	ekko (n)	['ɛkʉ]
alpinista (m)	alpinist (m)	[ɑlpi'nist]
escalador (m)	fjellklatrer (m)	['fjɛl‚klɑtrər]
conquistar (vt)	å erobre	[ɔ ɛ'rʉbrə]
subida, escalada (f)	bestigning (m/f)	[be'stigniŋ]

169. Rios

rio (m)	elv (m/f)	['ɛlv]
fonte, nascente (f)	kilde (m)	['çildə]
leito (m) do rio	elveleie (n)	['ɛlvə‚læje]
bacia (f)	flodbasseng (n)	['flʉd bɑ‚seŋ]
desaguar no ...	å munne ut ...	[ɔ 'mʉnə ʉt ...]
afluente (m)	bielv (m/f)	['bi‚elv]
margem (do rio)	bredd (m)	['brɛd]
corrente (f)	strøm (m)	['strøm]
rio abaixo	medstrøms	['me‚strøms]
rio acima	motstrøms	['mʉt‚strøms]
inundação (f)	oversvømmelse (m)	['ɔvə‚svœməlsə]
cheia (f)	flom (m)	['flɔm]
transbordar (vi)	å overflø	[ɔ 'ɔvər‚flø]
inundar (vt)	å oversvømme	[ɔ 'ɔvə‚svœmə]
banco (m) de areia	grunne (m/f)	['grʉnə]
rápidos (m pl)	stryk (m/n)	['stryk]
barragem (f)	demning (m)	['dɛmniŋ]
canal (m)	kanal (m)	[kɑ'nɑl]
reservatório (m) de água	reservoar (n)	[resɛrvʉ'ɑr]
eclusa (f)	sluse (m)	['ʂlʉsə]
corpo (m) de água	vannmasse (m)	['vɑn‚mɑsə]
pântano (m)	myr, sump (m)	['myr], ['sʉmp]
tremedal (m)	hengemyr (m)	['hɛɳe‚myr]

remoinho (m)	virvel (m)	['virvəl]
arroio, regato (m)	bekk (m)	['bɛk]
potável	drikke-	['drikə-]
doce (água)	fersk-	['fæʂk-]

| gelo (m) | is (m) | ['is] |
| congelar-se (vr) | å fryse til | [ɔ 'frysə til] |

170. Floresta

| floresta (f), bosque (m) | skog (m) | ['skʊg] |
| florestal | skog- | ['skʊg-] |

mata (f) cerrada	tett skog (n)	['tɛt ˌskʊg]
arvoredo (m)	lund (m)	['lʉn]
clareira (f)	glenne (m/f)	['glenə]

| matagal (m) | krattskog (m) | ['kratˌskʊg] |
| mato (m) | kratt (n) | ['krat] |

| vereda (f) | sti (m) | ['sti] |
| ravina (f) | ravine (m) | [ra'vinə] |

árvore (f)	tre (n)	['trɛ]
folha (f)	blad (n)	['bla]
folhagem (f)	løv (n)	['løv]

queda (f) das folhas	løvfall (n)	['løvˌfal]
cair (vi)	å falle	[ɔ 'falə]
topo (m)	tretopp (m)	['trɛˌtɔp]

ramo (m)	kvist, gren (m)	['kvist], ['gren]
galho (m)	gren, grein (m/f)	['gren], ['græjn]
botão, rebento (m)	knopp (m)	['knɔp]
agulha (f)	nål (m/f)	['nɔl]
pinha (f)	kongle (m/f)	['kʊŋlə]

buraco (m) de árvore	trehull (n)	['trɛˌhʉl]
ninho (m)	reir (n)	['ræjr]
toca (f)	hule (m/f)	['hʉlə]

tronco (m)	stamme (m)	['stamə]
raiz (f)	rot (m/f)	['rʊt]
casca (f) de árvore	bark (m)	['bark]
musgo (m)	mose (m)	['mʊsə]

arrancar pela raiz	å rykke opp med roten	[ɔ 'rʏkə ɔp me 'rutən]
cortar (vt)	å felle	[ɔ 'fɛlə]
desflorestar (vt)	å hogge ned	[ɔ 'hɔgə 'ne]
toco, cepo (m)	stubbe (m)	['stʉbə]

fogueira (f)	bål (n)	['bɔl]
incêndio (m) florestal	skogbrann (m)	['skʊgˌbran]
apagar (vt)	å slokke	[ɔ 'ʂløkə]

guarda-florestal (m)	skogvokter (m)	['skʉgˌvɔktər]
proteção (f)	vern (n), beskyttelse (m)	['væːŋ], ['be'ʂytəlsə]
proteger (a natureza)	å beskytte	[ɔ be'ʂytə]
caçador (m) furtivo	tyvskytter (m)	['tyfˌʂytər]
armadilha (f)	saks (m/f)	['sɑks]
colher (cogumelos, bagas)	å plukke	[ɔ 'plʉkə]
perder-se (vr)	å gå seg vill	[ɔ 'gɔ sæj 'vil]

171. Recursos naturais

recursos (m pl) naturais	naturressurser (m pl)	[nɑ'tʉr rɛ'sʉʂər]
minerais (m pl)	mineraler (n pl)	[minə'rɑlər]
depósitos (m pl)	forekomster (m pl)	['fɔrəˌkɔmstər]
jazida (f)	felt (m)	['fɛlt]
extrair (vt)	å utvinne	[ɔ 'ʉtˌvinə]
extração (f)	utvinning (m/f)	['ʉtˌviniŋ]
minério (m)	malm (m)	['mɑlm]
mina (f)	gruve (m/f)	['grʉvə]
poço (m) de mina	gruvesjakt (m/f)	['grʉvəˌʂɑkt]
mineiro (m)	gruvearbeider (m)	['grʉvə'arˌbæjdər]
gás (m)	gass (m)	['gɑs]
gasoduto (m)	gassledning (m)	['gɑsˌledniŋ]
petróleo (m)	olje (m)	['ɔljə]
oleoduto (m)	oljeledning (m)	['ɔljəˌledniŋ]
poço (m) de petróleo	oljebrønn (m)	['ɔljəˌbrœn]
torre (f) petrolífera	boretårn (n)	['boːrəˌtoːn]
petroleiro (m)	tankskip (n)	['tɑnkˌʂip]
areia (f)	sand (m)	['sɑn]
calcário (m)	kalkstein (m)	['kɑlkˌstæjn]
cascalho (m)	grus (m)	['grʉs]
turfa (f)	torv (m/f)	['tɔrv]
argila (f)	leir (n)	['læjr]
carvão (m)	kull (n)	['kʉl]
ferro (m)	jern (n)	['jæːŋ]
ouro (m)	gull (n)	['gʉl]
prata (f)	sølv (n)	['søl]
níquel (m)	nikkel (m)	['nikəl]
cobre (m)	kobber (n)	['kɔbər]
zinco (m)	sink (m/n)	['sink]
manganês (m)	mangan (m/n)	[mɑ'ŋɑn]
mercúrio (m)	kvikksølv (n)	['kvikˌsøl]
chumbo (m)	bly (n)	['bly]
mineral (m)	mineral (n)	[minə'rɑl]
cristal (m)	krystall (m/n)	[kry'stɑl]
mármore (m)	marmor (m/n)	['mɑrmʉr]
urânio (m)	uran (m/n)	[ʉ'rɑn]

A Terra. Parte 2

172. Tempo

tempo (m)	vær (n)	['vær]
previsão (f) do tempo	værvarsel (n)	['vær‚vaşəl]
temperatura (f)	temperatur (m)	[tɛmpəra'tʉr]
termómetro (m)	termometer (n)	[tɛrmʉ'metər]
barómetro (m)	barometer (n)	[barʉ'metər]
húmido	fuktig	['fʉkti]
humidade (f)	fuktighet (m)	['fʉkti‚het]
calor (m)	hete (m)	['he:tə]
cálido	het	['het]
está muito calor	det er hett	[de ær 'het]
está calor	det er varmt	[de ær 'varmt]
quente	varm	['varm]
está frio	det er kaldt	[de ær 'kalt]
frio	kald	['kal]
sol (m)	sol (m/f)	['sʉl]
brilhar (vi)	å skinne	[ɔ 'şinə]
de sol, ensolarado	solrik	['sʉl‚rik]
nascer (vi)	å gå opp	[ɔ 'gɔ ɔp]
pôr-se (vr)	å gå ned	[ɔ 'gɔ ne]
nuvem (f)	sky (m)	['şy]
nublado	skyet	['şy:ət]
nuvem (f) preta	regnsky (m/f)	['ræjn‚şy]
escuro, cinzento	mørk	['mœrk]
chuva (f)	regn (n)	['ræjn]
está a chover	det regner	[de 'ræjnər]
chuvoso	regnværs-	['ræjn‚væş-]
chuviscar (vi)	å småregne	[ɔ 'smo:ræjnə]
chuva (f) torrencial	piskende regn (n)	['piskenə ‚ræjn]
chuvada (f)	styrtregn (n)	['sty:t‚ræjn]
forte (chuva)	kraftig, sterk	['krafti], ['stærk]
poça (f)	vannpytt (m)	['van‚pʏt]
molhar-se (vr)	å bli våt	[ɔ 'bli 'vɔt]
nevoeiro (m)	tåke (m/f)	['to:kə]
de nevoeiro	tåke	['to:kə]
neve (f)	snø (m)	['snø]
está a nevar	det snør	[de 'snør]

173. Tempo extremo. Catástrofes naturais

trovoada (f)	tordenvær (n)	['tʊrdən‚vær]
relâmpago (m)	lyn (n)	['lyn]
relampejar (vi)	å glimte	[ɔ 'glimtə]
trovão (m)	torden (m)	['tʊrdən]
trovejar (vi)	å tordne	[ɔ 'tʊrdnə]
está a trovejar	det tordner	[de 'tʊrdnər]
granizo (m)	hagle (m/f)	['haglə]
está a cair granizo	det hagler	[de 'haglər]
inundar (vt)	å oversvømme	[ɔ 'ɔvə‚svœmə]
inundação (f)	oversvømmelse (m)	['ɔvə‚svœməlsə]
terremoto (m)	jordskjelv (n)	['juːr‚sɛlv]
abalo, tremor (m)	skjelv (n)	['sɛlv]
epicentro (m)	episenter (n)	[ɛpi'sɛntər]
erupção (f)	utbrudd (n)	['ʉt‚brʉd]
lava (f)	lava (m)	['lɑvɑ]
turbilhão (m)	skypumpe (m/f)	['sy‚pʉmpə]
tornado (m)	tornado (m)	[tʊː'ŋadʊ]
tufão (m)	tyfon (m)	[ty'fʊn]
furacão (m)	orkan (m)	[ɔr'kɑn]
tempestade (f)	storm (m)	['stɔrm]
tsunami (m)	tsunami (m)	[tsʉ'nɑmi]
ciclone (m)	syklon (m)	[sy'klun]
mau tempo (m)	uvær (n)	['ʉː‚vær]
incêndio (m)	brann (m)	['brɑn]
catástrofe (f)	katastrofe (m)	[kɑtɑ'strɔfə]
meteorito (m)	meteoritt (m)	[meteʉ'rit]
avalanche (f)	lavine (m)	[lɑ'vinə]
deslizamento (m) de neve	snøskred, snøras (n)	['snø‚skred], ['snøras]
nevasca (f)	snøstorm (m)	['snø‚stɔrm]
tempestade (f) de neve	snøstorm (m)	['snø‚stɔrm]

Fauna

174. Mamíferos. Predadores

predador (m)	rovdyr (n)	['rɔv̩dyr]
tigre (m)	tiger (m)	['tigər]
leão (m)	løve (m/f)	['løve]
lobo (m)	ulv (m)	['ʉlv]
raposa (f)	rev (m)	['rev]
jaguar (m)	jaguar (m)	[jagʉ'ar]
leopardo (m)	leopard (m)	[leʉ'pard]
chita (f)	gepard (m)	[ge'pard]
pantera (f)	panter (m)	['pantər]
puma (m)	puma (m)	['pʉma]
leopardo-das-neves (m)	snøleopard (m)	['snø leʉ'pard]
lince (m)	gaupe (m/f)	['gaʉpə]
coiote (m)	coyote, prærieulv (m)	[kɔ'jotə], ['præri̩ʉlv]
chacal (m)	sjakal (m)	[ʂa'kal]
hiena (f)	hyene (m)	[hy'enə]

175. Animais selvagens

animal (m)	dyr (n)	['dyr]
besta (f)	best, udyr (n)	['bɛst], ['ʉ̩dyr]
esquilo (m)	ekorn (n)	['ɛkʉːŋ]
ouriço (m)	pinnsvin (n)	['pin̩svin]
lebre (f)	hare (m)	['harə]
coelho (m)	kanin (m)	[ka'nin]
texugo (m)	grevling (m)	['grɛvliŋ]
guaxinim (m)	vaskebjørn (m)	['vaskə̩bjœːŋ]
hamster (m)	hamster (m)	['hamstər]
marmota (f)	murmeldyr (n)	['mʉrmel̩dyr]
toupeira (f)	muldvarp (m)	['mʉl̩varp]
rato (m)	mus (m/f)	['mʉs]
ratazana (f)	rotte (m/f)	['rɔtə]
morcego (m)	flaggermus (m/f)	['flagər̩mʉs]
arminho (m)	røyskatt (m)	['røjskat]
zibelina (f)	sobel (m)	['sʉbəl]
marta (f)	mår (m)	['mɔr]
doninha (f)	snømus (m/f)	['snø̩mʉs]
vison (m)	mink (m)	['mink]

| castor (m) | bever (m) | ['bevər] |
| lontra (f) | oter (m) | ['ʊtər] |

cavalo (m)	hest (m)	['hɛst]
alce (m)	elg (m)	['ɛlg]
veado (m)	hjort (m)	['jɔːt]
camelo (m)	kamel (m)	[ka'mel]

bisão (m)	bison (m)	['bisɔn]
auroque (m)	urokse (m)	['ʉrˌʊksə]
búfalo (m)	bøffel (m)	['bøfəl]

zebra (f)	sebra (m)	['sebra]
antílope (m)	antilope (m)	[anti'lʊpə]
corça (f)	rådyr (n)	['rɔˌdyr]
gamo (m)	dåhjort, dådyr (n)	['dɔjɔːt], ['dɔˌdyr]
camurça (f)	gemse (m)	['gɛmsə]
javali (m)	villsvin (n)	['vilˌsvin]

baleia (f)	hval (m)	['val]
foca (f)	sel (m)	['sel]
morsa (f)	hvalross (m)	['valˌrɔs]
urso-marinho (m)	pelssel (m)	['pɛlsˌsel]
golfinho (m)	delfin (m)	[dɛl'fin]

urso (m)	bjørn (m)	['bjœːŋ]
urso (m) branco	isbjørn (m)	['isˌbjœːŋ]
panda (m)	panda (m)	['panda]

macaco (em geral)	ape (m/f)	['ape]
chimpanzé (m)	sjimpanse (m)	[şim'pansə]
orangotango (m)	orangutang (m)	[ʊ'raŋgʉˌtaŋ]
gorila (m)	gorilla (m)	[gɔ'rila]
macaco (m)	makak (m)	[ma'kak]
gibão (m)	gibbon (m)	['gibʊn]

elefante (m)	elefant (m)	[ɛle'fant]
rinoceronte (m)	neshorn (n)	['nesˌhʊːŋ]
girafa (f)	sjiraff (m)	[şi'raf]
hipopótamo (m)	flodhest (m)	['flʊdˌhɛst]

| canguru (m) | kenguru (m) | ['kɛŋgʉrʉ] |
| coala (m) | koala (m) | [kʊ'ala] |

mangusto (m)	mangust, mungo (m)	[maŋ'gʉst], ['mʉŋgu]
chinchila (m)	chinchilla (m)	[şin'şila]
doninha-fedorenta (f)	skunk (m)	['skunk]
porco-espinho (m)	hulepinnsvin (n)	['hʉləˌpinsvin]

176. Animais domésticos

gata (f)	katt (m)	['kat]
gato (m) macho	hannkatt (m)	['hanˌkat]
cão (m)	hund (m)	['hʉŋ]

cavalo (m)	hest (m)	['hɛst]
garanhão (m)	hingst (m)	['hiŋst]
égua (f)	hoppe, merr (m/f)	['hɔpə], ['mɛr]

vaca (f)	ku (f)	['kʉ]
touro (m)	tyr (m)	['tyr]
boi (m)	okse (m)	['ɔksə]

ovelha (f)	sau (m)	['saʉ]
carneiro (m)	vær, saubukk (m)	['vær], ['saʉˌbʉk]
cabra (f)	geit (m/f)	['jæjt]
bode (m)	geitebukk (m)	['jæjtəˌbʉk]

| burro (m) | esel (n) | ['ɛsəl] |
| mula (f) | muldyr (n) | ['mʉlˌdyr] |

porco (m)	svin (n)	['svin]
leitão (m)	gris (m)	['gris]
coelho (m)	kanin (m)	[ka'nin]

| galinha (f) | høne (m/f) | ['hønə] |
| galo (m) | hane (m) | ['hanə] |

pata (f)	and (m/f)	['an]
pato (macho)	andrik (m)	['andrik]
ganso (m)	gås (m/f)	['gɔs]

| peru (m) | kalkunhane (m) | [kal'kʉnˌhanə] |
| perua (f) | kalkunhøne (m/f) | [kal'kʉnˌhønə] |

animais (m pl) domésticos	husdyr (n pl)	['hʉsˌdyr]
domesticado	tam	['tam]
domesticar (vt)	å temme	[ɔ 'tɛmə]
criar (vt)	å avle, å oppdrette	[ɔ 'avlə], [ɔ 'ɔpˌdrɛtə]

quinta (f)	farm, gård (m)	['farm], ['gɔːr]
aves (f pl) domésticas	fjærfe (n)	['fjærˌfɛ]
gado (m)	kveg (n)	['kvɛg]
rebanho (m), manada (f)	flokk, bøling (m)	['flɔk], ['bøliŋ]

estábulo (m)	stall (m)	['stal]
pocilga (f)	grisehus (n)	['grisəˌhʉs]
estábulo (m)	kufjøs (m/n)	['kuˌfjøs]
coelheira (f)	kaninbur (n)	[ka'ninˌbʉr]
galinheiro (m)	hønsehus (n)	['hønsəˌhʉs]

177. Cães. Raças de cães

cão (m)	hund (m)	['hʉŋ]
cão pastor (m)	fårehund (m)	['foːrəˌhʉn]
pastor-alemão (m)	schäferhund (m)	['ʂɛfærˌhʉn]
caniche (m)	puddel (m)	['pʉdəl]
teckel (m)	dachshund (m)	['daʂˌhʉŋ]
buldogue (m)	bulldogg (m)	['bʉlˌdɔg]

boxer (m)	bokser (m)	['boksər]
mastim (m)	mastiff (m)	[mɑs'tif]
rottweiler (m)	rottweiler (m)	['rɔt͵væjlər]
dobermann (m)	dobermann (m)	['dɔbermɑn]
basset (m)	basset (m)	['basɛt]
pastor inglês (m)	bobtail (m)	['bɔbtɛjl]
dálmata (m)	dalmatiner (m)	[dɑlmɑ'tinər]
cocker spaniel (m)	cocker spaniel (m)	['kɔker ͵spɑniəl]
terra-nova (m)	newfoundlandshund (m)	[njʉ'fawnd͵lənds 'hʉn]
são-bernardo (m)	sankt bernhardshund (m)	[͵sɑnkt 'bɛːɳads͵hʉn]
husky (m)	husky (m)	['hɑski]
Chow-chow (m)	chihuahua (m)	[tʂi'vɑvɑ]
spitz alemão (m)	spisshund (m)	['spis͵hʉn]
carlindogue (m)	mops (m)	['mɔps]

178. Sons produzidos pelos animais

latido (m)	gjøing (m/f)	['jøːiŋ]
latir (vi)	å gjø	[ɔ 'jø]
miar (vi)	å mjaue	[ɔ 'mjaʉe]
ronronar (vi)	å spinne	[ɔ 'spinə]
mugir (vaca)	å raute	[ɔ 'raʉtə]
bramir (touro)	å belje, å brøle	[ɔ 'belje], [ɔ 'brøle]
rosnar (vi)	å knurre	[ɔ 'knʉrə]
uivo (m)	hyl (n)	['hyl]
uivar (vi)	å hyle	[ɔ 'hylə]
ganir (vi)	å klynke	[ɔ 'klʏnkə]
balir (vi)	å breke	[ɔ 'brekə]
grunhir (porco)	å grynte	[ɔ 'grʏntə]
guinchar (vi)	å hvine	[ɔ 'vinə]
coaxar (sapo)	å kvekke	[ɔ 'kvɛkə]
zumbir (inseto)	å surre	[ɔ 'sʉrə]
estridular, ziziar (vi)	å gnisse	[ɔ 'gnisə]

179. Pássaros

pássaro (m), ave (f)	fugl (m)	['fʉl]
pombo (m)	due (m/f)	['dʉə]
pardal (m)	spurv (m)	['spʉrv]
chapim-real (m)	kjøttmeis (m/f)	['çœt͵mæjs]
pega-rabuda (f)	skjære (m/f)	['ʂærə]
corvo (m)	ravn (m)	['ravn]
gralha (f) cinzenta	kråke (m)	['kroːkə]
gralha-de-nuca-cinzenta (f)	kaie (m/f)	['kɑjə]

gralha-calva (f)	kornkråke (m/f)	['kuːŋˌkroːkə]
pato (m)	and (m/f)	['an]
ganso (m)	gås (m/f)	['goːs]
faisão (m)	fasan (m)	[fɑˈsɑn]
águia (f)	ørn (m/f)	['œːŋ]
açor (m)	hauk (m)	['haʊk]
falcão (m)	falk (m)	['fɑlk]
abutre (m)	gribb (m)	['grib]
condor (m)	kondor (m)	[kʊnˈdʊr]
cisne (m)	svane (m/f)	['svɑnə]
grou (m)	trane (m/f)	['trɑnə]
cegonha (f)	stork (m)	['stɔrk]
papagaio (m)	papegøye (m)	[pɑpeˈgøjə]
beija-flor (m)	kolibri (m)	[kʊˈlibri]
pavão (m)	påfugl (m)	['poˌfʉl]
avestruz (m)	struts (m)	['strʉts]
garça (f)	hegre (m)	['hæjrə]
flamingo (m)	flamingo (m)	[flɑˈmingʊ]
pelicano (m)	pelikan (m)	[peliˈkɑn]
rouxinol (m)	nattergal (m)	['nɑtərˌgɑl]
andorinha (f)	svale (m/f)	['svɑlə]
tordo-zornal (m)	trost (m)	['trʊst]
tordo-músico (m)	måltrost (m)	['moːlˌtrʊst]
melro-preto (m)	svarttrost (m)	['svɑːˌtrʊst]
andorinhão (m)	tårnseiler (m), tårnsvale (m/f)	['toːŋˌsæjlə], ['toːŋˌsvɑlə]
cotovia (f)	lerke (m/f)	['lærkə]
codorna (f)	vaktel (m)	['vɑktəl]
pica-pau (m)	hakkespett (m)	['hɑkəˌspɛt]
cuco (m)	gjøk, gauk (m)	['jøk], ['gaʊk]
coruja (f)	ugle (m/f)	['ʉglə]
corujão, bufo (m)	hubro (m)	['hʉbrʊ]
tetraz-grande (m)	storfugl (m)	['stʊrˌfʉl]
tetraz-lira (m)	orrfugl (m)	['ɔrˌfʉl]
perdiz-cinzenta (f)	rapphøne (m/f)	['rɑpˌhønə]
estorninho (m)	stær (m)	['stær]
canário (m)	kanarifugl (m)	[kɑˈnɑriˌfʉl]
galinha-do-mato (f)	jerpe (m/f)	['jærpə]
tentilhão (m)	bokfink (m)	['bʊkˌfink]
dom-fafe (m)	dompap (m)	['dʊmpɑp]
gaivota (f)	måke (m/f)	['moːkə]
albatroz (m)	albatross (m)	['ɑlbɑˌtrɔs]
pinguim (m)	pingvin (m)	[piŋˈvin]

180. Pássaros. Canto e sons

cantar (vi)	å synge	[ɔ 'sʏŋə]
gritar (vi)	å skrike	[ɔ 'skrikə]
cantar (o galo)	å gale	[ɔ 'galə]
cocorocó (m)	kykeliky	[kykəli'kyː]

cacarejar (vi)	å kakle	[ɔ 'kaklə]
crocitar (vi)	å krae	[ɔ 'kraə]
grasnar (vi)	å snadre, å rappe	[ɔ 'snadrə], [ɔ 'rapə]
piar (vi)	å pipe	[ɔ 'pipə]
chilrear, gorjear (vi)	å kvitre	[ɔ 'kvitrə]

181. Peixes. Animais marinhos

brema (f)	brasme (m/f)	['brasmə]
carpa (f)	karpe (m)	['karpə]
perca (f)	åbor (m)	['obɔr]
siluro (m)	malle (m)	['malə]
lúcio (m)	gjedde (m/f)	['jɛdə]

| salmão (m) | laks (m) | ['laks] |
| esturjão (m) | stør (m) | ['stør] |

arenque (m)	sild (m/f)	['sil]
salmão (m)	atlanterhavslaks (m)	[at'lantərhafs͵laks]
cavala, sarda (f)	makrell (m)	[ma'krɛl]
solha (f)	rødspette (m/f)	['rø͵spɛtə]

lúcio perca (m)	gjørs (m)	['jøːʂ]
bacalhau (m)	torsk (m)	['tɔʂk]
atum (m)	tunfisk (m)	['tʉn͵fisk]
truta (f)	ørret (m)	['øret]

enguia (f)	ål (m)	['ɔl]
raia elétrica (f)	elektrisk rokke (m/f)	[ɛ'lektrisk ͵rɔkə]
moreia (f)	murene (m)	[mʉ'rɛnə]
piranha (f)	piraja (m)	[pi'raja]

tubarão (m)	hai (m)	['haj]
golfinho (m)	delfin (m)	[dɛl'fin]
baleia (f)	hval (m)	['val]

caranguejo (m)	krabbe (m)	['krabə]
medusa, alforreca (f)	manet (m/f), meduse (m)	['manet], [me'dʉsə]
polvo (m)	blekksprut (m)	['blek͵sprʉt]

estrela-do-mar (f)	sjøstjerne (m/f)	['ʂø͵stjæːŋə]
ouriço-do-mar (m)	sjøpinnsvin (n)	['ʂøː'pin͵svin]
cavalo-marinho (m)	sjøhest (m)	['ʂø͵hɛst]

| ostra (f) | østers (m) | ['østəʂ] |
| camarão (m) | reke (m/f) | ['rʉkə] |

lavagante (m)	hummer (m)	['hʉmər]
lagosta (f)	langust (m)	[laŋ'gʉst]

182. Amfíbios. Répteis

serpente, cobra (f)	slange (m)	['şlaŋə]
venenoso	giftig	['jifti]
víbora (f)	hoggorm, huggorm (m)	['hʉg,ɔrm], ['hʉg,ɔrm]
cobra-capelo, naja (f)	kobra (m)	['kʉbra]
pitão (m)	pyton (m)	['pytɔn]
jiboia (f)	boaslange (m)	['bɔa,slaŋə]
cobra-de-água (f)	snok (m)	['snʉk]
cascavel (f)	klapperslange (m)	['klapə,slaŋə]
anaconda (f)	anakonda (m)	[ana'kɔnda]
lagarto (m)	øgle (m/f)	['øglə]
iguana (f)	iguan (m)	[igʉ'an]
varano (m)	varan (n)	[va'ran]
salamandra (f)	salamander (m)	[sala'mandər]
camaleão (m)	kameleon (m)	[kaməle'ʉn]
escorpião (m)	skorpion (m)	[skɔrpi'ʉn]
tartaruga (f)	skilpadde (m/f)	['şil,padə]
rã (f)	frosk (m)	['frɔsk]
sapo (m)	padde (m/f)	['padə]
crocodilo (m)	krokodille (m)	[krʉkə'dilə]

183. Insetos

inseto (m)	insekt (n)	['insɛkt]
borboleta (f)	sommerfugl (m)	['sɔmər,fʉl]
formiga (f)	maur (m)	['maʉr]
mosca (f)	flue (m/f)	['flʉə]
mosquito (m)	mygg (m)	['mʏg]
escaravelho (m)	bille (m)	['bilə]
vespa (f)	veps (m)	['vɛps]
abelha (f)	bie (m/f)	['biə]
mamangava (f)	humle (m/f)	['hʉmlə]
moscardo (m)	brems (m)	['brɛms]
aranha (f)	edderkopp (m)	['ɛdər,kɔp]
teia (f) de aranha	edderkoppnett (n)	['ɛdərkɔp,nɛt]
libélula (f)	øyenstikker (m)	['øjən,stikər]
gafanhoto-do-campo (m)	gresshoppe (m/f)	['grɛs,hɔpə]
traça (f)	nattsvermer (m)	['nat,sværmər]
barata (f)	kakerlakk (m)	[kakə'lak]
carraça (f)	flått, midd (m)	['flɔt], ['mid]

pulga (f)	**loppe** (f)	['lɔpə]
borrachudo (m)	**knott** (m)	['knɔt]

gafanhoto (m)	**vandgresshoppe** (m/f)	['vɑn 'grɛs,hɔpə]
caracol (m)	**snegl** (m)	['snæjl]
grilo (m)	**siriss** (m)	['si,ris]
pirilampo (m)	**ildflue** (m/f), **lysbille** (m)	['il,flʉe], ['lys,bilə]
joaninha (f)	**marihøne** (m/f)	['mɑri,høne]
besouro (m)	**oldenborre** (f)	['ɔldən,bɔre]

sanguessuga (f)	**igle** (m/f)	['iglə]
lagarta (f)	**sommerfugllarve** (m/f)	['sɔmərfʉl,lɑrvə]
minhoca (f)	**meitemark** (m)	['mæjtə,mɑrk]
larva (f)	**larve** (m/f)	['lɑrvə]

184. Animais. Partes do corpo

bico (m)	**nebb** (n)	['nɛb]
asas (f pl)	**vinger** (m pl)	['viŋər]
pata (f)	**fot** (m)	['fʊt]
plumagem (f)	**fjærdrakt** (m/f)	['fjær,drɑkt]
pena, pluma (f)	**fjær** (m/f)	['fjær]
crista (f)	**fjærtopp** (m)	['fjæ:tɔp]

brânquias, guelras (f pl)	**gjeller** (m/f pl)	['jɛlər]
ovas (f pl)	**rogn** (m/f)	['rɔŋn]
larva (f)	**larve** (m/f)	['lɑrvə]
barbatana (f)	**finne** (m)	['finə]
escama (f)	**skjell** (n)	['ʂɛl]

canino (m)	**hoggtann** (m/f)	['hɔg,tɑn]
pata (f)	**pote** (m)	['pɔ:tə]
focinho (m)	**snute** (m/f)	['snʉtə]
boca (f)	**kjeft** (m)	['çɛft]
cauda (f), rabo (m)	**hale** (m)	['hɑlə]
bigodes (m pl)	**værhår** (n)	['vær,hɔr]

casco (m)	**klov, hov** (m)	['klɔv], ['hɔv]
corno (m)	**horn** (n)	['hʊ:ɳ]

carapaça (f)	**ryggskjold** (n)	['ryg,ʂɔl]
concha (f)	**skall** (n)	['skɑl]
casca (f) de ovo	**eggeskall** (n)	['ɛgə,skɑl]

pelo (m)	**pels** (m)	['pɛls]
pele (f), couro (m)	**skinn** (n)	['ʂin]

185. Animais. Habitats

hábitat	**habitat** (n)	[hɑbi'tɑt]
migração (f)	**migrasjon** (m)	[migrɑ'ʂʊn]
montanha (f)	**fjell** (n)	['fjɛl]

| recife (m) | rev (n) | ['rev] |
| falésia (f) | klippe (m) | ['klipə] |

floresta (f)	skog (m)	['skʊg]
selva (f)	jungel (m)	['jʉŋəl]
savana (f)	savanne (m)	[sɑ'vɑnə]
tundra (f)	tundra (m)	['tʉndrɑ]

estepe (f)	steppe (m)	['stɛpə]
deserto (m)	ørken (m)	['œrkən]
oásis (m)	oase (m)	[ʊ'ɑsə]

mar (m)	hav (n)	['hɑv]
lago (m)	innsjø (m)	['in'ʂø]
oceano (m)	verdenshav (n)	[værdəns'hɑv]

pântano (m)	myr (m/f)	['myr]
de água doce	ferskvanns-	['fæʂk,vɑns-]
lagoa (f)	dam (m)	['dɑm]
rio (m)	elv (m/f)	['ɛlv]

toca (f) do urso	hi (n)	['hi]
ninho (m)	reir (n)	['ræjr]
buraco (m) de árvore	trehull (n)	['trɛ,hʉl]
toca (f)	hule (m/f)	['hʉlə]
formigueiro (m)	maurtue (m/f)	['mɑʊ:,tʉə]

Flora

186. Árvores

árvore (f)	tre (n)	['trɛ]
decídua	løv-	['løv-]
conífera	bar-	['bɑr-]
perene	eviggrønt	['ɛviˌgrœnt]
macieira (f)	epletre (n)	['ɛpləˌtrɛ]
pereira (f)	pæretre (n)	['pærəˌtrɛ]
cerejeira (f)	morelltre (n)	[mʊ'rɛlˌtrɛ]
ginjeira (f)	kirsebærtre (n)	['çiʂəbærˌtrɛ]
ameixeira (f)	plommetre (n)	['plʊməˌtrɛ]
bétula (f)	bjørk (f)	['bjœrk]
carvalho (m)	eik (f)	['æjk]
tília (f)	lind (m/f)	['lin]
choupo-tremedor (m)	osp (m/f)	['ɔsp]
bordo (m)	lønn (m/f)	['lœn]
espruce-europeu (m)	gran (m/f)	['grɑn]
pinheiro (m)	furu (m/f)	['fʉrʉ]
alerce, lariço (m)	lerk (m)	['lærk]
abeto (m)	edelgran (m/f)	['ɛdəlˌgrɑn]
cedro (m)	seder (m)	['sedər]
choupo, álamo (m)	poppel (m)	['pɔpəl]
tramazeira (f)	rogn (m/f)	['rɔŋn]
salgueiro (m)	pil (m/f)	['pil]
amieiro (m)	or, older (m/f)	['ʊr], ['ɔldər]
faia (f)	bøk (m)	['bøk]
ulmeiro (m)	alm (m)	['ɑlm]
freixo (m)	ask (m/f)	['ɑsk]
castanheiro (m)	kastanjetre (n)	[kɑ'stɑnjeˌtrɛ]
magnólia (f)	magnolia (m)	[mɑŋ'nʉliɑ]
palmeira (f)	palme (m)	['pɑlmə]
cipreste (m)	sypress (m)	[sɤ'prɛs]
mangue (m)	mangrove (m)	[mɑŋ'grʊvə]
embondeiro, baobá (m)	apebrødtre (n)	['ɑpebrøˌtrɛ]
eucalipto (m)	eukalyptus (m)	[ɛvkɑ'lyptʉs]
sequoia (f)	sequoia (m)	['sekˌvɔjɑ]

187. Arbustos

arbusto (m)	busk (m)	['bʉsk]
arbusto (m), moita (f)	busk (m)	['bʉsk]

videira (f)	vinranke (m)	['vin‚rankə]
vinhedo (m)	vinmark (m/f)	['vin‚mark]

framboeseira (f)	bringebærbusk (m)	['briŋə‚bær busk]
groselheira-preta (f)	solbærbusk (m)	['sulbær‚busk]
groselheira-vermelha (f)	ripsbusk (m)	['rips‚busk]
groselheira (f) espinhosa	stikkelsbærbusk (m)	['stikəlsbær‚busk]

acácia (f)	akasie (m)	[a'kasiə]
bérberis (f)	berberis (m)	['bærberis]
jasmim (m)	sjasmin (m)	[sas'min]

junípero (m)	einer (m)	['æjnər]
roseira (f)	rosenbusk (m)	['rusən‚busk]
roseira (f) brava	steinnype (m/f)	['stæjn‚nypə]

188. Cogumelos

cogumelo (m)	sopp (m)	['sɔp]
cogumelo (m) comestível	spiselig sopp (m)	['spisəli ‚sɔp]
cogumelo (m) venenoso	giftig sopp (m)	['jifti ‚sɔp]
chapéu (m)	hatt (m)	['hat]
pé, caule (m)	stilk (m)	['stilk]

boleto (m)	steinsopp (m)	['stæjn‚sɔp]
boleto (m) alaranjado	rødskrubb (m/n)	['rø‚skrub]
míscaro (m) das bétulas	brunskrubb (m/n)	['brun‚skrub]
cantarela (f)	kantarell (m)	[kanta'rel]
rússula (f)	kremle (m/f)	['krɛmlə]

morchella (f)	morkel (m)	['mɔrkəl]
agário-das-moscas (m)	fluesopp (m)	['fluə‚sɔp]
cicuta (f) verde	grønn fluesopp (m)	['grœn 'fluə‚sɔp]

189. Frutos. Bagas

fruta (f)	frukt (m/f)	['frukt]
frutas (f pl)	frukter (m/f pl)	['fruktər]
maçã (f)	eple (n)	['ɛplə]
pera (f)	pære (m/f)	['pærə]
ameixa (f)	plomme (m/f)	['plumə]

morango (m)	jordbær (n)	['ju:r‚bær]
ginja (f)	kirsebær (n)	['çisə‚bær]
cereja (f)	morell (m)	[mu'rɛl]
uva (f)	drue (m)	['druə]

framboesa (f)	bringebær (n)	['briŋə‚bær]
groselha (f) preta	solbær (n)	['sul‚bær]
groselha (f) vermelha	rips (m)	['rips]
groselha (f) espinhosa	stikkelsbær (n)	['stikəls‚bær]
oxicoco (m)	tranebær (n)	['tranə‚bær]

laranja (f)	appelsin (m)	[apel'sin]
tangerina (f)	mandarin (m)	[manda'rin]
ananás (m)	ananas (m)	['ananas]
banana (f)	banan (m)	[ba'nan]
tâmara (f)	daddel (m)	['dadəl]

limão (m)	sitron (m)	[si'trʊn]
damasco (m)	aprikos (m)	[apri'kʊs]
pêssego (m)	fersken (m)	['fæʂkən]
kiwi (m)	kiwi (m)	['kivi]
toranja (f)	grapefrukt (m/f)	['grɛjp͵frʉkt]

baga (f)	bær (n)	['bær]
bagas (f pl)	bær (n pl)	['bær]
arando (m) vermelho	tyttebær (n)	['tʏtə͵bær]
morango-silvestre (m)	markjordbær (n)	['mark ju:r͵bær]
mirtilo (m)	blåbær (n)	['blɔ͵bær]

190. Flores. Plantas

| flor (f) | blomst (m) | ['blɔmst] |
| ramo (m) de flores | bukett (m) | [bʉ'kɛt] |

rosa (f)	rose (m/f)	['rʊsə]
tulipa (f)	tulipan (m)	[tʉli'pan]
cravo (m)	nellik (m)	['nɛlik]
gladíolo (m)	gladiolus (m)	[gladi'ɔlʉs]

centáurea (f)	kornblomst (m)	['kʊ:ɳ͵blɔmst]
campânula (f)	blåklokke (m/f)	['blɔ͵klɔkə]
dente-de-leão (m)	løvetann (m/f)	['løvə͵tan]
camomila (f)	kamille (m)	[ka'milə]

aloé (m)	aloe (m)	['alʊe]
cato (m)	kaktus (m)	['kaktʉs]
fícus (m)	gummiplante (m/f)	['gʉmi͵plantə]

lírio (m)	lilje (m)	['liljə]
gerânio (m)	geranium (m)	[ge'ranium]
jacinto (m)	hyasint (m)	[hia'sint]

mimosa (f)	mimose (m/f)	[mi'mɔsə]
narciso (m)	narsiss (m)	[na'ʂis]
capuchinha (f)	blomkarse (m)	['blɔm͵kaʂə]

orquídea (f)	orkidé (m)	[ɔrki'de]
peónia (f)	peon, pion (m)	[pe'ʊn], [pi'ʊn]
violeta (f)	fiol (m)	[fi'ʊl]

amor-perfeito (m)	stemorsblomst (m)	['stemʊʂ͵blɔmst]
não-me-esqueças (m)	forglemmegei (m)	[fɔr'glemə͵jæj]
margarida (f)	tusenfryd (m)	['tʉsən͵fryd]
papoula (f)	valmue (m)	['valmʉə]
cânhamo (m)	hamp (m)	['hamp]

hortelã (f)	mynte (m/f)	['mʏntə]
lírio-do-vale (m)	liljekonvall (m)	['liljə kɔn'val]
campânula-branca (f)	snøklokke (m/f)	['snøˌklɔkə]

urtiga (f)	nesle (m/f)	['nɛslə]
azeda (f)	syre (m/f)	['syrə]
nenúfar (m)	nøkkerose (m/f)	['nøkəˌrʉse]
feto (m), samambaia (f)	bregne (m/f)	['brɛjnə]
líquen (m)	lav (m/n)	['lav]

estufa (f)	drivhus (n)	['drivˌhʉs]
relvado (m)	gressplen (m)	['grɛsˌplen]
canteiro (m) de flores	blomsterbed (n)	['blomstərˌbed]

planta (f)	plante (m/f), vekst (m)	['plantə], ['vɛkst]
erva (f)	gras (n)	['gras]
folha (f) de erva	grasstrå (n)	['grasˌstrɔ]

folha (f)	blad (n)	['bla]
pétala (f)	kronblad (n)	['krɔnˌbla]
talo (m)	stilk (m)	['stilk]
tubérculo (m)	rotknoll (m)	['rʉtˌknɔl]

broto, rebento (m)	spire (m/f)	['spirə]
espinho (m)	torn (m)	['tʉːn]

florescer (vi)	å blomstre	[ɔ 'blomstrə]
murchar (vi)	å visne	[ɔ 'visnə]
cheiro (m)	lukt (m/f)	['lʉkt]
cortar (flores)	å skjære av	[ɔ 'ʂæːrə ɑː]
colher (uma flor)	å plukke	[ɔ 'plʉkə]

191. Cereais, grãos

grão (m)	korn (n)	['kʉːɳ]
cereais (plantas)	cerealer (n pl)	[sere'alər]
espiga (f)	aks (n)	['aks]

trigo (m)	hvete (m)	['vetə]
centeio (m)	rug (m)	['rʉg]
aveia (f)	havre (m)	['havrə]

milho-miúdo (m)	hirse (m)	['hiʂə]
cevada (f)	bygg (m/n)	['bʏg]

milho (m)	mais (m)	['mais]
arroz (m)	ris (m)	['ris]
trigo-sarraceno (m)	bokhvete (m)	['bʉkˌvetə]

ervilha (f)	ert (m/f)	['æːt]
feijão (m)	bønne (m/f)	['bœnə]
soja (f)	soya (m)	['sɔja]
lentilha (f)	linse (m/f)	['linsə]
fava (f)	bønner (m/f pl)	['bœnər]

GEOGRAFIA REGIONAL

Países. Nacionalidades

192. Política. Governo. Parte 1

política (f)	politikk (m)	[pʊli'tik]
político	politisk	[pʊ'litisk]
político (m)	politiker (m)	[pʊ'litikər]
estado (m)	stat (m)	['stat]
cidadão (m)	statsborger (m)	['staˊsˌbɔrgər]
cidadania (f)	statsborgerskap (n)	['staˊsbɔrgəˌskap]
brasão (m) de armas	riksvåpen (n)	['riksˌvɔpən]
hino (m) nacional	nasjonalsang (m)	[naʂʊ'nalˌsaŋ]
governo (m)	regjering (m/f)	[rɛ'jeriŋ]
Chefe (m) de Estado	landets leder (m)	['lanɛˊs ˌledər]
parlamento (m)	parlament (n)	[paːˌ[a'mɛnt]
partido (m)	parti (n)	[paːˈʈi]
capitalismo (m)	kapitalisme (n)	[kapita'lismə]
capitalista	kapitalistisk	[kapita'listisk]
socialismo (m)	sosialisme (m)	[sʊsia'lismə]
socialista	sosialistisk	[sʊsia'listisk]
comunismo (m)	kommunisme (m)	[kʊmʉ'nismə]
comunista	kommunistisk	[kʊmʉ'nistisk]
comunista (m)	kommunist (m)	[kʊmʉ'nist]
democracia (f)	demokrati (n)	[demʊkra'ti]
democrata (m)	demokrat (m)	[demʊ'krat]
democrático	demokratisk	[demʊ'kratisk]
Partido (m) Democrático	demokratisk parti (n)	[demʊ'kratisk paːˈʈi]
liberal (m)	liberaler (m)	[libə'ralər]
liberal	liberal	[libə'ral]
conservador (m)	konservativ (m)	[kʊn'sɛrvaˌtiv]
conservador	konservativ	[kʊn'sɛrvaˌtiv]
república (f)	republikk (m)	[repʉ'blik]
republicano (m)	republikaner (m)	[repʉbli'kanər]
Partido (m) Republicano	republikanske parti (n)	[repʉbli'kanskə paːˈʈi]
eleições (f pl)	valg (n)	['valg]
eleger (vt)	å velge	[ɔ 'vɛlgə]

| eleitor (m) | velger (m) | ['vɛlgər] |
| campanha (f) eleitoral | valgkampanje (m) | ['valg kam'panjə] |

votação (f)	avstemning, votering (m)	['af‚stɛmniŋ], ['vɔteriŋ]
votar (vi)	å stemme	[ɔ 'stɛmə]
direito (m) de voto	stemmerett (m)	['stɛmə‚rɛt]

candidato (m)	kandidat (m)	[kandi'dat]
candidatar-se (vi)	å kandidere	[ɔ kandi'derə]
campanha (f)	kampanje (m)	[kam'panjə]

| da oposição | opposisjons- | [ɔpʊsi'sʊns-] |
| oposição (f) | opposisjon (m) | [ɔpʊsi'sʊn] |

visita (f)	besøk (n)	[be'søk]
visita (f) oficial	offisielt besøk (n)	[ɔfi'sjɛlt be'søk]
internacional	internasjonal	['intɛ:nasʊ‚nal]

| negociações (f pl) | forhandlinger (m pl) | [fɔr'handliŋər] |
| negociar (vi) | å forhandle | [ɔ fɔr'handlə] |

193. Política. Governo. Parte 2

sociedade (f)	samfunn (n)	['sam‚fʉn]
constituição (f)	grunnlov (m)	['grʉn‚lɔv]
poder (ir para o ~)	makt (m)	['makt]
corrupção (f)	korrupsjon (m)	[kʉrʉp'sʊn]

| lei (f) | lov (m) | ['lɔv] |
| legal | lovlig | ['lɔvli] |

| justiça (f) | rettferdighet (m) | [rɛt'færdi‚het] |
| justo | rettferdig | [rɛt'færdi] |

comité (m)	komité (m)	[kʊmi'te]
projeto-lei (m)	lovforslag (n)	['lɔv‚fɔslag]
orçamento (m)	budsjett (n)	[bʉd'sɛt]
política (f)	politikk (m)	[pʊli'tik]
reforma (f)	reform (m/f)	[rɛ'fɔrm]
radical	radikal	[radi'kal]

força (f)	kraft (m/f)	['kraft]
poderoso	mektig	['mɛkti]
partidário (m)	tilhenger (m)	['til‚hɛŋər]
influência (f)	innflytelse (m)	['in‚flytəlsə]

regime (m)	regime (n)	[rɛ'simə]
conflito (m)	konflikt (m)	[kʊn'flikt]
conspiração (f)	sammensvergelse (m)	['samən‚sværgəlsə]
provocação (f)	provokasjon (m)	[prʊvʊka'sʊn]

derrubar (vt)	å styrte	[ɔ 'sty:ʈə]
derrube (m), queda (f)	styrting (m/f)	['sty:ʈiŋ]
revolução (f)	revolusjon (m)	[revʊlʉ'sʊn]

golpe (m) de Estado	statskupp (n)	['stats,kʉp]
golpe (m) militar	militærkupp (n)	[mili'tær,kʉp]
crise (f)	krise (m/f)	['krisə]
recessão (f) económica	økonomisk nedgang (m)	[økʉ'nɔmisk 'ned,gaŋ]
manifestante (m)	demonstrant (m)	[demɔn'strant]
manifestação (f)	demonstrasjon (m)	[demɔnstra'şʉn]
lei (f) marcial	krigstilstand (m)	['krigstil,stan]
base (f) militar	militærbase (m)	[mili'tær,basə]
estabilidade (f)	stabilitet (m)	[stabili'tet]
estável	stabil	[sta'bil]
exploração (f)	utbytting (m/f)	['ʉt,bytiŋ]
explorar (vt)	å utbytte	[ɔ 'ʉt,bytə]
racismo (m)	rasisme (m)	[ra'sismə]
racista (m)	rasist (m)	[ra'sist]
fascismo (m)	fascisme (m)	[fa'şismə]
fascista (m)	fascist (m)	[fa'şist]

194. Países. Diversos

estrangeiro (m)	utlending (m)	['ʉt,leniŋ]
estrangeiro	utenlandsk	['ʉtən,lansk]
no estrangeiro	i utlandet	[i 'ʉt,lanə]
emigrante (m)	emigrant (m)	[ɛmi'grant]
emigração (f)	emigrasjon (m)	[ɛmigra'şʉn]
emigrar (vi)	å emigrere	[ɔ ɛmi'grɛrə]
Ocidente (m)	Vesten	['vɛstən]
Oriente (m)	Østen	['østən]
Extremo Oriente (m)	Det fjerne østen	['de 'fjæ:ŋə ,østɛn]
civilização (f)	sivilisasjon (m)	[sivilisa'şʉn]
humanidade (f)	menneskehet (m)	['mɛnəske,het]
mundo (m)	verden (m)	['værdən]
paz (f)	fred (m)	['frɛd]
mundial	verdens-	['værdəns-]
pátria (f)	fedreland (n)	['fædrə,lan]
povo (m)	folk (n)	['fɔlk]
população (f)	befolkning (m)	[be'fɔlkniŋ]
gente (f)	folk (n)	['fɔlk]
nação (f)	nasjon (m)	[na'şʉn]
geração (f)	generasjon (m)	[genera'şʉn]
território (m)	territorium (n)	[tɛri'tʉrium]
região (f)	region (m)	[rɛgi'ʉn]
estado (m)	delstat (m)	['del,stat]
tradição (f)	tradisjon (m)	[tradi'şʉn]
costume (m)	skikk, sedvane (m)	['şik], ['sɛd,vanə]

ecologia (f)	økologi (m)	[økulu'gi]
índio (m)	indianer (m)	[indi'anər]
cigano (m)	sigøyner (m)	[si'gøjnər]
cigana (f)	sigøynerske (m/f)	[si'gøjnəşkə]
cigano	sigøynersk	[si'gøjnəşk]
império (m)	imperium, keiserrike (n)	['im'perium], ['kæjsə‚rike]
colónia (f)	koloni (m)	[kulu'ni]
escravidão (f)	slaveri (n)	[slavε'ri]
invasão (f)	invasjon (m)	[inva'şun]
fome (f)	hungersnød (m/f)	['huŋεş‚nød]

195. Grupos religiosos mais importantes. Confissões

religião (f)	religion (m)	[religi'un]
religioso	religiøs	[reli'gjøs]
crença (f)	tro (m)	['tru]
crer (vt)	å tro	[ɔ 'tru]
crente (m)	troende (m)	['truenə]
ateísmo (m)	ateisme (m)	[ate'ismə]
ateu (m)	ateist (m)	[ate'ist]
cristianismo (m)	kristendom (m)	['kristən‚dɔm]
cristão (m)	kristen (m)	['kristən]
cristão	kristelig	['kristəli]
catolicismo (m)	katolisisme (m)	[katuli'sismə]
católico (m)	katolikk (m)	[katu'lik]
católico	katolsk	[ka'tulsk]
protestantismo (m)	protestantisme (m)	[prutεstan'tismə]
Igreja (f) Protestante	den protestantiske kirke	[den prutε'stantiskə ‚çirkə]
protestante (m)	protestant (m)	[prutε'stant]
ortodoxia (f)	ortodoksi (m)	[ɔ:ʈuduk'si]
Igreja (f) Ortodoxa	den ortodokse kirke	[den ɔ:ʈu'dɔksə ‚çirkə]
ortodoxo (m)	ortodoks (n)	[ɔ:ʈu'dɔks]
presbiterianismo (m)	presbyterianisme (m)	[prεsbytæria'nismə]
Igreja (f) Presbiteriana	den presbyterianske kirke	[den prεsbyteri'anskə ‚çirkə]
presbiteriano (m)	presbyterianer (m)	[prεsbytæri'anər]
Igreja (f) Luterana	lutherdom (m)	[lutər'dɔm]
luterano (m)	lutheraner (m)	[lutə'ranər]
Igreja (f) Batista	baptisme (m)	[bap'tismə]
batista (m)	baptist (m)	[bap'tist]
Igreja (f) Anglicana	den anglikanske kirke	[den aŋli'kanskə ‚çirkə]
anglicano (m)	anglikaner (m)	[aŋli'kanər]
mormonismo (m)	mormonisme (m)	[mɔrmɔ'nismə]
mórmon (m)	mormon (m)	[mur'mun]

Judaísmo (m)	judaisme (m)	['jʉdɑˌismə]
judeu (m)	judeer (m)	['jʉ'deər]
budismo (m)	buddhisme (m)	[bʉ'dismə]
budista (m)	buddhist (m)	[bʉ'dist]
hinduísmo (m)	hinduisme (m)	[hindʉ'ismə]
hindu (m)	hindu (m)	['hindʉ]
Islão (m)	islam	['islɑm]
muçulmano (m)	muslim (m)	[mʉ'slim]
muçulmano	muslimsk	[mʉ'slimsk]
Xiismo (m)	sjiisme (m)	[ʂi'ismə]
xiita (m)	sjiitt (m)	[ʂi'it]
sunismo (m)	sunnisme (m)	[sʉ'nismə]
sunita (m)	sunnimuslim (m)	['sʉni mʉsˌlim]

196. Religiões. Padres

padre (m)	prest (m)	['prɛst]
Papa (m)	Paven	['pɑvən]
monge (m)	munk (m)	['mʉnk]
freira (f)	nonne (m/f)	['nɔnə]
pastor (m)	pastor (m)	['pɑstʉr]
abade (m)	abbed (m)	['ɑbed]
vigário (m)	sogneprest (m)	['sɔŋnəˌprɛst]
bispo (m)	biskop (m)	['biskɔp]
cardeal (m)	kardinal (m)	[kɑːɖi'nɑl]
pregador (m)	predikant (m)	[prɛdi'kɑnt]
sermão (m)	preken (m)	['prɛkən]
paroquianos (pl)	menighet (m/f)	['meniˌhet]
crente (m)	troende (m)	['trʉenə]
ateu (m)	ateist (m)	[ɑte'ist]

197. Fé. Cristianismo. Islão

Adão	Adam	['ɑdɑm]
Eva	Eva	['ɛvɑ]
Deus (m)	Gud (m)	['gʉd]
Senhor (m)	Herren	['hæərən]
Todo Poderoso (m)	Den Allmektige	[den ɑl'mɛktiə]
pecado (m)	synd (m/f)	['sʏn]
pecar (vi)	å synde	[ɔ 'sʏnə]
pecador (m)	synder (m)	['sʏnər]

pecadora (f)	synderinne (m)	['sʏnəˌrinə]
inferno (m)	helvete (n)	['hɛlvetə]
paraíso (m)	paradis (n)	['paraˌdis]

| Jesus | Jesus | ['jesʉs] |
| Jesus Cristo | Jesus Kristus | ['jesʉs ˌkristʉs] |

Espírito (m) Santo	Den Hellige Ånd	[dən 'hɛliə ˌon]
Salvador (m)	Frelseren	['frelserən]
Virgem Maria (f)	Jomfru Maria	['jomfrʉ maˌria]

Diabo (m)	Djevel (m)	['djevəl]
diabólico	djevelsk	['djevəlsk]
Satanás (m)	Satan	['satan]
satânico	satanisk	[sa'tanisk]

anjo (m)	engel (m)	['ɛŋəl]
anjo (m) da guarda	skytsengel (m)	['ʂytsˌɛŋəl]
angélico	engle-	['ɛŋlə-]

apóstolo (m)	apostel (m)	[a'pɔstəl]
arcanjo (m)	erkeengel (m)	['ærkəˌæŋəl]
anticristo (m)	Antikrist	['antiˌkrist]

Igreja (f)	kirken (m)	['çirkən]
Bíblia (f)	bibel (m)	['bibəl]
bíblico	bibelsk	['bibəlsk]

Velho Testamento (m)	Det Gamle Testamente	[de 'gamlə tɛsta'mentə]
Novo Testamento (m)	Det Nye Testamente	[de 'nye tɛsta'mentə]
Evangelho (m)	evangelium (n)	[ɛvan'gelium]
Sagradas Escrituras (f pl)	Den Hellige Skrift	[dən 'hɛliə ˌskrift]
Céu (m)	Himmerike (n)	['himəˌrikə]

mandamento (m)	bud (n)	['bʉd]
profeta (m)	profet (m)	[prʉ'fet]
profecia (f)	profeti (m)	[prʉfe'ti]

Alá	Allah	['ala]
Maomé	Muhammed	[mʉ'hamed]
Corão, Alcorão (m)	Koranen	[kʉ'ranən]

mesquita (f)	moské (m)	[mʉ'ske]
mulá (m)	mulla (m)	['mʉla]
oração (f)	bønn (m)	['bœn]
rezar, orar (vi)	å be	[ɔ 'be]

peregrinação (f)	pilegrimsreise (m/f)	['pilegrimsˌræjsə]
peregrino (m)	pilegrim (m)	['pilegrim]
Meca (f)	Mekka	['mɛka]

igreja (f)	kirke (m/f)	['çirkə]
templo (m)	tempel (n)	['tɛmpəl]
catedral (f)	katedral (m)	[kate'dral]
gótico	gotisk	['gɔtisk]
sinagoga (f)	synagoge (m)	[syna'gʉgə]

mesquita (f)	moské (m)	[mʊˈske]
capela (f)	kapell (n)	[kɑˈpɛl]
abadia (f)	abbedi (n)	[ˈɑbedi]
convento (m)	kloster (n)	[ˈklɔstər]
mosteiro (m)	kloster (n)	[ˈklɔstər]

sino (m)	klokke (m/f)	[ˈklɔkə]
campanário (m)	klokketårn (n)	[ˈklɔkəˌtoːŋ]
repicar (vi)	å ringe	[ɔ ˈriŋə]

cruz (f)	kors (n)	[ˈkɔːʂ]
cúpula (f)	kuppel (m)	[ˈkʉpəl]
ícone (m)	ikon (m/n)	[iˈkʊn]

alma (f)	sjel (m)	[ˈʂɛl]
destino (m)	skjebne (m)	[ˈʂɛbnə]
mal (m)	ondskap (n)	[ˈʊnˌskɑp]
bem (m)	godhet (m)	[ˈgʊˌhet]

vampiro (m)	vampyr (m)	[vɑmˈpyr]
bruxa (f)	heks (m)	[ˈhɛks]
demónio (m)	demon (m)	[deˈmʊn]
espírito (m)	ånd (m)	[ˈɔn]

| redenção (f) | forløsning (m/f) | [fɔːˈløsniŋ] |
| redimir (vt) | å sone | [ɔ ˈsʊnə] |

missa (f)	gudstjeneste (m)	[ˈgʉtsˌtjenɛstə]
celebrar a missa	å holde gudstjeneste	[ɔ ˈhɔldə ˈgʉtsˌtjenɛstə]
confissão (f)	skriftemål (n)	[ˈskriftəˌmol]
confessar-se (vr)	å skrifte	[ɔ ˈskriftə]

santo (m)	helgen (m)	[ˈhɛlgən]
sagrado	hellig	[ˈhɛli]
água (f) benta	vievann (n)	[ˈviəˌvɑn]

ritual (m)	ritual (n)	[ritʉˈɑl]
ritual	rituell	[ritʉˈɛl]
sacrifício (m)	ofring (m/f)	[ˈɔfriŋ]

superstição (f)	overtro (m)	[ˈɔvəˌtrʊ]
supersticioso	overtroisk	[ˈɔvəˌtrʊisk]
vida (f) depois da morte	livet etter dette	[ˈlivə ˌɛtər ˈdɛtə]
vida (f) eterna	det evige liv	[de ˌeviə ˈliv]

TEMAS DIVERSOS

198. Várias palavras úteis

ajuda (f)	hjelp (m)	['jɛlp]
barreira (f)	hinder (n)	['hindər]
base (f)	basis (n)	['basis]
categoria (f)	kategori (m)	[kategʊ'ri]
causa (f)	årsak (m/f)	['oːˌṣak]
coincidência (f)	sammenfall (n)	['samənˌfal]
coisa (f)	ting (m)	['tiŋ]
começo (m)	begynnelse (m)	[be'jinəlsə]
cómodo (ex. poltrona ~a)	bekvem	[be'kvem]
comparação (f)	sammenlikning (m)	['samənˌlikniŋ]
compensação (f)	kompensasjon (m)	[kʊmpɛnsa'ṣʊn]
crescimento (m)	vekst (m)	['vɛkst]
desenvolvimento (m)	utvikling (m/f)	['ʉtˌvikliŋ]
diferença (f)	skilnad, forskjell (m)	['ṣilnad], ['fɔːṣɛl]
efeito (m)	effekt (m)	[ɛ'fɛkt]
elemento (m)	element (n)	[ɛle'mɛnt]
equilíbrio (m)	balanse (m)	[ba'lansə]
erro (m)	feil (m)	['fæjl]
esforço (m)	anstrengelse (m)	['anˌstrɛŋəlsə]
estilo (m)	stil (m)	['stil]
exemplo (m)	eksempel (n)	[ɛk'sɛmpəl]
facto (m)	faktum (n)	['faktum]
fim (m)	slutt (m)	['ṣlʉt]
forma (f)	form (m/f)	['fɔrm]
frequente	hyppig	['hʏpi]
fundo (ex. ~ verde)	bakgrunn (m)	['bakˌgrʉn]
género (tipo)	slags (n)	['ṣlaks]
grau (m)	grad (m)	['grad]
ideal (m)	ideal (n)	[ide'al]
labirinto (m)	labyrint (m)	[laby'rint]
modo (m)	måte (m)	['moːtə]
momento (m)	moment (n)	[mɔ'mɛnt]
objeto (m)	objekt (n)	[ɔb'jɛkt]
obstáculo (m)	hindring (m/f)	['hindriŋ]
original (m)	original (m)	[ɔrigi'nal]
padrão	standard-	['stanˌdar-]
padrão (m)	standard (m)	['stanˌdar]
paragem (pausa)	stopp (m), hvile (m/f)	['stɔp], ['vilə]
parte (f)	del (m)	['del]

partícula (f)	partikel (m)	[pɑːˈʈikəl]
pausa (f)	pause (m)	[ˈpaʊsə]
posição (f)	posisjon (m)	[pɔsiˈʂʊn]
princípio (m)	prinsipp (n)	[prinˈsip]

problema (m)	problem (n)	[prʊˈblem]
processo (m)	prosess (m)	[prʊˈsɛs]
progresso (m)	fremskritt (n)	[ˈfrɛmˌskrit]
propriedade (f)	egenskap (m)	[ˈɛgənˌskɑp]

reação (f)	reaksjon (m)	[rɛakˈʂʊn]
risco (m)	risiko (m)	[ˈrisikʊ]
ritmo (m)	tempo (n)	[ˈtɛmpʊ]
segredo (m)	hemmelighet (m/f)	[ˈhɛməliˌhet]
série (f)	serie (m)	[ˈseriə]

sistema (m)	system (n)	[sʏˈstem]
situação (f)	situasjon (m)	[sitʉaˈʂʊn]
solução (f)	løsning (m)	[ˈløsniŋ]
tabela (f)	tabell (m)	[taˈbɛl]
termo (ex. ~ técnico)	term (m)	[ˈtɛrm]

tipo (m)	type (m)	[ˈtypə]
urgente	omgående	[ˈɔmˌgɔːnə]
urgentemente	omgående	[ˈɔmˌgɔːnə]
utilidade (f)	nytte (m/f)	[ˈnʏtə]

variante (f)	variant (m)	[variˈɑnt]
variedade (f)	valg (n)	[ˈvalg]
verdade (f)	sannhet (m)	[ˈsanˌhet]
vez (f)	tur (m)	[ˈtʉr]
zona (f)	sone (m/f)	[ˈsʊnə]

www.ingramcontent.com/pod-product-compliance
Lightning Source LLC
LaVergne TN
LVHW051343080426
835509LV00020BA/3276